现代教育管理与绿色校园建设研究

王耀光　曲　鹏　徐浩阳◎著

线装书局

图书在版编目（CIP）数据

现代教育管理与绿色校园建设研究 / 王耀光，曲鹏，徐浩阳著. -- 北京 : 线装书局，2024.1
ISBN 978-7-5120-5964-1

I. ①现… II. ①王… ②曲… ③徐… III. ①现代教育－教育管理－研究②高校管理－环境保护－中国
IV. ①G40-06②G647③X3

中国国家版本馆CIP数据核字(2024)第050578号

现代教育管理与绿色校园建设研究
XIANDAI JIAOYU GUANLI YU LVSE XIAOYUAN JIANSHE YANJIU

作　　者：王耀光　曲　鹏　徐浩阳
责任编辑：白　晨
出版发行：线装書局
　　　　　地　址：北京市丰台区方庄日月天地大厦 B 座 17 层（100078）
　　　　　电　话：010-58077126（发行部）010-58076938（总编室）
　　　　　网　址：www.zgxzsj.com
经　　销：新华书店
印　　制：三河市腾飞印务有限公司
开　　本：787mm×1092mm　1/16
印　　张：15
字　　数：340 千字
印　　次：2025 年 1 月第 1 版第 1 次印刷

线装书局官方微信

定　　价：68.00 元

前　言

高等学校是社会人才培养的主要基地，是现代社会组成的重要内容，绿色校园建设规划对推动地方可持续发展有至关重要的作用。自 2019 年对高校系统提出绿色校园建设要求后，高等学校要秉承绿色发展原则，构建绿色校园环境，以全新的教育理念，推动高等学校健康，积极向上发展，培养全面发展的高等学校人才。

本书的章节布局，共分为九章。第一章是现代教育管理学，本章主要对现代教育管理学概述、现代教育管理的过程以及现代教育管理学科体系的建设进行分析；第二章是现代教育管理本质，本章将深入现代教育管理理论、管理理论对教育管理的影响，并进一步阐述现代教育管理理论演进的趋势；第三章是现代教育管理功能，高等教育管理的功能是指通过管理，在高等教育活动中所产生的有效的作用。我们研究高等教育管理在整个高等教育的活动中具有什么样的功能，其实质是想从它的作用与自身利益价值来认识高等教育管理的实质及其意义，通过有效管理，使管理中的要素运用到最佳状态，使各项管理活动尽量达到理想目标；第四章是现代教育管理原则，随着经济全球化和信息化进程的加快，教育管理的未来发展将表现出明显的科学化、民主化、法治化、信息化、国际化等趋势，这些趋势构成了教育管理现代化的主要内容。教育管理的科学化主要表现在科学决策、标准管理、知识管理等方面；教育管理的民主化主要表现在民主决策、民主管理、社会参与等方面；教育管理的法治化主要表现在立法、执法和社会监督等方面；教育管理的信息化主要表现在电子政务、电子学籍与网络管理等方面；教育管理的国际化主要表现在中外合作办学、留学服务与学历互认等方面。了解教育管理未来发展的基本特征与发展趋势以及具体的表现形式，对于改进教育管理实践具有重要意义；第五章是特殊教育学校的校园管理，本章分别介绍了特殊教育学校的校园环境管理、特殊教育学校的校园环境创设、特殊教育学校的校园建筑规划与布局；第六章是绿色校园与运行管理，本章主要探讨绿色校园与运行管理、国内外高校绿色校园的发展历程、国内外绿色校园运行管理；第七章是高校绿色校园运行管理体系的构建，本章介绍了绿色校园运行管理体系构建概述、基于 PDCA 理论的绿色校园运行管理模式。高校校园节能运行及环境管理是绿色校园建设的重要环节，也是我国建设资源节约型和环境友好型社会的重要基础。由于校园能源资源需求以及废弃物排放量不断增长，校园可持续发展问题日益受到社会各界的重视；第八章是绿色校园建设模式与设计策略，本章从绿色校园建设模式、绿色校园设计策略进行论述。本章将基于绿色文化的内涵，通过论述、举例、图示等方法，对一系列指标下的绿色校园采用的设计策略和手法予以归纳总结并进行延伸思考，探讨建设体现绿色文化氛围的高校绿色校园的设计策略。第九章是高校绿色校园建设案例实践，分别从我国高校绿色校园建设案例实践、国外高校绿色校园建设案例实践进行简要分析。绿色校园建设是当前国内外高校可持续发展的重要方向。从国内外绿色校园历程与运行管理现状的分析可以了解到，尽管当前国内外高校绿色校园运行管理体系建设尚不系统，但各高校均纷纷致力于绿色校园的运行管理工作，在不同领域均取得了明显成效，且各有特点。本章选取国内外绿色校园运行管理的典型高校，介绍其在绿色校园运营管理上的工作成果和特色，以期为高校绿色校园运行管理体系建设提供参考。

本书在撰写过程中，参考、借鉴了大量著作与部分学者的理论研究成果，在此一一表示感谢。由于作者精力有限，加之行文仓促，书中难免存在疏漏与不足之处，望各位专家学者与广大读者批评指正，以使本书更加完善。

本书由王耀光、曲鹏、徐浩阳撰写，侯景荣、孟莹对整理本书书稿亦有贡献。

内容简介

随着互联网技术的不断发展，数字化管理已经成为推动教育信息化，学校治理能力现代化的重要方式。在“大众创业，万众创新”的时代背景下，创新创业教育事业如火如荼，成果管理信息化建设的重要性日益凸显。我国教育管理方面的研究取得突破性进展，教育管理学已作为一门独立学科日渐成熟。但面对新时代，新机遇和新挑战，教育管理的理论构建和实践创新都略显缓慢，亟待进一步的探索和完善。

目 录

第一章　现代教育管理学

第一节　现代教育管理学概述

一、相关概念

（一）管理

管理是人类社会活动的基本需要，是一定组织为有效实现组织目标所进行的各种协调活动，通常包括计划、组织、指挥、激励、协调、分配资源等。管理主要不是通过自己，而是通过别人去做某些具体的事务。管理总是朝向某个预定目标的，实现目标是一切管理工作最根本的任务。工作效率是否提高是检验管理是否有效的标志。按照管理内容的领域不同，管理可以分为很多种类，比如行政管理、经济管理、社会管理、城市管理、卫生管理、工商管理等。

（二）教育管理

教育管理是在一个国家或地区的政治、经济与文化环境的制约下，在教育管理部门领导者的价值观的支配下，采用科学的方法，对所管辖的各级各类教育组织进行预测与规划、组织与指导、监督与协调、激励与控制，使有限的教育资源得到开发和合理配置，以实现提高教育质量、增进办学效益、稳定教学秩序、改善办学条件、促进教育失业发展的目的。根据对管理的解释，教育管理定义为教育行政部门和学校为了实现教育目的和培养目标，充分调度各种资源，对教育系统所进行的计划、组织、协调、控制等系统化的活动。

（三）教育管理学

教育管理学是以教育管理现象为研究对象的一门社会科学。其中，教育管理现象是教育管理学的研究对象，社会科学是教育管理学的学科性质，谋求教育管理改进之道是教育管理学的学科使命，研究方法则是认识和理解教育管理现象并谋求其改进的基础。

教育管理学的学科使命是指教育管理研究者就本学科的研究而言所应承担的社会和历史责任。具体地，从教育管理学的学科定位出发，教育管理学科的最终使命应是谋求教育管理改进之道。按照教育管理对象的特点有广义和狭义之分。广义教育管理学是以整个国家教育系统的管理作为自己研究的对象。狭义教育管理学是以一定类型的学校组织作为自己研究的对象。

二、现代教育管理的特性、内容和意义

（一）教育管理的特性

教育管理存在一个三维的结构，具体讲是指教育管理行为的产生是受教育组织（学校、其他教育机构）、个人（教职工、学生）和环境（社会子系统）三方面因素影响的。这三方面因素相互作用，呈立体结构，其合力决定着教育管理活动的整个过程，并表现出一定的特性。

（1）系统性

系统性是指教育组织、教育组织中的人和教育组织的外部环境是存在于一个统一体之中的必不可少的三个方面，这三个方面中的某一方面在特定的时期、特定的条件下，会起着主要的作用。教育管理者如果能够有机协调三者之间的关系，则将促进教育组织的发展，反之，则将阻碍教育组织的发展。例如：学校课程的改革一方面受学生身心发展特点的制约，另一方面又受社会经济发展需要的制约。如果只考虑经济发展的需要，课程设置过难，会产生脱离学生实际、课业负担过重等负面效应，导致欲速则不达的效果。相反，如果只考虑学生身心发展的特点，仅从学生的兴趣出发设置课程，则可能远离社会经济建设的实际，导致学生对社会了解的欠缺，学不能致用。

（2）互动性

互动性是指上述三个因素是互相制约的，其中任何一个或两个因素的变化都能导致另外一个或两个因素的变化；如果调整其中的一个或两个因素，也必须要考虑由此产生的对另外一个或两个因素的影响作用。所以，三者之间的平衡是动态之中的平衡。例如：教育经费的短缺将会导致教育质量的下降，进而导致人才质量的降低。

（3）开放性

开放性是指教育组织、教育组织中的人与社会环境三者自成系统，但教育组

织系统和教育组织中人的系统两者互相影响，又同时分别受社会环境系统的影响，由此产生教育组织系统与社会环境系统的作用，教育组织中的人的系统与社会环境系统的作用，教育组织系统与教育组织中的人的系统的作用。例如：学校要规范学生的行为，就必须考虑社会环境对学生行为的正负效应，有针对性地进行教育，制定有关规章制度。

(4) 整合性

整合性是指教育组织、教育组织中的人与社会环境三者都会在一定情况下表现出最佳状态，教育管理者如果能将三者的最佳状态做最优组合，则将取得最大效益。

（二）现代教育管理的内容

现代教育管理内容即所要管理的事务和事项，它主要包括四个方面的内容：一是课程与教学管理；二是学生管理；三是教育人员管理；四是教育财物管理。

(1) 课程与教学管理

课程与教学管理是教育管理的核心事务，其他各种事务很大程度上都是为课程与教学服务的。课程与教学管理的主要内容包括以下几个方面。

1.教育方针确定。教育方针是人才培养的总目标，是课程设计、教材编制与教学活动开展的根本依据。

2.课程设计。课程设计包括课程目标设定、课程标准研制与教材编制等工作。

3.教学时间安排。教学时间的安排从宏观层面说，包括学年、学期、假期等内容的确定；从微观层面说，主要指学校课程表的编排，其涉及学校教学总时间的规定、各年级各学科教学时间的分配、各学科具体教学时间点的设置等。

4.班级编制。班级编制首先涉及教学组织形式的选择，如采用班级授课制，还是分组教学，抑或复式教学。其次还涉及具体教学组织形式之下，采用何种标准进一步编排学生。例如，是设大班（组），还是设小班（组）？是随机分班（组），还是依能力分班（组）？等等。

5.学籍编订。学籍既是动态记载学生在校状况的工具，也是学生毕业、升学、转学、休学、借读的依据。

6.备课与教学工作管理。这主要是对教师备课工作进行布置、组织与指导，对教学进度和教学方法进行设计、检查与指导等，是对教学过程的管理。

7.考试与成绩管理。这主要是为了解并记载教师的教学效果和学生的学习状况，以此发现教学、课程及相关工作有待改进之处，或决定学生是否能够升级、毕业或升学。

8.教育教学研究管理。这主要涉及教育教学研究的内容、方式、组织等问题，其目的是提高教师对于一般教育问题和具体学科教学问题的认识与能力。

(2) 学生管理

学生管理是为学生的成长与发展服务的，同时，对于学生的管理也是教育管理的重要内容。学生管理主要包括以下几个方面。

1.入学管理。入学管理包括学生年龄、成绩、所在地等入学条件的规定，学区划定与招生学校的公布，招生政策的宣传、报名、考试和录取工作的安排，以及转校生、借读生的接收等。

2.学习管理。学习管理包括考勤工作（检查、登记、统计学生的出勤、迟到、早退、缺课、旷课等情况及办理请假事宜），课堂管理（确定课堂学习方法、维持课堂学习纪律），课外辅导（以个别、小组或集体的方式，对学生进行针对性的辅导）和学习成绩考查等。

3.课外活动管理。课外活动管理包括课外学习活动（组织读书会、诗歌朗诵会、书法比赛、参观、展览等），课外娱乐活动（组织话剧社、摄影社、音乐会、春游和秋游等），课外体育活动，课外志愿服务活动等内容的管理。

4.生活管理。生活管理主要包括住校生食宿的管理、走读生在校饮食的管理以及对学生课外生活的指导等。

5.卫生与安全管理。卫生与安全管理包括健康教育与安全教育的组织实施、学生卫生环境的维护与卫生常规的引导、学校安全问题的防范，以及学校卫生与安全事故的处理等。

6.学生自我管理。学生自我管理主要包括两个方面：一是学生自己能够做的事情，通过建立健全团、队、学生会、班委会等组织，支持与指导学生自己进行管理；二是学生自己不能够独立做的事情，要通过相应方式听取学生的意见，让学生参与到学校管理中来。

(3) 教育人员管理

教育人员主要包括三类：一是教育行政人员；二是学校管理者；三是教师。作为教育教学与教育管理活动的主体，教育人员管理的状况，直接决定着教育管理与教育教学活动的效果。教育人员管理的主要工作包括以下几个方面。

1.教育人员职业标准的制订。这包括教育局长、校长、教师等人员入职资格、基本素质、能力要求、工作职责、职业使命等内容的拟定与颁布。

2.教育人员的培养。这主要指相关教育人员职前教育工作的管理，其涉及教师教育的规划与组织实施、教育干部培养机构的设置与管理等。我国目前教育人员的培养主要集中在教师方面，还没有建立针对性强、与教育人员任用机制紧密关联的教育行政人员和学校管理者培养制度。

3.教育人员的任用。教育人员任用的前提工作是确定岗位与人员编制，然后是任用方式的选择与任用程序的规定。其中，任用方式主要有派任制和聘任制两种，前者是政府委任的行政方式，后者是签订契约的法律方式；任用程序主要包括用人需求公告、报名与资格审查、考试（笔试、口试、操作考查）、确定符合条件人员、试用、确定正式录用人员并明确其具体工作等。

4.教育人员的考核。这主要包括四项内容：一是制定不同教育人员的考核标准；二是明确考核标准制订及具体考核工作的程序；三是选择不同教育人员考核的方式方法；四是确定考核之后的奖惩及人员辅导与问题改进措施。

5.教育人员的评薪评职。这项工作一是要明确各教育人员的工资及相关福利待遇；二是要结合业务能力与工作表现，做好教育人员的技术职务评聘与行政职务晋升工作。

6.教育人员的继续教育管理。这主要包括继续教育管理机构与实施机构的确定，继续教育参与人员、期限、内容、类型和方式的规定，以及继续教育成效的考查与评估等工作。

（4）教育财物管理

教育财物是教育教学及其管理活动开展的物质基础，缺少了财物保障，一切教育教学与管理活动都将成为无源之水、无本之木。教育财物管理的内容主要包括以下几个方面。

1.教育事业所需经费总量的确定。这主要是在综合教育发展需要、社会经济条件、国外教育投入情况等因素的基础上，明确特定阶段或年度各级各类教育及具体学校的教育经费总量。

2.教育经费的筹措。教育经费筹措工作包括教育经费筹措渠道、筹措方式，以及与此相应的各级政府和各社会主体教育经费责任承担的规定。

3.教育经费的分配。教育经费分配主要指总的教育经费在不同地区、各级各类教育以及不同学校之间的分配。它涉及分配的量、分配原则、拨款方式、拨付程序等问题。

4.教育经费的使用。教育经费的使用包括教育经费支出项目的分类，经费使用方式、程序与纪律的规定以及教育经费使用情况的审计与使用效果的评估等问题。

5.教育设施的管理。教育设施包括教育行政设施、学校教育设施和社会教育设施三个方面。对于它的管理涉及校舍、活动场地、绿化用地、宿舍、食堂、办公场所等建筑和环境的规划、招标、建设、使用、保养、修缮等工作。

6.教育设备的管理。教育设备管理主要包括教学设备、实验室设备、图书阅览设备、体育运动设备、办公室设备、卫生保健设备、后勤服务设备的采购、使用、保管、维护、报废等工作。

7.教育物品的管理。教育物品管理主要包括粉笔、纸笔、实验材料、清洁用品等教学和办公消耗物品的购置、保管、领用等工作。

（三）现代教育管理的意义

现代教育管理是社会实践活动，与社会中的其他管理活动有着共同特点。教育组织存在于社会环境中各种因素对其有不同程度的影响，办教育离不开资源，教育内部需要遵循一定的规律来展开工作，因而教育管理需要控制社会环境因素的影响，合理地利用教育资源，建立正确的教育工作秩序和合理的规章制度，从而使教育活动能有效展开。与其他领域的管理不同，教育管理具有自己的特性。教育管理以育人为目的，以提高教育质量为中心任务，是围绕教育过程中的矛盾和问题展开的各种协调活动。

因而，现代教育管理有着重要意义：(1）深化对于教育的认识，促使政府加强对教育的管理；(2）为了协调教育的发展，需要进行教育管理；(3）基于合理规划和利用教育资源的考虑，必须开展教育管理活动；(4）为了更好地服务于教育，迫切需要强化教育管理。

三、教育管理学的学科性质、学科使命和研究方法

（一）教育管理学的学科性质

研究对象为学科性质所“规定和强化”并“体现学科性质”，教育管理学是研究教育管理过程及其规律的科学，教育管理学的性质可以从以下方面理解。

(1）教育管理学是一门社会学科

教育是一种社会现象，它存在于一定的社会环境之中，社会环境中各种因素对教育的存在与发展有着激励或制约的双重作用。教育管理学就是研究在什么社会积极条件下，采用什么方法能够激发教育中的激励因素，改变制约因素，此外，评价教育管理的质是以其社会效益的大小为准绳。教育管理学与相关学科之间有着广泛而密切的关联，包括与上位的属学科之间、与平行的同级学科之间以及与下位的子系学科之间的关联。

(2）教育管理学是一门交叉学科

教育管理学是把教育和管理结合起来，研究对影响教育质量和效益的诸因素如何进行组合，如何按照教育的客观规律来管理教育，对影响教育质量和效益的各个要素进行规划、组织、指导、协调和控制。教育管理学首先是教育科学的组成部分，应该归类于教育科学的门下。自19世纪末教育管理学诞生以来，它始终贯穿着一条主线，即它总是因循教育科学自身的发展道路，并凭借教育人员的经验来实施教育管理，以对教育管理经验的归纳和总结为主要研究方法，以教育家

的管理思想为界标划分教育管理的发展阶段，由这几个要素合成的教育管理经验研究模式，是教育管理学研究经久不衰的模式。教育管理是对教育进行管理的专门性活动或管理教育的专业化活动。教育管理学同时也是管理科学的分支学科，从属于管理科学的范畴。

（3）教育管理学是一门人文学科

教育管理学所应用的以论证、解释为主的人文科学研究方法沿用至今，且已构成现代教育管理学研究的基本方法之一。更为重要的是，教育管理学的核心命题是关于人的研究，综观从古至今的教育管理活动都是一个有关人的教育和管理的问题。近代教育管理进程中的以人为本模式不仅代表了教育管理发展的某个时代和特定阶段，具有里程碑式的意义，而且也构成了现代教育管理学体系的基本内容之一。教育管理学不仅要研究作为教育管理者主体的人，而且要研究作为教育管理臣属主体和对象性主体的人，要研究教育管理所特有的人的互主体性或主体间性，尤其要研究教育管理中的人性，包括基本人性（人类共有的自然和社会属性)、民族人性（一个民族或国家所特有的众趋人格体系）和特殊人性（每个人所独有的个性品质)，还要研究上述三者有机结合的人性的假设、人性的满足、人性的培养、人性的激励、人性的开发等。从这个意义上说，教育管理学研究是一门关于人的个性、尊严、价值、精神、行为等的学科。

（二）教育管理学的学科使命

“谋求教育管理改进之道”是教育管理学的学科使命，展开来说，体现为两个大的方面。

（1）提升教育管理学的理论水平。教育管理学的理论水平，是其实现最终学科使命的基石。离开高质量的研究和较高的理论水平，教育管理学便难以兑现充分认识、深入理解、理性反思与合理促进教育管理实践的使命。

从强化教育管理学研究质量，提升教育管理学理论水平的角度看，当前我国的教育管理学者需要重点考虑这样几个问题：

1.完善学科建制；2.加强学会组织建设；3.加强研究队伍建设；4.改进研究方法；5.加强专业刊物建设。

（2）推动教育管理的变革和发展。教育管理学在推动教育管理变革和发展方面，需着重关注三个方面：第一，教育管理学要发挥教育管理价值引领作用；第二，教育管理学要为制度的改革提供智力支持；第三，教育管理学要为教育组织变革提供理学依据。

（三）教育管理学研究方法体系

教育管理学的研究方法是指教育管理研究者认识和探究教育管理实践与理论

过程中，所持方法论及所运用的方式、技术与手段的总称。它是由研究方法论、研究方式和研究的具体方法技术三个层次构成的体系。其中，方法论处于最上层，方法技术处于最下层，方式侧处于前两者之间。同时，这三个层次又是相互影响、紧密关联的。往下看，方法论影响着方式的选择，而方式的选择又很大程度上限定了方法技术的运用。往上看，方法技术的发展会引发方式的变革，而方式的变革又会推动方法论的转型。

教育管理学研究的方法论有：教育管理科学论；教育管理主观论；教育管理价值论；教育管理批判论；教育管理整合论。

教育管理学研究的方式有：思辨研究方式；实证研究方式；实地研究方式；历史研究方式。

（1）思辨研究方式，是借助人的逻辑思维和智力技能操作概念和范畴，以演绎为基本过程的研究方式。它的根本特征是操作概念，而不是操作事实。

（2）实证研究方式，是基于概念、命题和假设，围绕研究对象开展大量的调查或实验，并对搜集到的资料进行量化处理，以证实或证否命题，得出一般性观点的研究方式。

（3）实地研究方式，是指研究者较长时段地“沉入”到相对陌生的研究对象的生活环境中去，采取参与观察和非结构访谈等获取资料的方法。

（4）历史研究方式，是指以收集、整理、运用历史资料为基础，描述教育管理历史现象，分析其产生和发展的原因与意义，或借此理解现实、展望未来的研究方式。

教育管理学研究的方法技术：文献回顾的方法技术；资料搜集的方法技术；资料分析的方法技术。

1.文献回顾包括文献检索、文献阅读和综述撰写几项工作。

2.资料搜集的方法技术有问卷法、访谈法和观察法。

3.资料分析的方法技术主要有定量分析和定性分析。

第二节　现代教育管理的过程

现代教育管理过程是指教育管理主体为更有效合理地实现管理与教育目的，而基于一定的原则与方法实施相关管理职能，更好地组织与协调教育人员与教育事务的经过与程序。

教育管理是一个工作过程。无论是教育管理活动的整体实施，还是每一项具体任务的完成，都需要建立在一定的工作过程之上。这个工作过程通常分为四个环节：计划、执行、检查与总结。计划是对完成预定工作的内容、途径、方法、进度以及人员安排的总体规划。它的主要任务包括三个方面：一是确立工作目标，为具体行动指引方向；二是布置任务，将任务及其进度落实到具体的部门和人身上；三是明确协调机制，对各部门、个人之间的资源分配、任务关联等进行规定。执行是实施计划的环节。执行环节的主要任务是按照预定计划，并结合工作过程中的具体情况，调动教育人员的工作积极性，规范与提高教育人员的工作方法和能力，通过教育资源的合理利用，最大限度地实现预定目标。检查是对照预定计划和教育工作的基本要求，衡量各项工作的完成状况及相关人员的表现。它的主要任务是了解工作进度、质量，发现工作中的偏差与问题；反思预定目标的正当性、难易度以及计划制订的合理性；考察相关教育人员的工作态度、工作能力与工作效果等。总结是依据计划的最终落实情况及其相关后果，对管理工作进行整体评估与全面分析。它既是当前教育管理过程的终结环节，某种程度上又是下一个教育管理过程的起始环节。

教育管理过程更是一个社会过程。所谓社会过程，是指人与人交往互动的过程。从“管理”的角度看，首先，教育管理过程虽涉及人、事、物之关系的处理，但在人——人关系、人——事关系、人——物关系、事——物关系中，最为重要的无疑是人——人关系。只有把人与人的关系处理好了，才可能理顺其他关系。其次，就人——人的关系而言，教育管理也不是单向的、自上而下的过程。一方面，教育管理者不能简单地依据纵向的行政权威，通过命令与控制方式推动教育管理的过程，而是要与相关教育人员进行积极的“上下”对话与互动。另一方面，教育管理过程还涉及横向的各部门、各主体之间的交往与关系。从“教育”的角度看，教育本身是关于人、通过人、为了人的活动。它主要是与人打交道，而不是与物打交道；主要是通过人对人的影响，而不是人对物或物对人的作用开展活动；最终目标是为了促进人的发展，而不是物的生产。所以，往根本处讲，教育就是教师与学生、学生与学生之间的交流和对话。相应地，教育管理也就呈现出社会互动性很强的特征。重视人与人之间的良性互动，既是教育管理工作的目标，也是教育管理工作的方式。

一、现代教育管理过程的特点

现代教育管理过程的特点可以从两方面看：一是与一般管理过程相似的特点；二是与一般管理过程不同的独特性。

（一）教育管理过程的一般特点

教育管理过程的一般特点有以下几个方面。(1) 有序性。教育管理过程是基于一定程序，按照一定步骤展开的，总是先有计划，后有执行，再有检查，继而总结。(2) 周期性。从教育发展的角度看，教育管理过程是无止境、没有终点的，但局部而言，每一个过程都有从开始到终结的完整周期。换言之，所谓教育管理过程的无止境，是教育管理过程周期的螺旋上升或逆转反复。(3) 动态性。一方面，教育管理过程总是意味着一个环节向另一个环节、一个过程向另一个过程的转换；另一方面，教育管理过程总是要受到外部环境的影响而产生变动。(4) 可控性。动态的教育管理过程又是可控的，教育管理者可以通过事先的预测、事中的调整、事后的补救，规划或缓冲管理过程中的变动，甚至透过变动发现一些新的机会和空间。(5) 整体性。教育管理过程的效果，取决于各个环节工作的质量。计划出现了问题，再好的执行，也不可能实现目标。反之，有合理的计划，但执行不到位，目标也无法实现。进一步说，即便计划与执行工作都做得很好，但检查不科学、总结不公正，同样会影响教育管理过程效果的认识与判断。

（二）教育管理过程的独特性

教育管理过程的独特性包括以下几个方面。(1) 教育管理过程是以人为主导的互动过程。一般企业管理过程的终端是物，其管理过程的基本模式是“人（管理者）←→人（职工）→物”；而教育管理过程的指向是人，其管理过程的基本模式是“人（管理者）←→人（教职工）←→人（学生）”。教育管理过程虽然也涉及物，但主要是人，是以人为主导的互动过程，而不是以物为对象的生产过程。(2) 教育管理过程是管理过程与学生身心发展过程的统一。教育管理是为教育教学活动与学生的发展服务的，而学生的身心发展又有其自身的过程，具有顺序性、阶段性、不平衡性和差异性等特点。教育管理过程首先要以了解与遵循学生身心发展的过程为前提，在此基础上再思考管理工作过程的设计与实施。(3) 教育管理过程是控制与自主相统一的过程。教育活动无论从教育目标的实现，还是从教学过程的实施上看，都具有一定的模糊性，没有明确的标准，也无法完全量化。这对于管理过程的控制是一个挑战。当然，这并不说教育管理过程无法控制，而是意味着教育管理过程的控制，主要应是内在式控制，而非外在式控制。它需要将控制与自主统一起来，鼓励与指导教师和学生的自主控制。

二、现代教育管理过程的任务

教育管理过程从构成上讲，包括计划、执行、检查和总结四个环节；从性质上讲，是人与人之间的交往互动。要确保各环节的有序连贯与交往互动的通畅有效，教育管理者需要积极地履行相应的管理任务，即通常所说的管理职能。具体地，教育管理者在管理过程中需要承担的主要任务有领导、计划、决策、组织、沟通、激励、评价等。

“领导”是引领、指导与鼓励组织成员为实现目标而努力的过程。它也被视为是一种影响力，这种影响力基于职位、资历等权力因素和品格、能力、知识、情感等非权力因素形成。借助影响力，管理者将组织成员吸引到自己身边，取得他们的信任，使他们认同与接受组织发展的方向和目标，并心甘情愿、充满热情地为实现共同的目标积极努力。

“计划”是与决策紧密相关的任务，通常是为了将决策所确定的方向与目标进一步细化与操作化。与其他管理任务不同，计划工作最终都会具体化为一份或一套书面材料。这既是防止遗忘与疏漏，也是为了方便公告与传达；既是防止人去政息，也是为了日后考核与评价。同时，计划存在着长期计划、中期计划与近期计划，高层计划、中层计划与基层计划，整体计划与局部计划，一次性计划与常规性计划等多种类型。

“决策”就是通过方案的比较与选择，对做什么事以及怎么做事做决定。它不仅在教育及学校组织发展战略的确定方面扮演着重要的角色，而且几乎渗透在每一项教育管理工作中。换句话说，事事有决策，人人是决策者。一般而言，完整的决策过程包括识别决策问题、确定决策标准、设计备选方案、比较与选择方案、实施方案、评估决策结果等步骤。

“组织”是要围绕组织目标和具体计划，对人、财、物、事及其关系加以安排与协调。它包括两个层面的工作：一是建立、健全组织基本结构，明确组织的部门设置、层级关系、职务体系、任务分工、人员责权等；二是基于组织基本结构，通过对组织成员的能力调查、意愿了解、情感沟通、业务指导，以及资源的合理配置，促进各项工作的有效运转。

“沟通”是为了清晰、准确地表达信息，及时、有效地传送信息，以就相关问题形成一致性理解。它被看作是“组织的精髓”，具有控制组织成员行为、激发组织成员积极性、提供情绪表达与释放途径、满足工作所需信息等多种功能。教育管理中的沟通包括言语沟通与非言语沟通、正式沟通与非正式沟通、组织沟通与个体沟通等多种类型。

“激励”是要利用相关因素，通过相应方法，激发与维持组织成员的工作动机和积极性。组织成员的工作积极性具体表现为努力程度、持续时间和工作方向三个方面。而影响组织成员是否努力地、持久地、朝向组织目标工作的激励因素则包括工作的性质与任务、工作的硬环境与软环境、工资报酬与福利待遇、工作成就与荣誉、职称与职务晋升等。

“评价”是为了对活动和现象进行审慎的分析，考察相关工作的得失及原因，以及相关人员的表现，以明确进一步努力的方向和办法。评价要以客观事实为基础，以相关标准为依据，以科学方法为工具。它的目的不只是为了“往回看”，为了鉴定与考核；更是为了“往前看”，为了改进与指导。

第三节　现代教育管理学科体系的建设

教育管理学科体系是对教育管理学科的研究范围和内容的确定，它包括教育管理学科总的范围、内容体系和教育管理学科分支学科的构成及体系。

一、现代教育管理体系建设存在的问题

我国教育管理学在体系建设中存在着以下缺陷。

（一）从概念看，他学科概念多，本学科概念少

陈桂生教授指出：“教育学成为别的学科领地的现象”，由此可以看出，教育管理学缺乏独特性，大量的概念是从一般管理学中借用的，流于一般化，还没有真正转化为本学科独特的概念，属于自己的独创概念更少。如组织、领导、控制、决策等概念都直接来源于一般的管理学。教育管理学的基本概念和一般管理学的概念有共同的含义，并不是说就没有自己的概念体系。如果没有本学科的特殊性，教育管理学就不能称之为一门学科。概念的独特性、稳定性和明确化是一门学科成熟的重要标志。所以，教育管理学应有自己独立的、稳定的和明确的概念体系。从目前来看，教育管理学还不能算是一门成熟的学科，表面看热闹非凡，如果抽去他学科的概念，教育管理学及其分支学科的框架就会倒塌。

（二）从内容上看，规定的多，解释的少

一些论著主要是根据教育管埋工作程序安排教育管理学的内容，是对教育管理工作所做的原则规定或是对教育管理工作的经验总结和体会。规定性的理论是“处方”性质的，它总是在告诉人们“应该如何”去做，但没有向人们解释所做的“是什么”和“为什么这样做”。经验总结是个体性的、过去的、局部的，而不属于现在和未来，不具有普遍性。经验总结是必要的，任何学科的发展都需要经历经验总结阶段，因为理论的发展首先源于实践，是以经验为基础的。但一门学科不能一直或仅仅停留在经验总结阶段，而需要把经验提升为理论，把零散的理论系统化，把特殊性转变为普遍性。

（三）从研究方法看，演绎的多，实证的少

我国教育管理学研究者队伍的主体是师范大学和教育学院教育管理学科的教师。前者是出于本科教学和教学研究的需要进行研究，后者出于教育管理人员培训的需要进行思考。大多数研究者都是从概念出发，对概念进行论证，最后得出结论。这种研究是需要的，也是必要的，但仅仅有这种研究还不够，教育管理研

究还需要通过调查、实验进行研究，使教育管理理论具有实践的或实验的基础。

（四）从研究规范看，议论的多，研究的少

我国的教育理论刊物不可谓不多，但许多杂志刊载的所谓“论文”大多是议论、感想或意见，而不是研究。这种议论是人们根据教育问题有感而发的感想、体会或建议，作者常用的话是“我认为……”。这些议论是重要的，但这些不是研究。研究必须包括文献综述、理论假设、论证假设（理论的或实验的或调查的）、得出结论等一系列的过程。一篇论文要告诉人们关于本课题别人或前人的观点是什么、还存在着哪些问题，本论文的创新是什么、创新的方法和过程是什么以及本论文的局限是什么。我国学术界在学术基本规范方面还不够严谨。许多学者或研究者不关注国内外同行的研究成果，对别人的研究成果视而不见，自己有些新的见解就认为是“国内领先”或“国际前沿”，但自己的观点有可能是别人早已经提出的。这些年来，我国论文数量在高速增长，但并没有形成什么学术流派，更没有出现在世界上有影响的学者。因此，教育管理理论研究在研究规范和研究过程方面需要加强。

（五）从结构上看，形式的多，实质的少

我国教育管理学科已经成为一个学科群。比如从教育管理专业开设的课程来看，有“学校管理学”“教育行政学”“教育法学”“教育督导学”“教育政策学”“教育领导学”“教育管理学”等。这些学科的建设对推动我国教育管理理论的发展是非常必要的。虽然有了这些学科名称，但其实质内容还不够，可以说“有名无实”。一是有许多学科的内容是重复的，比如教育行政学中有教育政策、教育督导、教育法、教育规划的内容，这些内容在各自对应的学科中已经有深入的说明；二是把其他学科的概念搬过来，前面加上“教育”或“学校”，比如把“法学”的基本内容搬过来，前面加上“教育”就成了“教育法学”；三是国外的多，本土的少，我国不少学者对国外的理论介绍或引进的比较多，但我国教育管理理论原创的不多。这些现象说明，我国教育管理理论的创新迫在眉睫。

（1）本土化和国际化及二者的结合有待加强。我国的教育管理理论尚不能与发达国家的教育管理理论对话。教育管理学科作为社会科学确实有其特殊的文化性，中国的教育管理理论或学科是在中国文化教育的背景下形成和发展的；必然有中国文化的特色，比如强调教育管理的权变，重视管理人员在管理中的作用等。如果我国还处于传统社会或过去时代的话，这些都是没错的，但是随着网络时代的到来，我国也进入到全球化、信息化、学习化时代，需要在经济制度、经济运行等方面和世界接轨，需要进行科学和文化的交流，我国的管理和教育管理就不能游离于全球化时代的大潮之外。同时，我们需要更加深入研究我国教育管理的特殊性问题。研究教育行政就需要深入教育行政部门中，发现我国教育行政到底存在什么问题；研究中小学校管理，就需要深入学校、教室中观察、座谈、访问、调查；研究高校管理，也要深入高校管理的实践中。只有深入实际，发现问题，提出观点，升华理论，并吸收国际的观点和理论，吸收其他学科的观点和理论，我们才会逐步形成有中国特色的教育管理理论体系。

二、现代教育管理体系的构建

建立比较合理的教育管理学体系应注意以下五个方面的内容。

（一）在结构上，在注意到学科分化的同时，还要注意学科的综合

综合并不是要代替分化的学科，分化也不是要把综合的学科拆散。我国教育管理学已经分化为若干学科，但作为能够融通各种分支学科的教育管理学仍然是存在的。它主要是研究教育管理的基本问题或一般问题。这些一般问题主要包括：教育管理学的学科性质、研究对象和研究任务问题；教育管理的计划与决策问题；教育管理体制问题；教育管理的组织与人事问题；教育管理的领导与激励问题；教育管理的控制问题等。同时，教育管理又分为不同的领域，有不同性质的问题，如教育行政管理问题和学校管理问题虽然有共通的方面，但二者的差别也很大，需要分别进行研究。我们把教育管理学科体系分为基础理论类、应用理论类、分层理论类、技术方法类四个方面（见表1-1）。基础理论类学科主要是讨论教育管理的基础性和综合性问题或教育管理的共性问题；应用理论类主要是讨论教育管理的不同领域的问题或专门化的问题；分层理论类是根据教育系统的不同层级专门讨论不同层次的教育管理问题；技术方法类主要阐述教育管理的技术和方法类问题。

表1-1 教育管理学科体系的分类

类别	具体内容
基础理论类	教育管理原理、比较教育管理学、教育政治学、教育管理伦理学、教育经济学等
应用理论类	教育行政学、教育法学、教育政策学、教育发展与规划、教育督导学、学校管理学、学校领导、学校组织、学校人事、学校决策学、教学管理、班级管理、课程管理、学生管理等
技术方法类	教育测量、教育评价、教育管理技术、教育统计、教育管理研究方法，等等
分层理论类	基础教育管理学、高等教育管理学、职业教育管理学、成人教育管理学

（二）在方法上注意把实验研究和理论研究结合起来

教育管理学是行动的科学，需要把实验研究和理论分析结合起来，也就是把教育管理的理论分析放在教育管理的实验之上，把教育管理的实验研究作为检验、修正理论的手段。这就要求教育管理学的论证是缜密的，实验是科学的，理论是可验证的，也就是要强化研究的规范性或科学性。只要是教育管理研究，就要选好问题，确定方法，研究文献，提出假设，论证假设（实验或理论），得出结论，使每一项研究有创新，从而推动教育管理学的发展。

（三）在知识上注意把普遍性与特殊性结合起来

教育管理学要寻求关于教育管理的普遍知识。人类的教育管理实践活动是有相似性和共同性的，所以教育管理学所建立的知识体系中有不少部分是普遍适用的。但这不等于说各国的教育管理理论或知识都是一样的，由于教育管理是在特定文化中展开的，所以，任何一种教育管理理论都具有本民族文化的特色。正是这种特殊性才使得教育管理理论丰富多彩。

（四）在科研管理上重视质量而不是数量

学术大家的出现和学术流派的形成是学术繁荣的重要标志。中国先秦时期，西方古希腊时期，14世纪至16世纪的文艺复兴时期，17世纪至18世纪的启蒙运动时期，所有这些时代都是大家辈出、群星灿烂、思潮云涌的时代，也是人类社会发展走入新时代的时期。特别是19世纪之后至今，西方发达国家每隔十年左右都会有新的思想家出现、新的思想流派形成。学术大家的出现、学术思潮的形成、文化的大发展，一方面是受社会发展需要的推动，另一方面是得益于当时宽松的政治和政策环境。我国人文社会科学在改革开放30年来有了长足的发展，但没有出现真正的大家，没有形成观点鲜明的学术流派，这与我国人文社会科学的研究体制和政策有着密切的关系。我国教育管理学科以及其他各类社会学科的发展都需要有一个宽松的环境，需要在科研评价制度上改变目前杀鸡取卵的做法——以发表论文数量来衡量一个社会科学研究者的成就。因为，学术研究的突破不是看数量，而是以创新和质量来衡量的。

（五）以问题为中心建立学科体系

教育管理学以教育管理问题为研究对象，在构建学科体系时就要注意问题的选择和分类、问题与问题之间的关系。按问题所涉及的管理活动范围的大小，可以把教育管理问题分为宏观问题和微观问题；按教育管理问题所涉及的范围，可以划分为教育管理的一般问题和特殊问题。作为教育管理学科群的一门基础学科的教育管理学，其体系可以根据教育管理的过程问题安排，也可以根据教育管理的要素问题来安排。从过程来安排，教育管理学主要涉及教育管理的规划、计划和决策问题，教育管理的体制、组织问题，教育管理的人事问题，教育管理的领导和激励问题，教育管理的控制问题；从要素来安排，教育管理学主要涉及教育管理中的领导问题、组织问题、人事问题、事务问题等。

教育管理学科体系建设的依据主要有以下几个方面。一是从逻辑上考虑教育管理学科体系内在的结构。作为一个学科群，教育管理学科体系必然有其内在的逻辑联系，在这一体系内的各门学科都担负着不同的理论功能。二是从教育管理的实践需要出发来研究和建设教育管理学科体系。理论来源于实践并服务于实践，所以，教育管理学科体系的建设必须考虑我国教育发展的需要，从提高我国教育管理的质量和效率出发。三是把我国的教育管理学科体系的建设置于国际化和全球化的背景下来进行。我国教育管理学研究比较薄弱，有必要与西方国家的教育管理研究者进行对话和交流，博采众家之长，根据中国的文化特点来建设我国的教育管理学科体系。

三、现代教育管理的体系框架

本书把教育组织作为一个开放系统，按照系统的结构和职能，把教育管理学科体系建构为包含教育管理学基础、教育组织系统和教育管理过程三大部分内容的体系。

（一）教育管理学基础

这一部分主要讨论教育管理的理论问题，具体内容因国别和文化的不同而有较大的差异。其主要内容包括教育管理学的概念、研究对象、学科性质、研究方法、学科的知识基础、教育管理学的基本范畴等问题。教育管理学的概念是对教育管理学是什么做出界定；概念的确定就需要搞清楚教育管理学的研究对象，研究对象的确定实质上就是确定研究的范围和基本内容；学科性质的研究旨在揭示教育管理学的根本特征及其与其他学科的区别和联系；明确了研究对象和学科性质之后，就需要分析教育管理学需要哪些基础知识；教育管理学的基本范畴主要是分析教育管理等基本概念；对研究方法的研究是解释和说明运用哪些研究方法更适合于教育管理学；教育管理理论发展主要从历史的角度考察教育管理理论发展的历史、现在和未来趋势。本书在本部分内容中主要讨论了教育管理学的概念、研究对象、学科性质、研究方法和学科体系等内容，同时还专门讨论了教育管理理论的发展。

（二）教育组织系统

教育组织系统主要研究教育组织的概念、教育组织的类型、教育组织的结构、教育组织的要素、教育组织的学习与发展等问题。明确教育组织的开放特征，理清教育组织与其他组织的共性与区别；区分教育组织的类型，根据不同的教育组织类型选择不同的教育组织模式；对教育组织结构及其要素进行说明。教育组织的结构主要是指教育组织岗位和职务系统，其要素有人员、权力、制度、文化等。为了保持教育组织的生命力和不断地发展，就需要通过不断的改革和学习，强化组织的内在素质和外部反应能力。本书在这一部分中主要讨论了作为开放系统的教育组织的概念、类型、模式、职权和组织建设需要注意的问题，还讨论了教育组织的文化、政治、人力资源、财力资源和教育的组织外部环境等方面的发展和建设。

（三）教育管理过程

教育管理过程实质上就是研究教育管理的基本职能。根据管理学的研究和教育管理学的研究，人们普遍认为教育管理是决策、领导、激励、沟通、控制等环节构成的统一的过程。教育决策是教育管理的起始环节，是教育管理的目的性的体现。广义的教育决策包括教育法律、教育政策、教育计划、教育策略、教育决定等，狭义的教育决策主要是指具体的教育组织及其管理人员按照决策的科学程序所做出的决定。因为法律和政策不是某一组织或个人所能够制定的，所以法律、政策属于在教育管理环境中研究的问题，教育管理过程的决策属于狭义的决策。做出了决策，就需要通过领导推动实施这些决策，需要领导者运用职权、影响力来激励下属为实现组织的目标而奋斗。激励作为一种管理策略是管理过程必不可少的，组织建立后，招聘了人员，但如果不能有效地激励，这些人可能会离开。因此，激励是保证人员继续留在组织中并努力工作的根本措施。沟通是组织成员相互合作的前提，为了使组织及其成员处于和谐状态，需要通过公开化等一系列策略使组织成员彼此沟通和了解。为了使组织及其成员实现决策的目标，就需要对组织及其成员的行为进行控制，所以控制是教育管理的最后一个重要环节，同时为新一轮管理过程奠定了基础。

第二章　现代教育管理本质

第一节　现代教育管理理论

一、泰勒的科学管理理论

弗雷德里克·温斯洛·泰勒（Frederick Winslow Taylor）一生积累了非常丰富的管理经验。从1880年开始，他为了改进钢铁厂的管理进行了一系列实验，系统地分析、研究了工人的操作方法与劳动时间的关系，并逐渐形成了被称为“科学管理”或“泰勒制”的管理理论。

科学管理理论专注于工人及其工作的研究。泰勒认为，要提高劳动生产率，必须进行科学的工作分析、合理的人员选择、建立管理合作、实施有效监督等措施。科学管理理论的核心观点主要体现在以下方面。

（一）科学管理的核心是提高劳动生产率

科学管理的目的是为了提高劳动生产率，一切管理活动都是围绕着提高劳动生产率而有序展开的。泰勒在《科学管理》一书中强调了劳动生产率的重要性，认为科学管理的根本就在于劳动生产率，因为科学管理如同节省劳动一样，其目的在于提高每一个单位的产量。泰勒进行了著名的工人搬运生铁的实验。在实验中，每个工人每天搬运的生铁数量几乎都由12.5吨增加到47.5吨，增加了3.8倍之多。泰勒对实验进行了分析总结，认为雇主并不知道工人每天应该有多少工作量，没有可以参照的标准作为依据，剥J削是雇主关心的唯一问题。而工人普遍采用“磨洋工”的方式来逃避工作，工作效率非常低下。为了制定“合理的日工作量”，泰勒进行了工时和动作的科学研究，即工作定额原理：选择一流的工人，对其每一项动作、每一道工序做详细的时间记录，将这些时间累加，加上必要的休息时间和其他延误时间，得出完成一定工作量的总时间，即“合理日工作量”。

（二）要提高劳动生产率，必须选择第一流的工人

人是生产力中最活跃的因素，在生产活动中，只有第一流的工人才能创造第一流的劳动生产率，因此为相应的工作挑选相应的第一流的工人尤为重要。泰勒认为：不想工作的人不能成为一流的工人，每一类相应的工作都有与之相适应的第一流的工人。第一流的工人就是自己愿意努力工作，并且工作与之相适应的工人。第一流的工人不是天然产出的，培训是行之有效的途径。

（三）提高劳动生产率，必须使工人掌握标准化的操作方法、使用标准化的工具、机械和材料，使用标准化的操作环境。

第一流的工人只是保证较高劳动生产率的一个因素，只有第一流的工人掌握了第一流的理论和技术，在第一流的工作环境中，运用第一流的生产工具、机械、材料，才能创造真正的较高劳动生产率。即劳动生产率是与生产的标准化相适应的，即所谓的标准化原理。泰勒所进行的金属切割实验、生铁搬运实验、工具的改造实验等都是对生产标准化的改进和完善，极大地刺激了劳动生产率的增长。

（四）要提高劳动生产率，应该实行刺激性的工资报酬制度

泰勒提出的计件工资原则极大地刺激了工人的积极性。其主要内容有以下几个方面。(1) 通过工时研究与分析，制订相关的定额与标准。(2) 采用差别计件制的报酬制度。即如果工人完成了工作或者超额完成了工作，就按照高工资支付劳动报酬，不仅是超额部分支付高工资，而且全部的工作量都以高工资支付；如果没有完成工作定额，就按照低工资支付。高工资为正常工资的125%，低工资为正常工资的80%。并应根据工人的表现，适时调整他们的工作岗位，强化他们的工作技能，以最合理配置人力资源和最有效发挥人力资源潜能。(3) 尽管不同职位和类别的工人工资应有所差异，但应按照工人的工作量来支付工资而不是工人的职位与类别。

（五）要提高劳动生产率，工人和雇主都要达成一致或妥协

要解决工人获得高工资、雇主获得高利润的矛盾，雇主和工人都应该达成一致或妥协。为了满足双方的愿望，工人和管理部门各要注意5点。对于工人，不要围绕工资和利润的分配而做无休止的争斗；同意在提高生产的基础上，工资提高30%　100%；放弃一切怠工的想法转而帮助管理部门建立科学的生产方法；接受管理部门对工人做什么、什么时候做、如何做的安排；接受管理部门所规定的各种新的培训方法。对于管理部门，为相应的作业制订科学的方法，以替代主观和经验的方法；科学而精确的确定从事每项作业的正确的时间和方法；选择和培训工人，合理安排工人的职位；建立一个适当的组织，接受工人实际工作以外的全部责任；同意自己也接受每项作业的科学和事实的控制，消除对工人的专断。

（六）将计划职能与执行智能分开，变经验工作方法为科学工作方法

科学的工作方法与经验的工作方法对劳动生产率的影响是很大的。经验的工作方法取决于先前自己或他人在工作中认为合理与有效的操作程序、工具使用等，工人的熟练程度与努力程度决定了其效率。科学的工作方法是建立在科学实验研究与分析的基础之上的，对于有效的操作程序、工具的使用等有标准化的验证与规定。鉴于分工的需求，工人与管理部门、技术部门、配给部门应各司其职，计划职能和执行职能要分开进行，工人只能服从计划部门的安排，使用科学的工作方法。

（七）实行职能工长制度

泰勒认为，一个工长要顺利完成其职责，他必须具备智能、教养、专门的或技术性的知识、敏捷而有力量、才能、精力、坚韧刚毅、正直、判断力或常识、健康九种素养。由于一般人很难都具备九种素养，因此泰勒将工长的职责进行了详细的分工，使用了八个工长替代一个工长，每一工长承担一项管理职责。泰勒认为职能工长制有三个优点：职能工长只承担一项职责，需要的培训时间少；职责明确，可以提高管理效率；职能工长的职能仅限于现场的指挥操作，监督管理，低工资工人也能胜任繁杂工资，节省了企业开支。然而，由于职能工长制存在一个工人同时有多个职能工长的指挥的混乱局面，并没有得到广泛的推崇。但是职能工长制思想为后来企业管理的专业化提供了借鉴。

（八）在组织机构的管理控制上实行例外原则

例外原则指企业的高层管理人员把一般的管理事务授权于下级的管理人员来执行，而自己只保留对重要事务的决策权与监督权（如人事任免等），即保持对例外事务的处理。泰勒认为，在例外的原则下，高级管理人员只接受超出常规和标准的所有例外的情况，特别好的或者特别坏的情况。

科学管理理论的产生与发展并不是泰勒一人的成就。在科学管理理论的产生与发展历程中，泰勒早期的助手卡尔·巴思（Carl G.Barth）、科学管理运动的先驱之一亨利-甘特（Henry Gantt）、动作研究领域的专家吉尔布雷思夫妇（Frank Gilbreth & Lillian M.Gilbre出）、大力宣扬和运用科学管理理论的路易斯·布兰代斯（Louis D.Brandeis）以及倡导流水线大量生产管理技术的福特汽车公司的亨利·福特（Henry Ford）等人对其做了重要的贡献。

二、法约尔的一般管理理论

亨利·法约尔（Henry Fayol）是一名工程师和工业家，是法国最杰出的古典管理理论的代表人物，也是欧洲当时最为杰出的管理运动的代表人物。法约尔的一般管理理论是管理过程学派的理论基础，对管理组织和管理过程的职能划分理论有重要的影响，并深刻影响后来的各种管理理论。

一般管理理论对西方管理理论的发展起了巨大的推动作用。他认为管理理论是指得到普遍承认的，是经过普遍的经验检验的和得到证实的有关管理的原则、标准、方法与程序的一个体系。法约尔对经营和管理做了区分，强调管理教育，提出了著名的14条管理原则。

（一）经营与管理

法约尔认为“经营”与“管理”是两个不同的概念。“经营”是指导或引导一个组织趋向于一个目标。它可以分成技术、商业、财务、安全、会计与管理六种活动。而“管理”只是这六种活动之一，并由计划、组织、指挥、协调和控制五种要素构成。卢瑟·古利克（Luther Gulick）等人将法约尔的五项基本管理职能进一步拓展为七项职能，基本涵盖了现代管理活动的主要内容：计划（Planning）、组织（Organizing）、人事（Staffing）、指挥（Directing）、协调（Coordinating）、报告（Reporting）和预算（Budgeting），即“POSDCORB理论”。

（二）管理教育

法约尔强调管理教育的必要性和可能性，认为人的管理能力就像技术一样，可以首先在学校中获得，然后再在车间中获得，管理能力是可以通过教育获得的。他还认为可以通过建立一定的管理理论来改善管理教育状况，并推动管理的发展与运用。

（三）管理原则

法约尔根据自己的管理经验提出了14条管理原则。这14条管理经验主要强调指挥链、权力分配、纪律、公平、效率、稳定等方面。

（1）劳动分工。技术、管理等职能都要进行专业化分工。

（2）权力与责任。法约尔将权力分为正式权力和个人权力。正式权力依赖于管理着的职务与地位，个人权力依赖与个人的管理素质。个人权力和正式权力总是可以相互补充。

（3）纪律。纪律是员工和企业之间的互动规则的协定，是企业顺利发展的保证。纪律以尊重而非恐惧为基础，纪律的状况取决于员工的道德水平。

（4）统一指挥。为了避免秩序紊乱，一个下属职能接受一个领导的指挥，这是永久的、普遍的法则。

(5) 统一领导。组织中只能有一个领导和一项计划，这样才能保证统一的计划、统一的指挥和统一的执行。

(6) 服从集体利益。个别利益要服从整体利益，国家利益高于一切个人或组织利益，并要正确处理利益冲突产生的情感问题。

(7) 人员报酬。人员报酬以尽量满足双方的要求为基本原则。

(8) 集中。集中是相对于劳动分工而言，并且是一种必然的规律。集中的目的是物尽其用、人尽其才。

(9) 等级系列。从企业的最高层到最基层建立起来的一种上下级关系，反映了权力执行线路和信息传递的渠道。为了保持等级系列和提高信息传递的效率，法约尔设计了称为“法约尔桥”的“跳板”。

(10) 秩序。法约尔认为秩序是按照事物的内在联系事先很好选择其恰当的位置。即为企业的顺利发展安排合适的职位及为职位选定合适的人。

(11) 公平。公平产生于公道和善意。只有关注工人的公平愿望，满足他们的公平需求，才能发挥工人最大能力，促进企业的顺利发展。

(12) 人员稳定。企业人员的变动是不可避免的，但是可以通过适当的机制来调整。

(13) 首创精神。应该尽可能地发展和激励员工的首创精神，这是企业发展的巨大推动力。

(14) 集体精神。不可忽视企业内部建立健康和谐的团结关系对企业的推动作用。

(四) 管理要素

法约尔认为管理活动主要由计划、组织、指挥、协调和控制五项要素组成，所有的管理者都要履行这五项基本的职能。

(1) 计划。良好的计划应该具备统一性、连续性、灵活性、精确性等特点，他决定着组织未来的行动和发展方向。而良好的计划制订者也必须具备对人进行管理的艺术、经济性、勇气、领导人员的稳定、专业能力、处理事物的一般能力等才能。包括列出必须要完成事物所要采用的方法。

(2) 组织。组织是建立正规的权力结构，包括组织结构、组织活动、相互关系的规章制度、员工的招募、评价与训练。组织部门必须具有统一的领导、指挥和行动，其责任在于寻求组织目标与组织活动所需各种资源的统一。

(3) 指挥。指挥是为了使组织发挥最大的工作效率，与领导紧密相连。为此，指挥人员必须做到：做出决策、和工人沟通、淘汰无工作能力的人、拟定并认真执行企业和职工之间的合同、树立榜样、定期检查、召集主要助手开会以统一精神、避免琐碎事物、调动和团结员工积极性、正确评估下级等。

(4) 协调。协调能保证企业中的一切事务有条不紊的朝向企业和员工的共同目标进行。各个职能之间的协调就显得尤为重要。

(5) 控制。控制是检查一切事务是否正在顺利地进行。并随时调整和修改相关的计划、指令等，以保证企业目标的顺利事项。包括向上级通报、调查、记录、分析、研究等。

三、人际关系理论

乔治·埃尔顿·梅奥（Elton Mayo）一生的贡献很多，影响最大的是他主持的霍桑实验。梅奥及其助手从霍桑实验得出了几点结论。第一，工人是“社会人”，有着各种社会和心理需求。第二，领导需要通过给予职工的满足来鼓舞员工的士气。采用激励、参与决策、有效的沟通方式的人际交往策略，可以满足个体的社会和心理需求、提高组织的士气，进而提高劳动生产率。第三，企业正式组织中存在“非正式的组织”，并为其成员规定了他们自己的适当的行为准则。工人的小团体为其成员非正式地建立了一个大家可以接受的小团体产量标准。多数工人是守常规者，他们自愿地固守小团体产量标准。一部分人是不守常规者，他们不遵守小团体的产量标准，但会在小团体的约束和压力下趋于小团体产量标准。产量过高的个人或者产量过低的个人都会受到小团体的不同制约，降低产量标准或者提高产量标准，进而与小团体产量标准保持一致。

梅奥及其助手并不是人际关系理论的唯一贡献者。柯特·勒温（Kurt Lewin）、卡尔·罗杰斯（Carl R.Rogers）、莫雷诺（Jacob Moreno）、威廉·怀特（William White）、乔治·霍曼顿（George Homans）等人对人际关系理论的发展起了巨大的推动作用。

梅奥、莫雷诺等人的人际关系理论的核心思想可以进行如下概括。

(1) 员工作为社会的人的个体的人，既受社会和心理需要的驱动，也受经济刺激的驱动。

(2) 比之工人工作环境中的物质条件，工人的认同感、归属感、安全感、尊重感等需要更能影响工人的劳动热情和劳动效率。

(3) 工人个体的世界观、价值观、人生观，以及动机、感知觉、对挫折的认知反应等都会影响工人的行为。

(4) 处在正式组织内部的人都愿意在组织之外建立起一个以具有共同选择倾向的人员为基础的非正式的社会组织，这种组织对管理既有帮助的可能，也有阻碍的可能。

(5) 工作场所中的非正式组织会建立并强化他们独有的行为准则和规范。

(6) 如果管理部门能够满足员工的需求，将会大大刺激工人的劳动热情，并最终带来劳动生产率的不断提高。

(7) 在一个组织中，沟通、权力、影响、权威、动机和控制等关系非常重要，并突出的表现在上下级之间。在组织内部的等级系列之间应该建立起有效的沟通渠道，应该发挥民主的而非专制的领导。

四、行为科学理论

行为科学是研究人的行为的综合性科学，它研究人的行为产生的原因及影响人的行为的因素，目的是调动人的积极性、主动性。正式提出行为科学这一术语是在20世纪40年代后期，梅奥等人创立的人际关系理论是早期的行为科学理论。1956年行为科学杂志在美国正式出版。到60年代，人们对广义的行为科学和狭义的行为科学做了区分。即产生了狭义的行为科学——“组织行为学”，早期的人际关系理论也属于狭义的行为科学。下面，将介绍一种典型的行为科学理论——学习型组织。

当今最有影响力的学习、组织、管理大师，麻省理工学院史隆管理学院组织学习中心主持人彼得·圣吉（Peter M.Senge）在其《第五项修炼》中提出了著名的“学习型组织”理论。

“学习型组织”是将组织作为一个系统整体来研究。系统是由相互联系、相互作用的要素组成的具有一定结构和功能的有机整体。系统理论认为，研究组织最有效的途径是将组织作为一个系统。研究学校组织的最有效方式是将学校组织作为一个系统。

学习型组织是指充分发挥每个成员的创造能力，努力形成一种良好的组织学习氛围，通过学习，在实现个人利益的同时实现组织共同利益。圣吉认为，学习型组织不在于描述组织如何获得和利用知识，而是告诉人们如何才能塑造一个学习型组织。他认为：“成功的学习型组织的战略目标是提高学习的效率、能力和才能，通过建立愿景并能发现、尝试和改进组织的思维模式来改变其行为。”圣吉提出了建立学习型组织的五项条件。

（一）系统思考（System Thinking）

即要用相互联系、相互作用的系统观点来看待组织。

（二）自我超越（Personal Mastery）

清楚自己的愿景，集中精力，培养耐心，实现自我超越。

（三）分享愿景（Shared Vision）

组织中应该建立共同的愿望和意象，并应该将自己的愿望和组织的愿望一起分享。

（四）团队学习（Team Learning）

发展成员协作学习的能力，以实现组织的共同目标。

（五）心智模式（Mental Models）

看待旧事物形成的特定的思维定式，影响个人和组织的根深蒂固的旧有观点和行为的假设。

学习型组织有五个显著的特征：有一个人人赞同的构想；抛弃旧的观点和行为的思维定式；系统的思考内部组成部分各个要素之间的相互关系；成员之间相互沟通的坦诚；成员抛弃个人利益和小团体利益，为实现组织的共同利益工作。

凯伦・沃特金斯（Karen Watkins）和维多利亚・马斯克（Victoria Marsick）建立了具备七项行为准则的学习型组织模式，并适用于任何学校的学习型组织的建立与改革。

（1）创造不断的学习机会。学习者的学习贯穿于组织工作的整个过程当中，甚至超越了工作本身。管理者和教师的学习大多都是有意识的，对各种学习结果成功与失败进行各种总结，改革与实验新的学习方法和学习机会。成因之间能建立友好的氛围，并在相互的帮助中不断获得新的技能。学校也能寻求到为职业发展提供时间、金钱和其他的刺激方法。

（2）促进质询与对话。该行为准则的关键是一种人们可以自由提问、发表意见、愿意将问题分享解决的文化。实现该行为准则的策略是通过在各个层次上的会议和学习团队中采用对话和提问方式。

（3）鼓励协作和团队学习。该准则目的在于提高团队的协作精神、协作能力和技巧。应该在学校内组织各种小团体，在团体内尽量发挥每个人的热情，鼓励畅所欲言。实现该准则的策略是注重各个层次的团队的建设以及在团队中开展必要的对话、谈判等。

（4）建立捕捉和分享学习的制度。该准则的目的在于各种常规软件的应用，如Microsoft Access等等，以捕捉各个小组的想法。分享知识包括保存已学的课程和新思想的发展过程，以便在使用前归入共同创造的知识。实现该准则的策略可以是通过庆祝活动使团队组织在一起，确认完成任务，实现各个层面的交流。

（5）朝向共同的愿景努力。实现这一目标的前提是使人们以愿景为中心紧密团结在一起的程度，以及成员积极创造和完成由愿景所带来的变化的程度。采取的策略是对任务进行区分，并变革与愿景不相称的因素。可以鼓励抛弃旧文化转而追逐新文化，描绘新的愿景，通过创造性的产品表达新思想。

(6) 把组织与环境联系起来。学校应该在全球性、区域性的层面上发挥作用。学校可以借鉴其他学校的成功经验来解决类似的问题，利用数据库来分析预测新的发展趋势。技术能使学校走出传统的校园。比如经常发起网络上的项目，和其他地区的师生交流。也可以设计相关的程序将有共同兴趣、爱好等趋向的师生联系在一起等等。

(7) 从战略的角度领导学习。设计学习形式的领导者是学习性组织的关键。领导者应该从战略的角度思考学习组织在推动团体发展动向中的方法，并与员工进行发展与计划方面的有规则的讨论，获得与学习机会有关的信息，探索支撑员工职业发展的各类资源。

五、全面质量管理思想

（一）产生背景

现代意义上的质量管理活动是从20世纪初开始的。进入20世纪以后，随着科学、技术的爆炸性增长，人类的安全、健康以及环境受到了前所未有的挑战与威胁，导致了消费者保护运动的高涨以及各国政府对质量管制的强化。人们对质量及质量管理提出了新的要求。现代质量管理活动开始盛行。

根据解决质量问题的手段和方式的不同，一般将现代质量管理发展分为三个阶段。第一阶段指第二次世界大战以前，即质量检验阶段；第二阶段从第二次世界大战开始到20世纪50年代，称为统计质量控制阶段；第三阶段从20世纪60年代开始至今，称为全面质量管理阶段。

(1) 质量检验阶段

这一阶段主要是通过检验的方式来控制和保证产出或转入下道工序的产品质量。产品的质量主要取决于工匠个人的经验和技能。企业主要依靠经验来进行生产和管理。因为在质量控制上，这一阶段主要依靠手工操作者的手艺和经验来进行把关，因此，这种质量控制实质上是一种“事后的把关”。

(2) 统计质量控制阶段

1924年，美国统计学家W.A.休哈特（Walter A.Shewhart，1891—1967）开始将统计方法应用于质量控制，并出版《产后制造质量的经济控制》一书，与此同时，其他国家和地区也开始了这方面的研究，进行了利用统计方法进行抽样检验等的探索。这一时期的质量管理特点主要在于确保产品质量符合规格和标准。人们通过对工序进行分析，及时发现问题，确定原因，解决问题，使工序保持在稳定状态。正是由于数理统计方法的广泛应用，这一时期的质量管理被称为“统计质量控制”。

(3) 全面质量管理阶段

第二次世界大战以后，人类科技取得了许多划时代的突破，生产力空前大发展，人们对于物资等产品的要求越来越高，商品竞争也越来越激烈，仅仅依靠统计质量控制已经远远不能满足顾客对于质量的要求。美国通用A.V.费根堡姆(Armand Vallin Feigenbaum) 在其论文中指出，制造过程中出现的质量问题不过是所有质量问题的20%而已，而80%的质量问题是在制造过程以外产生，因此，解决质量问题不能只局限于制造过程，也不能局限于仅利用统计方法手段。在这一背景下，美国的朱兰（Juran）博士开始了这方面的研究，他提出，为了对质量进行有效控制，除了统计质量控制以外，尚有许多其他重要的质量智能必须予以关注。1951年，他的《质量控制手册》出版，这一著作被誉为这一领域的研究和经验集大成之作。

改革开放后，全面质量管理开始在我国深入推行，我国企业界对全面质量管理的理解为“三全”，即全过程、全员、全面的质量。全过程意味着产品产生、形成和实现的整个过程。全员意味着提高产品质量需要依靠组织中的全体人员共同努力，必须加强质量教育，强化质量意识，使每个人都树立起质量第一的思想，人人关心质量，全面参与管理。全面的质量指的是在全面质量管理中的质量概念是广义的，不仅仅是指产品和服务的质量，而且还包括工作的质量。全面质量管理经历了一个由早期的全面质量控制到全面质量管理的演变，因此不再局限于质量领域，而演变为一套以质量为中心的、综合的、全面的管理方式和管理理念。

（二）代表人物及其观点

(1) 戴明及其管理理念

威廉·爱德华兹·戴明（W.Edwards.Deming，1900—1993）被誉为“统计质量控制之父”，他主张的是一种系统的观念，主张采用科学方法来优化系统，从而实现质量改进。他强调质量改进要着力于减少设计和制造过程中的变异性。因此，他的方法主要是利用数理统计方法来找出制造过程中的变异并解决之。

1.十三要点

创造产品与服务改善的恒久目的：最高管理层必须从短期目标的迷途中归返，转回到长远建设的正确方向。即把改进产品和服务作为恒久目的，坚持经营，这需要在所有领域加以改革和创新。

采纳新的哲学：必须绝对不容忍粗劣的原料、不良的操作、有瑕疵的产品和松散的服务。

停止依据大批量的检验来达到质量标准：检验其实等于准备有次品，检验出来已经太迟，且成本高而效益低。正确的做法是改良生产过程。

废除“价低者得”的做法：价格本身并无意义，只是相对于质量才有意义。因此，只有管理当局重新界定原则，采购工作才会改变。公司一定要与供应商建立长远的关系，并减少供应商的数目。采购部门必须采用统计工具来判断供应商及其产品的质量。

不断地即永不间断地改进生产及服务系统：在每一活动中，必须降低浪费和提高质量，包括采购、运输、工程、方法、维修、销售、分销、会计、人事、顾客服务及生产制造。

建立现代的岗位培训方法：培训必须是有计划的，且必须是建立于可接受的工作标准上。必须使用统计方法来衡量培训工作是否奏效。

建立现代的督导方法：督导人员必须要让高层管理者知道需要改善的地方。知道之后，管理当局必须采取行动。

驱走恐惧心理：所有人员必须有胆量去发问，提出问题，表达意见。

打破部门之间的围墙：每一部门都不应只顾独善其身，而需要发挥团队精神。跨部门的质量圈活动有助于改善设计、服务、质量及成本。

取消对员工发出计量化的目标：激发员工提高生产率的指标、口号、图像、海报都必须废除。很多配合的改变往往是在一般员工控制范围之外，因此这些宣传品只会导致反感。虽然无须为员工订下可计量的目标，但公司本身却要有这样的一个目标：永不间歇地改进。

取消工作标准及数量化定额：定额把焦点放在数量，而非质量。计件工作制更不好，因为它鼓励制造次品。

消除妨碍基层员工工作畅顺的因素：任何导致员工失去工作尊严的因素必须消除，包括不明确何为好的工作表现。

建立严谨的教育及培训计划：由于质量和生产力的改善会导致部分工作岗位数目的改变，因此所有员工都要不断接受训练及再培训。一切训练都应包括基本统计技巧的运用。

创造一个每天都推动以上13项工作的高层管理结构。

2.戴明环

戴明博士最早提出了PDCA循环的概念，所以又称其为“戴明环”，如图2-1所示。

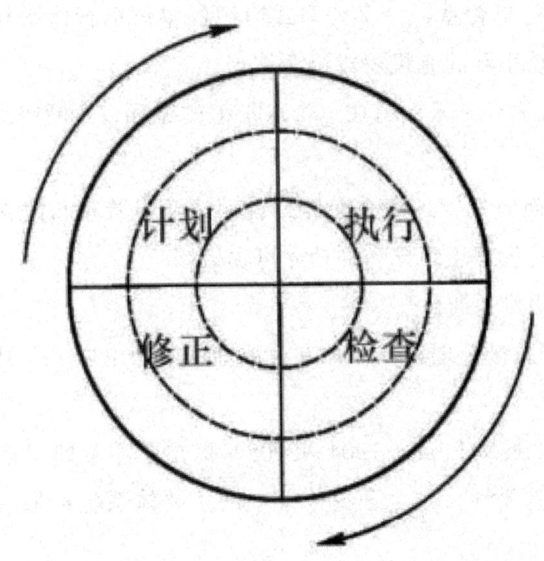

图2-1　戴明的PDCA循环管理过程

PDCA循环是能使任何一项活动有效进行的一种合乎逻辑的工作程序，特别是在质量管理中得到了广泛应用。P、D、C、A四个英文字母所代表的意义如下。

P（Plan）——计戈：包括方针和目标的确定以及活动计划的制订；D（Do）——执行：就是具体运作，实现计划中的内容；C（Check）——检查：就是要总结执行计划的结果，分清哪些对了，哪些错了，明确效果，找出问题；A（Action）——行动（或处理）：对总结检查的结果进行处理，成功的经验加以肯定，并予以标准化，或制订作业指导书，便于以后工作时遵循；对于失败的教训也要总结，以免重现。对于没有解决的问题，应提给下一个PDCA循环中去解决。PDCA循环有以下四个明显特点，可以用图2-2表示。

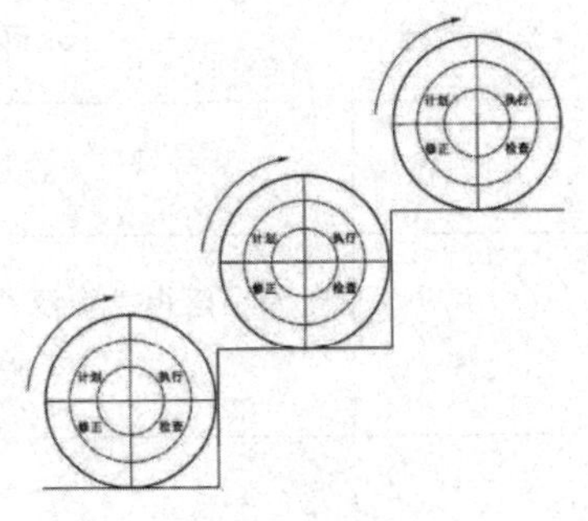

图2-2　PDCA循环的特点

周而复始。PDCA循环的四个过程不是运行一次就完结，而是周而复始地进行。一个循环结束了，解决了一部分问题，可能还有问题没有解决，或者又出现了新的问题，再进行下一个PDCA循环，以此类推。

大环带小环。类似行星轮系，一个公司或组织的整体运行体系与其内部各子体系的关系，是大环带动小环的有机逻辑组合体。

阶梯式上升。PDCA循环不是停留在一个水平上的循环，不断解决问题的过程就是水平逐步上升的过程。

戴明学说反映了全面质量管理的全面性，说明了质量管理与改善并不是个别部门的事，而需要由最高管理层领导和推动才可奏效。

(2) 朱兰及《朱兰质量手册》

《朱兰质量手册》是质量管理领域最具有权威性的参考书之一，被誉为“质量管理领域中的圣经”。

约瑟夫·朱兰（Joseph M.Juran，1904—2008）提出了质量即“适用性”的概念，强调了顾客导向的重要性。朱兰理论体系中的主要体系包括朱兰三部曲、关键的少数原理等。

朱兰三部曲即质量计划、质量控制和质量改进。质量计划指明确组织的质量方针和质量目标，并对实现这些目标所必需的各种行动进行规划和部署的过程。质量控制即实现质量目标、落实质量措施的过程。广泛应用统计方法来解决质量问题是质量控制的主要特征之一。质量改进是指实现前所未有的质量水平的过程。朱兰三部曲的具体内容如表2-1所示。

表2-1 朱兰三部曲

质量计划	质量控制	质量改进
1. 设定质量目标	1. 评价实际绩效	1. 提出改进的必要性
2. 辨识顾客是谁	2. 将实际绩效与质量目标对比	2. 做好改进的基础工作
3. 确定顾客的需要	3. 对差异采取措施	3. 确定改进的项目
4. 开发应对顾客需要的产品特征		4. 建立项目小组
5. 开发能够生产这些产品特征的过程		5. 为小组提供资源、培训和鼓励，以便诊断原因，涉嫌纠正措施
6. 建立过程控制措施，将计划转入实施阶段		6. 建立控制措施以巩固成果

（三）全面质量管理的贡献与实践应用

(1) 全面质量管理的贡献

以顾客为关注焦点。关注顾客或以顾客为中心是全面质量管理的一个基本概念，组织只有为顾客提供产品和服务才能生存。从顾客角度出发来思考问题，是管理企业的一个立场问题，也是思考其他问题的出发点和前提。为此，“以顾客为中心”有四步：进行顾客的识别与细分；了解顾客需要；对顾客满意度进行测量与分析；顾客关系管理。

领导作用。领导要创造一个让员工为实现组织目标充分发挥作用的积极的内部环境。为此，领导首先要确定“组织的基本方向”和“组织的社会责任”，继而制订战略计划活动并进行目标分析。

全员参与。员工的参与是全面质量管理的最基本特征之一。员工参与的方式可以是合理化建议，也可以是参与质量改进和质量计划团队，被称为业务过程再造小组的成员，还可对自己的工作过程进行统计质量控制和自我控制。

过程方法。过程即一整套首尾相连的活动。将活动与相关资源作为过程进行管理，可以更好地得到期望的结果。

管理的系统方法。将相互关联的过程作为系统加以识别、理解和管理，有助于提高组织的效率。相互关联的过程的结合构成了组织系统。

持续改进。持续改进总体业绩应当是组织的一个永恒目标。

基于事实的决策方法。有效的决策建立在数据和信息分析的基础上。

与供方互利的关系。组织与供方是相互依存的，互利的关系可增强双方创造价值的能力。

(2) 全面质量管理在教育管理实践中的应用

1988年全面质量管理开始引入一个中学的管理实践，这是全面质量管理应用于教育管理的一个开端。此后，全面质量管理在教育管理研究和实践中的影响日益增强。研究者指出，全面质量管理在教育中广泛应用的原因是：技术快速提高的工业系统对社会成员提出更高的学术和能力要求；政府推进教育事业的过程中对教育质量和科研质量的关注；校际间的竞争日益激烈；学校通过提高教育质量以争取获得日益紧张的教育资金。

然而，教育组织毕竟与工业组织不同，全面质量管理应用在教育管理当中也进行了调整，其中最重要的是在全面质量管理体系框架中加入了复杂的和相互关联的特有的教育要素和教育价值观。在学校中的全面质量管理更加注重质量本身的多元性内涵，包括组织成员的协同合作、组织内部对信息响应的敏感度、开放度和深刻度、教师教学和学生自学的可获得资源、教学及教学评估以及学校可提供的课程评估。

虽然全面质量管理理论在教育管理中的应用有一些变动，但强调顾客满意和组织持续发展的核心理念没有改变。顾客导向理念与学校教育过程相结合形成的全面质量管理下的学校教育，关注教育顾客的满意和教育质量的可持续发展能力。因此，如何提高学校的教学质量和如何才能实现组织及成员的可持续发展就成为学校实现全面管理所需要着重考虑的问题。

第二节　管理理论对教育管理的影响

从古典管理理论到人际关系理论，再到行为科学理论，管理理论经历了三次重大的飞跃。虽然管理理论不是直接针对教育管理，但是其每一次发展都对教育管理都产生了不可忽视的影响。

一、科学管理理论与教育管理

科学管理理论是20世纪最早的管理思想，其以效率为核心思想的管理理念深刻影响着教育管理领域。

(1) 教育效率观的引入

科学管理理论的核心思想是提高效率，降低生产成本和生产效率是企业的最终目标。效率理念本是企业组织中的特有观念，但是随着人们对学校及教育活动的全面认识，效率观念逐步深入教育管理者的思想中。从历史看来，多数管理者对效率观念的认识与引入均在泰勒的科学管理理论产生之后。在这之前，教育管理者对学校及教育活动仅停留在传授知识纬度上的认识。从效率观念上来看教育，学校应该被视为企业，应该以最少最优的投入换取高效的产出，产出结果应以获得的教育效果来衡量。因此，为了提高教育效率，教育管理者模仿企业管理者的经验，采取优选教师、扩大班级人数、延长学习时间、增加教师课时、开展教学分工、降低教育成本等措施。这些措施在一定程度上为当时的学校节约了成本，提高了教育生产力。

(2) 教育标准化运动

科学管理理论的又一重要思想是标准化。泰勒认为，应该通过对工作的科学研究建立标准化的工作量、标准化的操作。受标准化管理思想的影响，2。世纪初期以美国为代表的西方国家在教育管理领域开始了教育标准化运动。一些学校为教师和管理人员颁发了标准的工作手册，教师工作受标准化的评价尺度的衡量与监督，教师的聘任条件以标准化的形式确立，对支撑教师教学的有效的教学技术制定了相应的操作标准，学生管理、勤务管理等也设置了相应的标准化操作程序。标准化使教育管理活动走向了科学管理的历程。

(3) 教育测评运动

泰勒的科学管理理论提倡标准的建立，效率的提高，并且应该依靠一定的测评工作完成。受科学管理理论的影响，教育测评，即教育测量与教育评估与20世纪初期产生与兴起，并产生了学生入学率、学生升学率、教师的教学效率等相应的教育测量、评估活动。

(4) 双部制教学制度

双部制轮换教学制度，即“葛雷制”(Gray Plan)，它将教学、活动、实验工作、社会实践活动集于一体，把学生分为小组，让学生同时在学校的不同场地进行活动，一段时间后交换场地继续不同的活动。双部制借鉴了科学管理理论充分利用设备资源的经验，使学校的人数容量大增，优化了设备资源的使用效率。双部制得到了广泛的认可，在较短的时间内，从美国传到了世界各个国家和地区。

泰勒的科学管理理论对美国的教育管理产生了较大的影响，提高了教育管理效率，促进了教育管理工作的制度化、规范化、标准化，一定程度上提高了教育生产率。但是，科学管理理论也带来了一些不利因素。例如，科学管理思想的引入，使教育沾染了许多企业的气息，在注重教育的经济效率的同时，忽视了教育应有的人文价值；教育问题并不适合所有的企业管理模式，完全照搬科学管理理念可能忽视自身的特点和适合自身的管理方式；管理者不再是有效的教育决策者，而是成了斤斤计较、精打细算的企业经营者；教师也从教育专家转变为效率专家，并感到标准工作量和操作程序的压力与反感；学生更多时候成为被包装者、被生产者，而非作为一个全面发展的个体。尽管科学管理理论产生于20世纪初，但是其合理思想在今天的管理理论中随处可见。

二、人际关系理论与教育管理

人际关系理论是对教育管理领域产生影响的又一古典管理理论。不同于科学管理理论，人际关系理论对教育管理领域的影响表现在提倡教育管理领域中的民主管理思想，关注员工作为社会人的各种社会需求与心理需求。

教育管理中的人际关系理论的引入出现在20世纪30年代。在这之前，以美国为代表的西方国家在教育管理领域已有了民主管理思想，为人际关系理论的融入与发展奠定了一定的历史基础。许多教育管理领域的专家指出，人际关系理论对学校的教育管理很有指导意义，呼吁教育管理者认真研究人际关系理论。人际管理理论对教育管理中的民主管理思想的借鉴表明：(1) 要重视学校中的非正式组织的作用，把非正式组织看作学校中的重要组成部分，通过沟通来调和正式组织和非正式组织的冲突与目标；(2) 重视与改善工作场合中的教师人际关系，满足教师作为社会人的各种社会需求与心理需求，如安全感、归属感、尊重等；(3) 重视教师参与学校教育管理，在校长和员工之间建立有效的沟通渠道，共同探讨决策，共同制定标准，反对专制领导与发扬民主精神；(4) 重视民主教学，在教学过程中重视发挥学生的主动性、积极性，给予学生更多的自主空间，体现学生的主体地位；（5）重视民主监督，在教学过程中，上级领导应充分相信教师，不应该对教师的教学做过多的干预。同时教师有对上级领导的建议和意见的权力，即教师对管理者民主监督的权力。历史看来，人际关系理论对教育管理领域产生了积极的、健康的影响，许多专制的学校管理方式被民主的管理方式所取代。到了20世纪四五十年代，以人际关系理论为基础的民主管理思想在西方国家盛行开来，直到今天，人际关系理论的思想痕迹仍然遍布社会管理的各个领域。

三、行为科学理论与教育管理

行为科学管理理论对教育管理的影响要追溯到20世纪50年代，以1957年美国出版的第一本以行为科学理论为指导的探讨教育管理活动的论文集《教育中的管理行为》为开端。该书由全美教育管理学教授联合会成员编撰，书中的14篇论文集中反映了行为科学理论对教育管理活动可能产生的影响。

行为科学理论对教育管理的影响集中反映在以下几方面。（1）教育管理研究的多纬度视野。行为科学理论的特点就是综合运用人类学、社会学、心理学、政治学、经济学等多种学科知识研究人类的行为。这为教育管理人员提供了一定的借鉴，从人类、社会、政治、经济等角度来研究教育管理，提升管理理论水平，一改以往就教育论教育、就学校论学校的封闭视野，这种视野也延续到了管理学校的课程设置、人员的培训等。（2）教育管理研究的实证方法。以往的教育管理研究都是从经验出发，认为管理者应该怎么样而非管理者实际怎么样。行为科学则不然，他从实证研究方法研究人的行为为什么是这样而不是那样或者不应该那样。20世纪六七十年代西方一些国家的教育管理领域借鉴了行为科学实证研究方法研究教师的动机、特征、行为，为学校的管理决策提供了科学的参考，摆脱了经验主义的束缚。（3）把学校作为开放系统。行为科学把组织作为一个开放的系统，注重研究系统内部因素和外部环境的相互作用。教育管理研究者开始将学校看作一个开放的系统，将学校自身的因素和外部环境结合起来，研究了社会、社区、家庭等环境因素对学校的影响，深化了人们对学校和外部环境关系的密切认识。

第三节 现代教育管理理论演进的趋势

一、现代教育管理理论演进的特点

（一）不同理论流派相互吸纳，在融合过程中不断发展

教育管理理论发展离不开对管理理论的借鉴吸纳。教育管理在本质上也是管理，管理的共同规律和基本原理是教育管理理论的研究基础。正是通过不断地吸纳新的管理理论，促进了新旧教育管理理论的融合和发展。同时，积极地吸纳融合不同的管理流派，特别是主要理论流派的积极兼容，才使现代教育管理理论得以形成更全面多样的学术体系。

（二）在层级整合中批判、继承和提升

教育管理理论的演进是在一个充满新、旧及多极理论间不断反思和批判中实现的。虽然每一阶段都有占主导性的教育管理理论，但主流教育管理思想与其他教育管理理论之间是批判性的继承关系，其他教育管理流派对主流教育管理理论是必要的补充。所以，教育管理的各种理论彼此之间有冲突，但又是相互补充的。依据教育管理实践需要对各种教育管理理论进行精选加工改制，吸收其合理内核，理论之间相互兼容，推进结构性整合以实现管理理论整体性创新。

（三）服务实践的过程中创新理论

教育管理理论发展的另一特征是服务教育管理实践，在服务的过程中反思、对理论进行修正，推进教育管理理论的结构性整合创新，实现教育管理理论的时代创新发展。理论与实践之间相互印证和检讨，才使教育管理理论与教育管理实践得到真正的互动和结合，促使教育管理理论持续创新。

（四）吸收、改造和运用一般管理理论

管理科学是教育管理学最基本、最广泛的理论基础，是教育管理理论体系的母体。这不仅是因为教育管理理论是在管理科学的基础上发展起来的，而且更本质地说，是因为教育管理活动本来就是一般的社会管理一个分支。事实上，从管理科学和教育管理理论的发展历史来看，管理科学每前进一步，都会相应地促进教育管理理论的新发展。

二、现代教育管理理论演进的未来趋势

现代教育管理理论的未来发展趋向主要表现为以下几方面。

（一）教育管理理论体系更加成熟

随着教育管理理论研究的深入和实践的需要，以及教育管理研究的领域不断扩大，教育管理理论的概念和学术研究体系会更为完善，其内涵和外延也会不断拓展。同时，也会在吸收其他学科思想和方法的基础上，更加重视基础理论的研究，不仅研究一般管理理论原理对教育管理的作用，更重要的是强化对教育管理原理的研究，按照新教育管理实践要求进行内在整合，从而建构成为一个更具普遍意义的理论体系。

（二）教育管理理论和教育管理实践会更紧密结合

首先，教育管理理论研究会围绕实践需要而展开。注重实际、讲求实证的研究传统会继续。从教育管理实际需要出发，探讨教育活动中被社会所共同关心的重大问题，对教育管理实践做出明确的指导，是今后理论研究的特征。其次，教育管理理论发展不仅需要吸收各种管理理论与技术，而且会更重视在实践中整合创新，在教育管理实践要求和推动下不断发展与完善。

（三）教育管理理论研究会国际化和本土化并重

随着各国教育管理面临的相同问题越来越多，教育管理理论研究的交流和国际合作会日益增加，教育管理研究也会越来越走向国际化。教育管理交流与合作的内容会扩至教育管理的各个领域。教育管理理论研究的方法也会采取超越国界的比较研究和系统分析等。同时，教育管理研究区域化也是重要的趋势，由于国家间教育问题的特殊性，地区间教育发展的不平衡，教育管理研究不能不从实际出发，探求解决自己的问题途径和办法。

（四）多元性理论发展仍将呈强势趋向

在21世纪，教育管理研究所涉及的内容会越来越多，越来越广泛。随着时代的进步和教育的发展，将不断有新的问题出现。多元社会和教育的多样化发展对教育管理理论会不断提出新的要求，推动建构一个更加开放多样、更加分化灵活又指向服务实践的教育管理理论体系。因此，研究方向的多元化，不断推出新的学说和管理方法，将会是未来教育管理学发展的一个主要趋势。教育管理研究还会以其更适当的反思和批判方式推进教育管理实践的发展，多元化研究也会更加获得管理实践的青睐，成为提升理论、变革教育实践的力量。

三、我国教育管理理论的现状与未来

20世纪80年代以来，我国的教育管理理论研究获得了较快的进展。无论著作和论文的数量及质量，队伍的规模和结构，学术研究的深度和广度，都已超过以往任何时代。经过30多年努力，我国教育管理理论已经初步形成体系。但是，也应清醒地看到，我国教育管理理论研究的水平还远未达到发达国家的程度，研究工作还存在许多问题和不足。有学者指出："我国教育管理研究存在几种现象：把党和政府的教育方针作为教育管理理论，对相关政策进行诠释；把个人的思考和感想当作研究，常常有冠以'关于……的思考'之类的文章发表；没有充分的实证性数据和材料，主观地臆断某种现象，然后加以评论等。在研究主题方面主要表现宏观大问题，如教育体制，现代学校教育制度……在研究方法上，仍然是思辨为主，实证研究和质性研究为辅。"以上分析表明，当前的教育理论研究领域理论与实践脱节，尚不能满足教育管理实践需求。科学的训练和科学的范式还没有真正建立起来，尤其缺乏实证研究和多元研究方法，还谈不上科学主义。大量的体悟、文献概括和归纳、哲学式演绎等思辨式研究，使教育管理研究缺乏科学成分的倾向严重，缺乏创新，在许多领域难以取得新的突破。由此，教育管理理论研究需要我们改变思维方式，冲破传统走向科学"。学习外国先进的教育管理思想，继承中国教育管理思想的优良传统，应当是未来中国教育管理理论研究的选择，也是发展的趋势。

（一）理论研究本土化

对西方教育管理理论要在本土化基础上正确地借鉴和利用，研究既要从我国教育管理的现实出发，解决我国的实际问题，又要不断深化教育管理理论，形成我国自己的理论体系。为此，需要重视和解决以下问题：（1）某西方理论有无借鉴与应用的价值；（2）借鉴与应用是否正确；（3）借鉴与应用是断章取义，还是深得真谛，是创造性误用，还是滥用，是创造与发展，还是完全的误解或曲解；（4）明确借鉴与应用的条件、方法，并可预示其结果。

（二）理论研究范式综合化

教育管理研究范式要由过去那种单纯的演绎归纳范式或经验分析范式向综合范式转换。在具体的教育管理研究中，研究者应对那些教育管理的难点问题、热点问题给予更多的关注，并综合运用多种方法和理论给予解决，同时在深层次上进行批判反思，而不是在原有的框架内修补。

（三）理论研究方法多元化

教育管理理论研究应该综合应用多种方法，既要创新传统方法的使用，同时积极借鉴新的方法，诸如田野研究、质性研究、系统分析等。还应重视实验研究，通过细致严谨的科学实验，分析教育管理活动的内在因果关系，揭示教育管理活动本质和规律。应使教育管理理论研究在方法论上得到突破，通过严谨的推理、可信的数据、实地的调研，提供准确严密、可信度高，具有说服力的研究成果。

（四）理论研究问题具体化

教育管理研究会更注重以问题研究为前提，探讨和解决我国深化教育管理改革实践中存在的重点、难点和热点问题，增强理论指导实践的实效性。以解决现实问题为研究重心，需要更多地着眼于学校实践过程中的具体问题，在管理模式、方法手段等方面为学校管理者提供指导。如学校文化建设、学校知识管理、师生关系构建、校本教师培训、课程资源管理、教师专业发展、校长领导艺术、师生民主参与等。只有对这些具体问题进行深入研究，教育管理理论成果才能受到学校欢迎。

（五）科学精神与人文精神结合

教育管理理论研究既要注重科学精神，又要提倡人文精神。如教育管理的社会价值、教育组织行为的非理性化、组织文化期待的影响等。研究必须关注组织文化的多元化，包括组织中人的行为价值，即非理性层面的研究，考察其特有的行为动机、道德、情感等。

第三章　现代教育管理功能

第一节　规划与组织功能

规划是指对事物未来的发展进行预期目标和工作计划的整体设计。从宏观来讲，规划功能是指高等教育管理中的战略发展规划这一事物的有效作用，从微观高等教育管理来讲，规划功能是指高等学校的事业发展规划的功用。规划是管理活动中的首要任务，因此，它的功能也是我们首先必须要弄清楚的。这里的组织实际是指项目与活动的规划出台后，具体进行的组织实施。通过组织管理运作模式和运作机制，组织和调配相应的资源实施这一计划。组织实施是管理活动中方式方法的另外一个问题。这里主要围绕高等教育中的规划问题展开讨论。

一、高等教育规划的依据

在计划经济时代，高等教育规划就是指高等教育计划。中国的高等教育计划是20世纪50年代末60年代初，在世界经济大发展的背景下，受计划经济体制的影响逐步产生和发展起来的。随着市场经济体制的推进，作为影响高等教育系统发展的一种技术手段，高等教育计划通过对高等教育系统进行合理的分析，使高等教育系统更好地满足个人和社会的需要，更有效地实现个人和社会的目标。因此，高等教育计划的产生和发展与社会经济、人口发展对高等教育的需求密切相关。

（一）高等教育规划产生的社会背景

经济因素。我们这里讲经济因素实际上是两个方面，一个是国家经济体制的因素，另一个是经济发展的需求问题。20世纪50年代末60年代初是世界经济大发展的时代，伴随着这一时代经济繁荣的一个必然后果是国民对高等教育需求量的增加。而在中国，教育的需求主要与国民经济的发展需求相适应，与国家政治的需求相适应。由于国家的政治经济体的性质决定了国民的财产与生活基本上是靠集体所有制和全民所有制来管理，国民自己所拥有的劳动剩余价值没有多少，没有什么资产，国民需求与国家教育规划没有多大的联系。随着国家政治经济体制的改革，计划经济体制向市场经济体制转变，人及人力资本成为了市场的经济体，人有了资产，人的教育需求有了经济基础，教育的需求问题不仅仅是国家的需求问题，也成为了一种社会需求，一种国民的教育需求。根据恩格尔定律，随着人们收入水平的提高，用于生活必需品方面的支出占整个收入的比例会不断下降，而用于包括教育在内的其他非生活必需品方面的支出占整个收入的比例会不断上升。

人口因素。人口因素主要是指人口增长对教育需求的影响。除了经济因素外，人口因素是导致国民高等教育需求量增加的一个重要因素。第二次世界大战以后，世界人口急剧增长，这些战后出生的人口，到20世纪60年代末70年代初陆续跨入了接受高等教育年龄组，使接受高等教育的人口数量迅速增加，直接导致了高等学校在校人数的快速增长。例如，美国1959—1960年度在高等学校攻读学位的人数为321万人，到1969—1970年度，这一人数达到了792万人。国民对高等教育需求量的增加对高等教育规划的产生、发展起到了直接的推动作用。因为政府或社会要满足大批国民对高等教育的需求，不仅需要大量的教育资源的投入来支撑庞大的办学系统，改善办学条件，而且还要合理组织教育系统，合理利用有限的教育资源等等。所有这些，显然都有赖于周密规划的保证。为此，20世纪60年代后，许多国家开始把制定高等教育事业发展规划作为政府的一项重要的教育管理职能，不少国家还建立起了专门负责进行高等教育规划的机构，企图能借此确定高等教育的发展目标，以及高等教育系统中各个部分的先后发展顺序，为政府进行高等教育决策提供指南，使高等教育系统中资源的使用尽可能优化。总之，人口的因素主要是人口增长与教育资源的矛盾问题，这是教育规划中教育规模规划的重要依据。历史地或全面地看，完全按照市场来决定高等教育的需求问题是不可能的，教育不可能市场化，教育问题不可能完全由市场来解决，特别是中国的现状，教育规划仍然带有国家性。这是因为，目前还有相当一部分国民还不可能完全靠自身的经济能力解决教育需求的问题，必须依靠国家或者社会解决自身的教育需求问题，主要的解决途径还在国家，靠国家的经费投入和高等教育财政补贴。所以，国家的教育规划，特别是高等教育规划就显得十分重要。

人力资本因素。市场经济体制的建立，人力资本是最活跃的因素。人力资本的来源主要是通过教育的生产来达到，人力资本需求越旺盛，教育的需求就越旺盛，人力资本的质量和水平要求越高，对高等教育质量与数量的需求就越高。随着高等教育在社会经济生活中的地位日渐提高，人们研究教育与经济关系的兴趣日浓，在这种情况下产生了人力资本理论。人力资本理论创立的动力来自于经济学家对经济增长问题研究的兴趣。传统西方经济学把土地、劳动、资本看作生产的三个要素，在一定时期内，生产的产量是由劳动、资本和土地三个基本要素的投入量决定的。第二次世界大战后，西方经济学家从对经济增长中生产要素组合比例的分析中发现，影响经济增长的因素除了资本的投入和劳动的投入外还有其他因素。那么，其他的因素是什么呢？人力资本理论把这些因素归结为知识的进步、技术的改造和劳动力质量的提高，即归结为人力投资，特别是教育投资的结果。人力资本理论的核心概念是人力资本，它指的是人所拥有的诸如知识、技能及其类似可以影响从事生产性工作的能力，它是资本的形态，是未来的薪金或未来的偿付的源泉，人的资本形态体现在人的身上，属于人的一部分。人力资本是相对于物质资本而言的，它是一种生产要素资本，对生产起促进作用，是经济增长之源泉，并且和物质资本相比，在经济活动中的作用更大，对经济增长的贡献更大。倡导人力资本理论的学者尤其重视教育投资的作用，认为教育不但是一种消费，也是一种投资活动，能够提高劳动生产率，产生经济效益。在各种人力投资形式中，教育投资是最有价值的。舒尔茨曾经指出，就美国经济增长而论，已有大量证据表明学校教育和知识的增加是经济增长的主要源泉。作为一种重要的投资活动，对个人而言，个人接受教育可以增加知识和学习技能，提高个人所得。就社会而言，教育为社会培养各类人才，提高其生产力，促进了社会经济的发展。同时，由于个人的教育水平同个人的收入联系在一起，一个人的教育水平越高，其工资收入越高。因此，国家可以通过平均性的教育发展政策减少国民教育水平的差异，从而相应缩小国民收入分布的方差，最终促进社会平等。人力资本理论对教育与经济之间关系的新认识不仅带来了人力投资革命，而且对教育界产生极大震动。无论是发达国家还是发展中国家，都把教育看成是经济发展的一个重要变量，相信教育的繁荣不仅会带来政治的安定和文化的进步，还必定会促进经济的加速发展。

（二）高等教育需求的构成

(1) 社会对高等教育的需求

社会对高等教育的需求反映了社会政治、经济、文化等的发展对高等教育所提供的人才数量的多寡、质量的高低、规格和种类以及知识的创造、科学技术的更新等方面的要求。具体来说，社会对高等教育的需求主要体现在以下三个方面。

1.经济发展对高等教育的需求。随着经济的不断发展，社会对高级专门人才的需求在不断增长。就我国情况看，由于各地区、各行业生产力发展水平有很大差距，表现为多层次的生产力结构，所以各地区、各部门对高级专门人才的需求是有差别的。另外，高技术产业的崛起，信息时代的到来，产业结构的变化，对人力资源的组合也提出了要求，自然，这些要求最终反映在对高等教育的需求上。从生产力发展的需求来看，为了最大限度地满足社会的教育需求，许多国家开始对高等教育系统进行分析、规划和改造，并为高等教育系统的发展制定规划。许多国际性组织，如世界银行、联合国教科文组织、经济合作与发展组织等也进行了大量的教育规划、研究、培训、实践工作，推动了整个世界对高等教育事业发展规划的重视。

2.政治发展对高等教育的需求。各个国家和政府都要维持和发展其政治体制，要保持其在国际上的竞争力。教育是有效地维持和发展现存的政治结构的重要工具。在我国，社会主义事业的发展要求有大批合格的接班人，尤其是政府部门的各级领导和管理人才。随着我国政治体制的改革和完善以及国家公务员制度的实施，国家政治的发展对高等教育的需求亦会越来越大。

3.文化发展对高等教育的需求。人类在认识和改造自然与社会的同时，也促进了自身的发展和提高。人类在长期的社会实践活动中，不仅创造、积累了光辉灿烂的人类文化，而且还要不断保持和继续创造更加灿烂的人类文化。对此，高等教育起着特殊的作用，人类文化的发展对高等教育有着巨大的需求。

(2) 个人对高等教育的需求

从个体对高等教育的需求上看，尽管这种需求受到很多因素的影响，但经济水平的提高是一个非常重要的因素。研究表明，人们的教育需求与他们的收入水平是密切相关的，收入水平高的国家，高等教育阶段学龄人口的在学率也高。一定高经济收入的家庭对高等教育有很旺盛的需求。所以，高等教育的规模、层次、质量、水平等的需求是高等教育规划最基本的背景。在高等教育规划的背景中提到过个人需求与计划的关系，这里，我们更进一步地分析这种需求关系。个人对高等教育的需求主要反映了个人对高等教育发展所提供的受教育机会、受教育的质量，这一要求是由人的职业需要、成就需要、真善美的需要引起的。

职业的需要。随着社会主义市场经济体制的建立，劳动力市场也不断地走向成熟和完善。开放的劳动力市场对不同质量的劳动提供不同的市场价格，而人力素质往往由受教育程度的高低来界定，受教育程度越高，谋求理想职业和获取较高报酬的机会就越多。这促使个人尽其所能去争取较高的、较优的教育机会，期望得到较好的工作机会和报酬。高等教育是教育层次中最高层次的教育，是专业教育，自然就成了个人职业竞争的初始焦点。从这个角度说，个人的高等教育需求是最现实、最迫切的。

成就的需要。成就的需要包括谋求较高的社会地位，以期获得别人的尊重；发挥个人的聪明才智，获得工作的成就。这些需要的满足往往是以接受高等教育为前提的。能够接受高等教育本身就是一种成就，即学习成就的一种标志，而接受完一定程度的高等教育又为今后在工作中取得成就、得到更好地发展奠定了基础。

真善美的需要。真善美就是向往追求真理，追求人自身道德的完善，追求美的情感和事物。在某种情况下，真善美的需要不可忽视，它是人们追求高等教育的一种动机。真善美的需求往往没有被人们重视，而实际上，但凡接受高等教育的大学生，在校园文化的熏陶下，德育、智育、体育、美育、劳动观念等方面都得到了发展。社会主义核心价值观的培育影响使大学生的世界观、价值观、人生观，道德上的真善美得到升华；知识的学习使大学生认识世界、改造世界的能力大大增强，人变得越来越聪明，真善美的识别能力得到增强；体育不仅训练了人的形体美，而且也培育了大学生对体育美的欣赏；至于美育，它既是专门教育的结果，也是整个大学校园文化综合的结果。

以上几种个人需要构成了个人追求高等教育的基本动机，体现了个人对高等教育的需求。个人和家庭是社会的一部分，所以，个人对高等教育的需求也可看作是社会对高等教育需求的组成部分，应当重视对这部分需求的研究。因为，个人的需求往往是社会需求中最敏感的部分，社会发展对高等教育提出的各种需求常常是通过个人的需求首先反映出来的。个人的需求和社会的需求有着紧密的联系，两者在很多情况下往往是一致的，个人的需求也会影响社会的需求。由于资源有限，社会需求和个人需求不可能都得到满足，会不断产生新的需求矛盾，即使是富裕社会，往往也不能完全满足民众对高等教育的需求。因此，在高等教育的规划中，需求是根本，从一定的意义上讲，没有旺盛的需求就没有兴旺的高等教育，需求推动了高等教育的发展。

（三）高等教育规划的方法

根据高等教育的需求来自于社会和个人两个方面，以高等教育的需求为基础的规划方法相应地也有两种：一是人力需求法，二是社会需求法。

(1) 人力需求法

人力需求法是一种运用得较为广泛的规划方法。其基本假定是：经济发展有赖于教育提供促进经济增长所需的各种受过教育和训练的人力，各经济部门的劳动生产力投入与产出结构是可以预测的，每一种产出和劳动生产力的水平都与一种特定的职业结构相联系；每一职业都有最佳的教育结构；技能和教育之间存在对应关系；劳动力市场的过剩或短缺通过发展教育来协调。因此，必须首先借助于规划来预计通过高等教育培育的人才数量与质量，确定社会需求的总量以及各级各类人才的数量，指导高等教育机构来完成教育任务。人力需求法的基本原理是以社会经济发展对人力的需求为出发点来制定规划。具体地讲，通过了解国家在某一时期劳动力的职业与教育结构和产出水平之间存在的联系，来确定高等教育的质量与数量。根据人力需求法原理，如果知道了以下几个方面的数据，即任何未来经济部门每一职业所需人力数，每一职业现在人数，每年由于死亡、退休或离职等原因造成的每一职业的减员数，每年离开一种职业又进入另一种职业的人力流动数，这样便可使规划期每一年人力总数和每一职业的人力总数定量化。假定每一职业的人力仅与一种特定的教育相联系，那么，所有教育层次和所有学科的所需产出就可计算出来。在供应方面，如果具备规划内每一年现行教育制度期望的产出数据，便可计算出目标年每一职业所需补充人力数与实际可供应数之间的差额，据此可以调整和规划各个层次和学科的招生数和毕业生数。

从经济与人力资源的需求平衡来预测和规划，应从如下几个方面考虑：预测经济总产出。因为人力需求预测的目标是把教育与经济发展联系起来，所以，首先要预测目标年的经济总产出或预测基年与目标年之间的经济增长率。

预测部门产出。将经济总产出分解为各个部门的产出，计算出国民生产总值在各经济部门的分布。这里的部门是指国家的行业管理部门。

预测部门的劳动生产率。估算劳动生产率以及基年与目标年之间劳动生产率的变化，把产出目标换算为人力需求。

预测各部门的职业结构。把每一部门的劳动力分解为职业组，统计出职业组的需求结构。

预测总职业结构。将全部部门同类职业所需人力相加，得到为实现经济产出目标所需的每一职业的人力数和综合职业结构。

估计每一职业所需的教育层次和类型或每一部门内每一职业所需的教育层次和类型。

估算附加人力需求。根据受过教育的各级各类人力的现有储备，考虑计划期内离职和流动人力数，得出按教育水平表示的计划期内所需附加人力数，人力供求。根据计划期每年的附加人力需求数和各级各类学生毕业情况，考虑毕业生的劳动参与率，规划每年各级各类学校的招生数。

(2) 社会需求法

社会需求法是基于人力需求法，然后对整个社会的政治、经济、文化的发展来考虑的。对于一个国家来讲，他不仅仅是考虑需求的个体、局部，而是要考虑国家的整体，如地区、行业的需求，是更宏观层面上的需求。社会需求法是一种常用的高等教育规划的方法，其思想是以个人对高等教育的需求为出发点，把高等教育个人的投资和消费集合成整体，并尽可能满足个人对高等教育的需求，以这种需求为基础制定高等教育整体规划。同时，社会需求法还要站在更高的角度，预测整个社会未来可能的需求。社会需求法是以个人的教育需求为基础的规划方法，这里的社会需求是一个集合概念，它把个人的决定综合起来。从另外一个角度讲，社会需求法的基本原理是建立一个描述教育系统的模式，用学生从一级教育向另一级教育的流动来描述教育系统的活动，那么，人口预测是其基础，升级比例是其最重要的参数，结果是毕业生就业与社会的需求平衡。特别是当一个国家的社会需求产生社会发展与教育之间的矛盾时，社会需求就会产生作用，极大地影响高等教育规划，并以此来预测和规划未来的高等教育。

(3) 组织发展需求法

前面我们研究的出发点是在宏观高等教育管理的基础之上的，对于微观高等教育管理，学校组织的规划一般是根据上级教育行政管理部门的要求，特别是学校的发展来组织制定的。学校的发展目标、学校的资源状况是学校组织制定规划的依据，组织发展的需求是制定好规划的动力。

二、宏观高等教育规划

宏观高等教育规划是国家及政府层面上的规划，我们可以称之为战略性的规划和指导性的规划。这一层次上的规划有许多，我们主要分析有关事业发展类的规划。譬如，编制国家的高等教育事业发展规划主要有三个方面的工作要做。

（一）提出《规划》的指导思想

《规划》要以国家关于高等教育发展的总方针和有关精神为指导思想，以国家教育事业发展的总规划为依据，贯彻科学发展观，加强统筹安排，控制高等学校设置的数量，提高高等学校设置的质量，调整和优化高等学校布局结构。

（二）设计《规划》的内容

一是总结和分析前一个时期高等教育发展的整体情况。高等教育的需求与目标完成情况；高等教育资源结构布局情况；高等教育改革情况；高等教育经费情况，特别是高等学校的经费保证和财力支持情况；高等教育办学条件情况：高等教育资源的现状，包括数量分析和结构分析。二是提出今后一段时期高等教育发展的目标。根据上一个时期目标完成情况，在充分考虑现有高等教育资源的前提下，提出今后一段时间高等教育的总体规划目标，如高等教育的发展规模、发展速度，高等教育的各种结构协调，教育层次的发展等规划。三是高等教育经费财政保障。提出预算内教育经费增长的政策保障和具体措施，以此作为高等教育发展的前提。四是完成目标的步骤和措施。

（三）编制规划的程序和方法

地方高等教育事业发展规划相对于国家层面上的规划有些区别，但总的格式没有大的差异。一般来讲，地方政府的高等教育事业发展规划应根据国家的有关精神和要求进行编制。

（四）编制规划的内容

《规划》的指导思想主要是以党中央、国务院关于高等教育发展的总方针和教育部的有关精神为指导思想，以地方经济社会发展的总体规划和教育事业发展的总体规划为依据，贯彻科学发展观，加强统筹安排，控制高等教育发展的数量和规模，提高高等教育的质量，调整和优化本地区高等教育的布局和结构。《规划》的内容也基本反映在四个方面。一是本地区前期高等教育发展的整体情况，除了发展的规模、结构、质量、速度外，还有前期本地区财政性支出对高等教育支持的情况。本地区办学条件的总体情况。分析本地区高等教育资源的现状，包括数量分析和结构分析。二是根据本地区前期经济社会发展需要和今后高等教育发展的规划目标，在充分考虑现有高等教育资源尚可利用的剩余容量的前提下，提出本地区今后高等教育发展的规划。此规划应包括高等教育的总体规划目标和各级各类分项目标。三是经费来源和财政保障。提出今后保证本地区高等教育经费预算内事业费年均水平比上一时期有增长的政策保障和具体措施，以此作为本地区、本期间高等教育发展的前提。四是完成规划的具体步骤与措施。同时，地方高等教育规划受国家的指导和控制，国家为了保证各地方高等教育的协调发展，在确定地方高等教育规划的时候，要提出审查意见，履行审批手续和程序，这也体现了《高等教育法》对高等教育的管理，是高等教育管理体制所决定的。下面以全国教育事业第十三个五年计划为例，说明一下编制的具体内容。

国家教育事业发展“十三五”规划

“十三五”时期是全面建成小康社会决胜阶段。为加快推进教育现代化，依据《中华人民共和国国民经济和社会发展第十三个五年规划纲要》和《国家中长期教育改革和发展规划纲要（2010—2020年）》（以下简称《教育规划纲要》），制定本规划。

一、以新理念引领教育现代化

（一）发展环境。

（二）指导思想。

（三）基本原则。

（四）主要目标。

（五）主题主线。

二、全面落实立德树人根本任务

（一）提升学生思想道德水平。

（二）培养学生创新创业精神与能力。

（三）强化学生实践动手能力。

（四）塑造学生强健体魄。

（五）提高学生文化修养。

（六）增强学生生态文明素养。

（七）提高学生综合国防素质。

三、改革创新驱动教育发展

（一）着力推进教育教学改革。

（二）激发学校办学活力。

（三）统筹推进世界一流大学和一流学科建设。

（四）强化高校创新体系建设。

（五）促进和规范民办教育发展。

（六）积极发展"互联网+教育"。

四、协调推进教育结构调整

（一）推进区域教育协调发展。

（二）优化城乡基础教育布局。

（三）加快发展现代职业教育。

（四）调整高等教育结构。

（五）大力发展继续教育。

（六）加快培养现代产业急需人才。

五、协同营造良好育人生态

（一）优化校园育人环境。

（二）改善社会育人环境。

（三）构建教育诚信环境。

（四）建立科学评价体系。

（五）建设绿色校园。

六、统筹推动教育开放

（一）优化教育对外开放布局。

（二）提升教育开放层次和水平。

（三）积极参与全球教育治理。

（四）统筹推进中外人文交流。

（五）深化内地和港澳、大陆和台湾地区教育合作交流。

七、全面提升教育发展共享水平

（一）打赢教育脱贫攻坚战。

（二）促进义务教育均衡优质发展。

（三）加快发展学前教育。

（四）普及高中阶段教育。

（五）加快发展民族教育。

（六）保障困难群体受教育权利。

（七）大力促进高校毕业生就业创业。

八、着力加强教师队伍建设

（一）加强师德师风建设。

（二）提升教师能力素质。

（三）吸引一流人才从教。

（四）优化教师资源配置。

（五）完善教师管理制度。

九、加快推进教育治理现代化

（一）推进政府职能转变。

（二）构建有效监管体系。

（三）全面推进依法治教。

（四）完善教育投入机制。

十、加强和改进教育系统党的建设

（一）落实全面从严治党主体责任。

（二）加强教育系统思想政治建设。

（三）加强基层党组织和党员队伍建设。

（四）加强教育系统党风廉政建设。

十一、组织实施

（一）落实责任分工。

（二）协同实施规划。

（三）鼓励探索创新。

（四）加强督促检查。

三、高等学校事业发展规划

管理就是规划、组织、协调、控制，规划是管理的第一步，走好规划第一步关系到高等教育活动的方向目标是否清楚，发展思路是否清晰，工作要求是否明确、是否符合客观实际，措施是否合理得当，规划是否便于实施等。高等学校的规划是微观高等教育管理的范畴，是微观高等教育规划，我们也用一个事例加以说明。

某高校贯彻落实党的十八大，十八届三中、四中、五中全会精神，依据《教育部高等职业教育创新发展行动计划（2015—2018年）》及《高等教育人才培养量提升工程实施方案（2015—2018年）》文件，围绕某省“十三五”规划和交通运输“十三五”规划，服务行业转型升级和区域经济发展；以加强党的建设为统领，全面深化综合改革，提升院校治理能力；以立德树人为根本，加强内涵建设，提升教育教学质量；以产教深度融合和协同创新为抓手，适应行业和地方产业转型升级需求，提升社会服务能力；以完善条件和政策保障为支撑，加强校园建设，提升综合办学水平；科学合理规划、集中优势资源，创建优质高等院校，示范和引领高等教育发展。

XXX学院“十三五”建设发展规划纲要

（2016—2020年）

前言

第一章 成就与不足

一、“十二五”学院发展成就

（一）办学基本条件显著改善

（二）人才培养水平显著提升

（三）人才队伍建设显著增强

（四）社会服务水平明显提高

（五）思想政治教育工作扎实推进

（六）党的建设迈上新台阶

二、“十二五”期间存在的不足

第二章 机遇与挑战

一、“十三五”建设发展面临的新机遇

（一）国家和发展战略带来职教办学空间拓展新机遇

（二）国家职业教育发展计划和高校教育能力提升行动带来新机遇

（三）交通运输行业的转型发展为学院“立足交通，特色办学”带来的新机

（四）学院新校区全面建成为学院带来的壮大发展新机遇

二、“十三五”建设发展面临的新挑战

（一）生源争夺将更加激烈

（二）专业服务行业和社会经济发展转型的能力提升

（三）高层次人才、高水平师资团队建设问题

（四）产学研矛盾仍然十分突出

（五）院校治理能力提升问题

（六）办学资金制约的矛盾依然存在

第三章 思路与目标

指导思想

办学理念与办学定位

发展原则

第四章 任务与措施

一、以加强党的建设统领学院综合改革发展，方向领校

二、实施九大“质量提升工程”，质量立校

（一）立足交通，服务区域，实施“优势专业工程”

（二）产教互动，专兼一体，实施“优秀师资工程”

（三）开放共享，应用为本，实施“优品课程工程”

（四）产教融合，开放教学，实施“优秀基地工程”

（五）服务为先，育人为本，启动“5个交院”建设，实施“优美校园工程”

（六）分类帮扶，精准扶贫，实施“3个1000优厚工程”

（七）创新机制，强化保障，实施“办学活力提升工程”

（八）教产融合、互联互通，实施“服务能力提升工程”

（九）学创结合，协同共进，实施“学生竞争力提升工程”

三、建设三大“校企深度合作特色项目”，特色优校

（一）交通主题文化园建设项目

（二）交通旅游管理学院建设项目

（三）继续教育学院建设项目

四、创建优质高等院校，目标引校

第五章 运行与保障

一、组织及制度保障

二、资源保障

三、实施保障

附件1：“十二五”发展关键成效数据统计表

附件2：“十三五”建设关键成效量化指标一览表

附件3：“十三五”期间主要任务及标志性成果一览表

附件4：“十三五”发展规划主要子规划项目列表

附件5：“十三五”发展规划主要项目建设及运行经费预算表

附件6：“十三五”发展规划资金流量表

四、规划功能分析

既然规划功能是指规划的效用，那么，规划的实质内容主要表现在两个方面，一是规划中的目标的科学性，二是为达到目标所制定的工作方案的可行性。规划是一种预期设计，结果也是预期的，实际上，真正的效用要通过结果来检验，我们讲规划中的目标的科学性和方案的可行性，只是一种过去经验性的思想要求。目标的科学性主要指目标的确定是通过一定的科学程序完成的，是通过各个层面以及专家系统的作用来实现的，是经过了科学的研究与论证确定的。方案的可行性也是指完成目标的工作步骤和措施是否客观，方案的设计是否考虑到了各工作要素和客观环境条件，是否与这些因素有太大的冲突等。综观一些高等教育事业的发展历史，对比过去，我们感觉到现在的编制规划越来越讲求实效，目标的确定越来越清晰，基本上通过定量与定性的指标反映出来，一般是定量反映。而在这些量化指标的背后，在这些定性描述的背后，是经过了许多人许多程序形成的。我们下面以高等学校事业发展规划来加以说明。

（一）规划的顶层设计功能

不论是宏观高等教育管理还是微观高等教育管理，规划是顶层设计。宏观高等教育管理中的规划对于高等教育的大政方针、发展方向和发展目标都进行了宏观的规划，给出了整个国家或地区的高等教育规划发展蓝图。微观高等教育管理规划是学校组织发展的顶层设计。

微观高等教育管理规划中确立的办学思想是学校发展的灵魂。如某学校的办学指导思想：以习近平新时代中国特色社会主义教育理念和思想，坚持社会主义的办学方向，全面贯彻党的教育方针；以科学发展观统领全局，遵循高等教育规律，坚持内涵发展；以教学为中心，以学科建设为龙头，以改革创新为动力，全面提高人才培养质量、科学研究水平和社会服务能力；立足地方，面向全国，服务地方，服务行业，把学校建成优势突出、特色鲜明的高水平综合性大学。

从以上可以看出，学校遵循科学发展观，准确把握当代高等教育发展趋势，紧紧围绕区域经济和社会发展需求，对当前和今后一个时期学校的发展进行了科学的定位。学校定位主要指：总体目标定位、学校类型定位、层次定位、人才培养目标定位、人才类型定位、服务面向定位等。

学校定位主要看其是否符合“四个为主”：一是以服务地方为主，看其专业布局是否面向地方（行业）经济社会发展需要；二是以本科教育为主，看其本科生比例是否适当；三是以应用型人才培养为主，看其是否培养生产、建设、管理、服务一线需要的高素质专门人才；四是以教学为主，看其是否科学处理教学与科研关系，依据自身的条件优势和发展潜力，注重形成办学特色。

学校定位不是一个口号，要通过审阅学校教育事业发展规划、学科专业建设规划、师资队伍建设规划和校园建设规划等材料，考察培养方案及培养过程，分析人才培养与办学定位的符合度。

学校规划主要包括：学校教育事业发展规划、学科专业建设规划、师资队伍建设规划和校园建设规划等。

（二）规划的战略功能

规划具有国家高等教育发展战略功能、地区高等教育发展战略功能、学校发展战略功能。它是一个战略谋划过程，这是规划的性质决定。

国家和地区的宏观高等教育发展战略把高等教育的大政方针、目标措施等进行系统集成，成为中长期的发展战略蓝图。下面以某学校为例进行说明。

在学校确定的《2006—2010年事业发展规划纲要》《“十一五”校园建设规划》《“十一五”教师队伍建设规划》《“十一五”学科建设规划》《“十一五”专业建设规划》《“十一五”科技发展规划》的基础上，进一步明确学校总体发展目标和发展战略。

第一步，重组资源，融合发展。按照“整合资源、构建平台、提升层次、保障质量”的工作思路，引导学科交叉和融合，构建综合性大学的雏形。

第二步，重点突破，内涵发展。按照“稳定规模、优化结构、强化优势、彰显特色”的工作思路，大力实施教育教学质量工程，不断改善办学条件，加强重点学科建设，使学校的综合实力稳居省属高校前列。

第三步，全面提高，稳步发展。按照“突出创新、强化特色、全面提升、争创一流”的工作思路，不断提高学校教育教学水平和科学研究水平，全面增强学校的综合实力，扩大学校在国内和国际上的影响，力争通过努力，建成优势突出高水平的综合性大学。

（1）规划确定学校发展的具体目标（具体内容略）

1.学科水平大幅提高；

2.人才培养质量全面提高；

3.办学效益明显提高；

4.师资队伍建设登上新的台阶；

5.科研实力登上新的台阶；

6.校园建设登上新的台阶。

（2）规划提出实现目标战略的具体措施

1.实施重点学科建设，全面提高学科建设水平。

①精心实施学科建设规划。

②创新学科管理体制和运行机制。

2.实施“质量工程”，培养高素质创新性人才。

①实施人才培养“质量工程”。

②深化教育教学改革。

③强化学生实践动手能力。

3.实施“人才工程”，建设高素质的师资队伍。

①实施“人才强校”战略。

②营造人才成长的良好环境。

4.实施“校园建设工程”，改善办学基本条件。

①加快校园规划建设。

②大力改善办学条件。

5.构建学术平台，增强科技创新能力。

①加快科技创新体系建设。

②推动科技与经济社会发展的结合。

③加强对外合作和学术交流。

6.深化校内管理改革，提高管理水平和办学效益。

①完善校、院（系）两级管理模式。

②深化人事分配制度改革。

③推进后勤社会化改革。

7.加强党建和思想政治工作，保障学校改革和发展。

①加强领导团队建设。

②加强精神文明建设。

③探索民主管理的运行机制。

8.建立健全规划实施机制，确保发展目标的实现。

①加强财源建设。

②健全完善规划的制定、协调机制。

第二节　控制与协调功能

高等教育管理的实施过程很重要的部分就是控制与协调。控制就是对组织运作及组织活动进行规范性干预，大都是制度性的、行政性的，甚至是强制性的干预。而协调除了有些是通过控制的手段外，更多的是用技术和软性的方法来解决管理活动中的问题和矛盾，包括通过管理艺术化解矛盾。这里我们主要研究控制问题。

一、高等教育目标控制

（一）高等教育目标控制的必要性

高等教育目标的实现程度是衡量高等教育管理效能的重要基准，也是高等教育控制的主要依据。高等教育目标又是相对于一定社会对高等教育的需求而言的，是预设的推动预期高等教育目的实现的导向和标准，因此具有预见性特征。随着时间的推移，高等教育活动主、客观条件的变化，不论是宏观高等教育管理还是微观高等教育管理，对高等教育目标适时进行控制和校正有其必然性。

同时，高等教育目标又深深地带有目标制定者对教育价值判断的印记（如对普通教育或学生个性应达到的结果的不同认同），而现实的教育目标的实行通常并不完全按照教育理论家或政治家们的设想去进行。对于高等教育目标操作中出现的与理想之间的偏差自然也需要控制。

各教学和行政管理部门在贯彻和实施高等教育战略目标以及和办学目的有关的计划、程序时，往往需要制定详尽的子目标，各子目标之间是相互关联的，它们之间的协调是重要的，也是困难的。人们往往会因各自不同的目的或利益而发生矛盾甚至冲突，尤其是在功利性色彩较为浓重的组织活动中，对各子目标的追求和竞争在很大程度上代替了对总目标的无条件服从。对于子目标执行过程中出现的种种偏离总目标的行为，需要有一定的制度和机制对其实行调控。

历史地看，高等教育发展要经历数量扩张与质量提高之间的矛盾。对数量目标或质量目标的侧重往往带有功利性目的，如服从于一定的政治目的（如教育机会均等），要以数量发展为保证；而从维护高等教育自身的学术地位来看，质量目标似乎应首先考虑。然而，数量发展并非没有限制。一方面，数量的过度扩张必然带来教育资源分配的紧张（尽管适当的数量规模有助于管理效益的提高）。另一方面，数量的增长也可能损及局部的质量。对于高等教育质量控制，除了数量因素外，系统内部已有的制度、管理人员的素质、师生之间的互动、学生的成绩、毕业生的受欢迎程度等都是质量控制的重要内容。在此，我们拟从高等教育数量控制和质量控制两方面简单探讨一下高等教育目标控制问题。

（二）高等教育数量目标控制

我国高等教育数量曾经历过几次大发展：1958—1960年，在校生规模从万人增加到几万人；1983—1985年，学校数从805所增加到1016所，在校生从120万人增加到179万人；1992—1993年，在校生年递增22%和21%；经1999年6月第三次全国教育工作会议后，高等教育事业进入一个加快发展、深化改革的阶段。

短短几年的时间，高等教育规模上有了巨大的发展。《2022年全国教育事业发展统计公报》显示，2022年，全国共有高等学校3013所。其中，普通本科学校1239所（含独立学院164所）；本科层次职业学校32所；高职（专科）学校1489所；成人高等学校253所。另有培养研究生的科研机构234所。在校生规模从1998年的340.83万人增至2022年的4655万人；研究生招生人数从1998年的7.25万人增至2022年的124.25万人。我国高等教育总规模已跃居世界第一，进入到大众化阶段，在校生人数从数量上一跃而超过美国，成为世界上高等教育规模第一大国。由于我国的高等教育大众化不是自然发生的，而是具有突进式的特点，所以也带来了许多问题，诸如高校收费问题、学生的培养质量问题、毕业生就业问题，特别是高等教育公平公正问题。追求高等教育公平是我国高等教育改革和发展的基本价值取向。但我国高等教育的不公平问题不容乐观，逐渐成为人们关注的焦点。首先，我国的一般劳动者占社会人口的多数，但其子女在分数面前人人平等的考试竞争中往往处于不利地位，真正能享有的高等教育资源并不多。特别是近年来，升学和进入好学校不仅仅取决于学生本人能力的竞争，家长的经济能力所起的作用也不容忽视，弱势群体在这一过程中往往缺乏选择性，社会不同阶层对入学机会和学校质量差距造成的不公平感受正在增加，不同阶层社会成员的子女在高等教育入学机会上存在明显差别。其次，就受教育过程中的机会均等而言，来自不同社会阶层的学生在高等院校中所能得到的教育不同。近年来，在高等教育规模迅速扩展的过程中所表现出来的职业化倾向过强、招生要求有所降低，低分考生人数不断上升，且在高等教育规模的迅速扩展带来了师资质量滑坡以及教育资源紧缺等方面的问题，这无疑又对教育平等产生了消极的影响。党的十八大以来，以习近平同志为核心的党中央坚持以人民为中心的发展思想，大力促进教育公平，全面提高教育质量，保障每个人平等接受教育，让人人都有人生出彩的机会。教育公平是社会公平的重要基础，要不断促进教育发展成果更多更公平，惠及全体人民，以教育公平促进社会公平正义。要加强对基础教育的支持力度，办好学前教育，均衡发展九年义务教育，基本普及高中阶段教育。要优化教育资源配置，逐步缩小区域、城乡、校际差距，特别是要加大对革命老区、民族地区、边远地区、贫困地区基础教育的投入力度，保障贫困地区办学经费，健全家庭困难学生资助体系。要推进教育精准脱贫，重点帮助贫困人口子女接受教育，阻断贫困代际传递，让每一个孩子都对自己有信心、对未来有希望。要推进城乡义务教育一体化发展，缩小城乡教育资源差距，促进教育公平，切断贫困代际传递。

从世界的经验看，高等教育数量扩张的原因大致有：经济起飞阶段对专门人才需求的急速增长；政府对高等教育的政策倾斜和巨大投入；某些社会大变动后造成的对高等教育政策的变革等。就我国而言，招生问题上的主要矛盾在于：政府每年对招生规模的限制与地方和学校面向社会自主办学的需要（包括招生计划编制调控上享有的自主权）。目前我国普通高校招生计划管理的现状是：每年由国家教育部和国家计委根据国家经济和社会发展的总体规划，经过综合平衡，提出当年全国普通高校年度招生总量，各省市和中央各部门在国家宏观计划和方针政策的指导下，根据本地区、本部门的实际需求、生源情况及所属普通高校的实际办学条件，编制本地区、本部门的招生计划。但问题在于，地方高校是由省级政府部门管理的，中央部属高校由主管部委管理，地方高校和中央部属高校招生计划互不相通，这种条块分割状况造成了有些院校的专业因人才需求所限而无法保证一定的规模，而有些专业人才的培养一哄而上，专业重复设置现象严重。这两者都造成资源投入上的浪费。对于各高校来说，在激烈的生源市场竞争中谁也不甘落后，只要政策一有松动或有可变通之处，就有可能出现招生超计划的现象。所有这些都给国家对招生数量的有效控制带来了障碍。

当今世界，我国是高等教育大国，从“十五”到“十二五”，我国高等教育经历了十多年的快速扩张，已经成为全球规模最大的高等教育系统，但我国还远非一个高等教育强国。我国从1999年开始的高等教育“大扩招”政策主要是从经济上“扩大内需”的角度出发的，大多数地方都出现过教育主管部门向所属高等学校摊派必须完成的扩大招生指标的问题，而当时高等教育拨款的速度又一时跟不上学生数的增长速度。在一段时间内，曾出现了包括生均经费在内的各种生均资源下降的问题，因此许多高等学校在扩招时都尽可能在成本较低的专业多招收学生。例如，文史哲和法律、财会等专业的生均培养成本往往低于核物理、微电子等工程技术专业的生均培养成本，因此，高等教育规模的扩展并没有从整体上十分注意高等教育学生专业分布的层次结构和科类结构与劳动力市场需求的匹配问题，从而造成了一方面高等学校毕业生“就业难”，另一方面，经济社会发展亟需的应用型人才短缺的问题。2000年扩招以来，宽口径在学人数从每年1000多万人增至2014年的3550多万人，提前六年实现2020年预期目标。而且同年在学研究生数184.77万人，离2020年预期值只有一步之遥。在继续教育方面，学历继续教育的稳定性相对比较好，网络本专科注册生2014年已达630万人的历史新高，当年毕业160万人。民办教育占比已呈现新的格局，总计差不多占到17%，每5个大学生中有1个在民办高校念书，中小学占比是7%—10%间上下浮动，幼儿园占比是53%。2018年，全国共有普通高校2663所（含独立学院265所）。其中，本科院校1245所；高职（专科）院校1418所。另有研究生培养单位815个。各种形式的高等教育在学总规模3833万人。2018年全国普通本专科共招生790.99万人。其中，普通本科招生422.16万人；普通专科招生368.83万人。全国普通本专科共有在校生2831.03万人。其中，普通本科在校生1697.33万人；普通专科在校生

1133.70万人。全国共招收研究生85.80万人。其中，招收博士生9.55万人，硕士生76.25万人。在学研究生273.13万人。其中，在学博士生38.95万人，在学硕士生234.17万人。全国共招收成人本专科273.31万人，在校生590.99万人；招收网络本专科320.91万人，在校生825.66万人；全国普通高等学校共有专任教师167.28万人；成人高等学校专任教师2.19万人。2018年，全国共有学校51.89万所，在校生2.76亿，可以说，我国正处于从人力资源大国迈向人力资源强国的历史征程之中。

所以在这个时期，对高等教育数量目标进行管控，有必要分清政府主管部门与学校两者的不同职能、权利及义务。

政府宏观调控职能，应包括以下几方面：

（1）向学校及时、准确发布人才需求信息（包括数量、层次、规格、专业、学科、地区需求等）：

（2）制定长远发展规划，对学校进行总体指导；

（3）依据学校的办学条件，合理核定招生总量规模；

（4）制定扶植学校发展的方针、政策和措施，使学校的发展不致过分地受到市场的影响，保持学校发展的相对稳定性；

（5）对学校进行定期评估，并把评估结果作为学校改善办学条件、决定能否享有或继续享有一定程度招生计划自主调节权的重要手段。

（6）学校方面若要实行招生计划自主调节的职能，则应有以下保障条件。

1.研究、制定学校发展的中、长期发展方向、目标和总体规模，并经主管部门核定；

2.对学校的教学质量、科研水平、产业发展、学校管理、办学条件等应承担相应的责任；

3.在政府宏观指导下，学校逐步建立自我发展、自我约束和自我调节的机制。

（三）高等教育质量目标控制

（1）高等教育的质量标准

将高等教育目标分解为数量目标和质量目标，是从高等教育增长方式角度来划分的。高等教育目标还可以从高等教育功能的角度来考察。如随着社会的进步，高等教育活动正呈现多元性：保存和传递人类已有的文明成果，培养和提高公民的素质；探求未知领域，发展科学技术和文化；满足社会对人才开发及科技开发、应用等方面的要求；大学直接参与社会经济建设，服务于社区和国家建设等。这些活动同时也构成了高等教育的目标体系。由于现代高等教育具有多方面的目标与功能，因而，衡量高等教育质量的标准也不是单一的。学术标准是其中十分重要的一条，但绝非唯一。除学术标准外，还有一个高等教育的“适切性”问题，即是否适应社会发展的需要，是否切合受教育者身心发展及其就业就职的需要等。一般而言，高等教育系统内部往往倾向于强调教学、科研的学术标准，强调学科、专业的内在逻辑和科学性，而社会（包括用人单位、学生、学生家长等）更多地关注高等教育活动对现实的适切性、实用性。如学校课程设置、教学内容是否有利于日后就业；在缴费上学的条件下，对入学的投入能否保证更大的回报；高校的科研能否向企业提供新产品、新工艺，从而给企业带来可观的经济效益。在理想状态下，高等教育质量应兼顾学术、社会需求、受教育者意愿和能力等多方面因素。在对高校的质量评估标准中，专家们也力图全面反映这些因素。例如，一份《美国南部11州高校资格评估指标体系》的报告，就列举了评估学生教育成果应包含的内容。

1.在校率和毕业率；

2.学生普通教育成绩；

3.学生主修专业成绩：

4.完成教育目标后学生的理解能力；

5.学生情感发展；

6.学生、毕业生、雇主、退学学生对专业教育质量的意见；

7.就业率；

8.研究生/职业教育等就业率和业绩说明；

9.从两年制学校向四年制学校转学后的学生情况；

10.外界对大学生和研究生成就的认可情况。

在实际操作中，诸多因素兼顾是困难的。但是如果我们根据不同的质量标准（尤其是学术标准），将高等学校做适度分级，问题的思路可能会变得清晰些。

同一课程在不同性质学校的专业里，其学术性程度是不同的，衡量这门课程的质量标准自然也不同。如工科教育中的数学课和理科教育中的数学课是不一样的，前者强调数学作为一门工具性课程的实用价值，而后者十分注重数学课的逻辑性、探索性。以此类推，每所学校根据不同的功能定位，其学术水平的要求可以有差异，每一层次的学校可以在同类中进行竞争，并进一步进入更高层次的学校行列。正如美国学者伯顿所说：“高等学校的分级制度可以而且往往是质量控制的一种管理形式。它利用公众舆论和院校评议，根据觉察到的能力给高校以应有的地位、尊重和待遇。”

截至目前，高等教育的质量标准没有统一之说，宏观的质量标准反映在适应度，主要是指高等教育与社会经济发展的适应度。科学技术与科学文化知识创新水平，培养的人力资源的数量与质量是高等教育适应度的主要内容。高等教育组织办学的质量标准正在探索和完善，特别是综合考察学校办学的质量、水平、效益等，已经逐步成为高等教育质量标准的主要内容。目前我国评价大学质量标准方面的研究有些进展，但主要是在教学与学术方面，还不完全是学校的整体质量。教育部关于本科教学工作水平评估的指标体系比较清楚地反映了教学质量标准的情况，如下表3-1所示。

表3-1　教育部本科教育工作水平评估指标体系

一级指标	二级指标
1. 办学指导思想	1.1学校定位
	1.2办学思路
2. 师资队伍	2.1师资队伍数量与结构
	2.2主讲教师
3. 教学条件与利用	3.1教学基本设施
	3.2教学经费
4. 专业建设与教学改革	4.1专业
	4.2课程
	4.3实践教学
5. 教学管理	5.1管理队伍
	5.2质量控制
6. 学风	6.1教师风范
	6.2学习风气
7. 教学效果	7.1基本理论和基本技能
	7.2毕业论文或毕业设计
一级指标	二级指标
7. 教学效果	7.3思想道德修养
	7.4体育
	7.5社会声誉
	7.6就业
8. 特色项目	特色是指在长期办学过程中形成的、本校特有的、优于其他学校的独特优质风貌。特色应有一定的稳定性并在社会上有一定影响力，得到公认。 特色可体现在不同方面：治学方略、办学理念；先进的教学管理制度、运行机制；教育模式、人才特点；课程体系、教学方法以及解决教改中的重点问题等方面。

(2) 高等教育质量控制手段

从时间上看，高等教育质量控制可分三类。

1.前馈控制。前馈控制的主要内容是指对高等教育质量设置的过程进行控制，对高等教育质量运行的方案设计进行控制，尽量使将要出现的问题予以避免。

2.过程控制。它关注高等教育质量活动过程与高等教育目标的契合程度。在高等教育运行中，不断地设置一些中期评价的行为，以对出现的问题做出诊断调整，使运行过程不至于偏离目标太远才去采取校正措施，最大限度地保证高等教育质量。

3.反馈控制。反馈控制绝不是活动全部结束了，利用活动的结果进行信息反馈来加以控制，这是一个误解。反馈控制仍然是在管理活动的过程中，对于某项活动的运行状况随时进行信息反馈和控制。当然，终结反馈也是必要的，终结反馈的结果只能是对下一个循环进行调控。要注意反馈信息管道的正常与多元，避免错误反馈。通过建立专业性鉴定委员会等方式加强反馈信息的权威性，不应将事后的质量评估视作工作的终点，而应积极地为新一轮工作活动提供质量控制和改进建议。

二、高等教育行为控制

党的十四大在建设有中国特色社会主义理论的指导下，明确提出“必须把教育摆在优先发展的战略地位，努力提高全民族的思想道德和科学文化水平，这是实现我国现代化的根本大计”。党的十八大报告对教育做出了五大部署，以努力办好人民满意教育为主题，分别对立德树人作为根本任务、深化教育综合改革、完善终身教育体系、大力促进教育公平和加强教师队伍建设提出了具体要求。习近平总书记在党的十九大报告中指出，“建设教育强国是中华民族伟大复兴的基础工程”。在全国教育大会上，习总书记进一步提出了“加快推进教育现代化、建设教育强国”的新要求。关于教育强国的论述是习近平新时代教育新理念新思想新观点的重要组成部分，是新时代建设教育强国的行动指南。

规范高等教育的行为是高等教育管理控制功能的首要任务。高等教育行为主要在两个方面是必须得到控制的，一是高等教育的方向性，二是高等教育的各项活动的行为规范性。

（一）高等教育的政治方向

国务院日前印发《国家教育事业发展“十三五”规划》(以下简称《规划》)，确定了“十三五”时期教育改革发展的指导思想、主要目标、战略任务和保障措施，是近期我国教育改革发展的行动纲领和指导性文件。

《规划》强调，要以创新、协调、绿色、开放、共享的发展理念统领教育改革发展，坚持党的领导，坚持社会主义办学方向，以全面提高教育质量为主题，以教育的结构性改革作为主线，全面深化教育改革，加快推进教育现代化，为全面建成小康社会和实现中华民族伟大复兴的中国梦做出更大的贡献。

《规划》提出，到2020年我国教育现代化取得重要进展，教育总体实力和国际影响力显著增强。全民终身学习机会进一步扩大，学前三年毛入园率达到85%，九年义务教育巩固率达到95%，高中阶段教育毛入学率达到90%o教育质量全面提升，教育体系制度更加成熟定型，人才供给和高校创新能力明显提升，教育发展成果更公平，惠及全民。

《规划》从提高质量、促进公平、优化结构等方面提出了一系列战略任务。在提高教育质量方面，提出要全面落实立德树人根本任务，全面实施素质教育，着力提升学生思想道德水平、社会责任感和法治意识，培养创新创业精神与能力，强化实践动手能力。创新育人方式，深化课程教学改革和考试招生制度改革。着力加强教师队伍建设，优化教师资源配置，完善教师管理制度。完善教育投入机制，改善各级各类学校办学条件。完善教育质量标准、评价体系和质量监测制度，构筑质量保障体系。

在促进教育公平方面，规划提出实施教育脱贫攻坚行动计划，加大职业教育脱贫力度，扩大农村贫困地区学生接受优质高等教育机会。以中西部地区、贫困地区和民族地区为重点，补齐基本公共教育服务短板，推进县域内城乡义务教育一体化发展，推进城乡义务教育公办学校标准化建设，到2020年基本消除56人以上大班额现象，义务教育实现基本均衡的县（市、区）比例达到95%，继续扩大普惠性学前教育资源。实现家庭经济困难学生资助全覆盖，保障家庭经济困难、残疾少年儿童、进城务工人员子女、留守儿童等群体平等受教育权利。

（二）高等教育行为规范

任何管理活动都是人的活动行为，不论是宏观管理还是微观管理，行为控制也许是管理活动中最复杂的课题。一则人的行为很难精确测量，因而很难判定它与目标究竟有多大程度的偏差，二则对人的行为规律的了解还很肤浅。近十多年来，随着心理学和行为科学的发展，不少学者对行为控制问题做了较多的探讨。并且高等教育活动的人是由多个个体组成的人群，对于人群的行为规范就显得更为重要了。

高等教育组织行为的管理。从微观高等教育管理来看，高等教育领域的教学与科研活动属于高智力型。高校的教师和学生致力于知识的探索与传播，他们在实现高等教育目标的活动中，各种行为有别于其他社会组织。不过，普通的组织行为管理技术对于高等教育系统中的行为控制仍然是很有价值的。它立足于人的行为和环境的相互作用，试图通过对环境条件的控制以实现对人的行为的控制，从而促使人的行为向预期的方向发展。根据强化满足条件后，得到的预期结果来改进行为工作，根据具体的人处理各种预期的结果，及时提供程序性的行为规范。在高等教育管理中，要帮助高等教育系统的成员形成良好的职业行为，就需要为他们创造条件，也需要强化某些满足条件后才能得到的预期结果。比如，只有按照一名校长应做到的行为规范与行为要求来挑选校长，并为他完成校长职责创造各种条件，才有可能得到预期结果，达到这位校长在工作中良好的行为。

(1) 组织行为的修正

组织行为的修正主要针对那些与完成工作任务不一致或不协调的行为，因为它们不仅会影响组织目标的实现，还会导致组织的功能障碍，威胁到组织的生存。

(2) 鉴别与工作有关的行为事件

和组织行为管理技术一样，它特别重视外显的行为，而不重视态度之类不可直接观察的变量。它只鉴别与工作有关的事件，而不考虑与工作无关的事件。

(3) 测量行为

它包括观察行为、记录行为，然后根据记录的结果描述各种行为，以引起人们对这种行为的注意。

(4) 对行为能进行分析

它包括将行为和各种环境变量分解成功能因素，找出行为和环境变量（事件）之间的关系，最后找出影响和控制行为的因素，为修正行为提供科学基础。

(5) 寻找修正行为的途径和方法

包括四个步骤：在分析行为功能的基础上分析行为与环境事件的联系，找出因果关系链，并确定采用何种方法去修正行为；应用和实施修正技术，通常的手段有强化、惩罚、消退或这些手段的相互结合；采取适当的强化方案，维持期望的行为；对整个工作进行评价，以确定修正的方法是否妥当，为以后碰到类似的问题提供科学依据。

三、高等教育财务控制

高等教育财务控制是高等教育系统内部各组织借助于对货币资金的筹集、分配和使用采取的一整套管理和监督方法，从而使有限的教育经费得以最大限度地发挥效能，达到预期目标的过程。与其他社会系统的财务控制类似，高等教育财务控制大致也包括预算、会计、决算、审计四种活动。

（一）高等教育的财务预算

高等教育的财务预算主要是指对高等教育事业经费的编制、分配、执行、调整和分析等一系列的过程。高等教育预算过程的基本目的是确定从中央到地方主管部门、从大学到学院、从学院到系科、从系科到教学科研人员等的资源分配和调整。在确定预算拨款时，要对资源可选用的方案做出明确的抉择。因此，高等教育的预算核心问题是根据什么要把X款项拨给A项活动而不拨给B项活动。

高等教育的财务预算工作具有计划性，可以看作是计划工作的一部分，同时它也可被视为管理工作中的控制手段，一种典型的前馈控制。一般来说，它具有如下特点。

第一，预算与价值计算的形式定期地进行；预算按一定的组织系统自上而下有序地进行；预算的目的是保证教育计划的顺利实施，促进教育效益的不断提高。

第二，根据不同的方法，高等教育的财务预算可以有不同的种类。如按其编审程序可分为若干种。

概算：拟编下年度预算的估计数字。

拟定预算：未经一定程序核定的年度收入计划。

法定预算：经过一定程序审批生效的正式预算。

分配预算：按法定预算确定的范围来分配实施的预算。

第三，如按时间的先后顺序，则可分为四种。

经常预算：即正式的常规预算。

临时预算：正式预算确立之前暂时实行的假定预算。

追加预算：在原核定的预算总额以外增加收入或支出的数字。

非常预算：为应付意外事变所作的特殊预算。

第四，通过高等教育的财务预算的实践和研究，介绍几种预算的编制方法。

追加预算法。这种预算方法允许在学校预算中每一单项可以追加，其主要依据是，现时的拨款根据是适宜的，而当前的计划方案要以现有的形式持续下去。这种追加预算法被认为是利益群体已经赢得了一段时期支配权的标志。这种方法的优点在于其稳定性和可预期性，其弱点在于不能充分鼓励学校去鉴别现有计划是否完备或是否有必要取消现有无效的计划。

非定额预算法。这一方法要求每个院校的财务计划部门在该单位领导认为适当的水平上提出计划所需的预算申请。通常由单位领导同主管预算的人员进行协商，调整预算额以便与可利用资金相吻合。其优点是单位参与预算制定的机会增加了，其缺点是申请额与实际到位资金通常不一致，对最后分配决策缺乏明确的准则。

定额预算法。亦称为“一次总付性”预算。它同非定额预算法刚好相反，院校财务部门得到一定数量的拨款，并需按此拨款数额建立起单项预算。其优点是单项预算分散，可以促进各单位计划的灵活性和有效性，其缺点是中央行政机构对原先预算额的静止或依赖与各单位实际情况的千变万化形成明显的反差，整体上缺乏灵活性。

备用水平预算法。这种预算方法要求准备若干个不同水平的预算标准，如按通常水平上下各浮动5%。中央行政机构则根据不同水平的预算方案，判别各单位业务人员的水平，对单位内项目优先次序和项目评价详情做大致分类。

公式计算预算法。此方法通常以在校人数以及学时数为依据，总的事业费预算中分配到每个单位的相对份额会因公式的变量变化而变化。在此种方法下，具有同等要求的高校或项目可得到相似的资金。但也有人认为，如果在入学人数激增期间可以达到这项标准，那么在人数动荡不定或呈长期下降趋势时，它就难以维持了。另外，对于特殊的任务或短期需要，这种方法就显得无能为力。

合理预算法。高等教育系统中，除了中央和省市级的预算外，最普遍的还是高校一级的预算。随着教育改革深入，我国高等教育的体制正发生深刻的变化，高校经费的来源也由单一型向多元化方向发展，这无疑对高校的预算工作提出了新的课题。过去主要是支出预算，一般只要入学人数和国家财政收入持续增加，高等教育传统的预算方法大致可以满足大部分高校的需要。而现在需要进一步增加收入、利益或效用进行评价等。

零点预算法。计划、程序和预算系统法主要涉及基本政策的制定以及高度集中的、自上而下的决策行为。而零点预算法却是把目标转换成有效行动计划的一种微观经济学方法。它要求对每年的每项活动从零开始重新进行全面论证，以建

立新的预算。具体而言，此种方法有以下四个步骤：一是每个预算单位要制定出描述一项活动、功能或目标的一系列决策方案，并阐明供选择的服务等级；二是预算申请要按递增顺序从低水平到高水平排列；三是对不同经费增加额的影响要进行论证；四是增值决策方案要按优先次序排列。决策方案应包括决策单位的目标、设想活动或其他方案的具体描述、活动的费用及效益、工作量及成绩的测定、不同水平上的工作及其收益。总之，零点预算模式的核心是对提供选择的支出方案进行规范化比较。

（二）高等教育的会计与决算

在高等学校，会计是以货币为主要计量单位对学校的经济活动和预算执行过程及其结果进行反映、监督和管理的一种财务控制方式，它包括三个部分：第一，会计核算。根据学校的经济活动和预算执行过程及其结果，连续地进行记录和计算，并根据记录和计算的资料编制报表；第二，会计分析。根据会计账簿、会计

报表及其他资料，对财务情况进行分析研究；第三，会计检查。根据会计凭证、账簿、报表和其他资料，对有关单位业务活动的合法性、合理性、会计核算资料的正确性和财政政策及财经纪律的执行情况进行检查。

会计的基本职能在于反映和监督一定范围内的资金使用情况。会计的任务主要包括：第一，根据有关法令和规定来编制并执行预算；第二，进行经济核算，加强现金管理，做好结算和核算，提高资金使用效益；第三，对高校的所有经济活动进行正确、完整、及时的记录，编制凭证，登记入账，上报会计报表。

高校的决算是执行预算的总结，是反映全校年度预算结算的书面报告。预算年度结束时，学校的财务活动便进入决算编制阶段；决算进行年终收支清理；制定和颁发决算表格；进行年终结账；编制决算；上报。

（三）高等教育的审计

高等教育的财务审计分为国家审计和部门审计，在必要的情况下，还有司法审计。在高校，审计工作是对会计账目进行检查，对有关的财政或财务收支活动情况进行监督的一种财务控制活动。

(1) 审计对财务活动的判断

合理性。即指审核检查的经济活动是否符合有关规章制度的要求。

合法性。即指审核检查的经济活动是否符合国家的法律、政策、法令或条例。

合规性。即指审核检查的经济活动是否在正常或特定的情景下应该发生，是否符合学校管理的原则。

有效性。即指审核检查的经济活动有无经济效益。

真实性或公允性。即指审核检查经济活动的资料是否如实、适当地反映了它所要表现的经济活动。

(2) 审计按其内容和目的的分类

财政财务审计与经济效益审计。前者是审核检查财政财务活动，目的是对这类活动的合规性、合法性作出判断；后者是以实现经济效益的程度和途径为审查内容，目的在于提高经济效益。

按照审计主体与被审单位之间的关系，审计又可分为外部审计与内部审计。外部审计是指由被审单位以外的国家审计机关、上级审计部门或民间审计组织进行的审计。内部审计是由本校审计部门进行的审计。

(3) 国家对审计部门的各项任务做出的规定

对财务收支计划、经费预算、经济合同等方面的执行情况进行监督。

对内部控制制度的健全、有效与否及执行情况进行监督检查。

对会计报表和决算的真实、正确、合规、合法情况进行审计并签署意见。

对严重违反财经法纪的行为进行项目审计。

为了完成对高校财务的审计活动，审计部门的主要职权：

检查有关的会计凭证、账簿、报表、决算、资金、财产。

查阅有关的档案、资料；召开或参加有关会议。

对有关人员或问题进行调查并索取有关材料。

提出有关意见和建议。

对各种不按规定、违反财经法纪的人员或做法提出处理措施，并向有关领导部门反映审计结果。

(4) 高校内部审计工作的组织实施方法

系统审计。即指根据学校办学特点，组织有关基层单位针对特定项目，系统开展审计活动的一种方法。

专题审计。即指分别按各个职能部门所主管的业务，开展专题性内部审计工作的一种方法。

同步审计。即指在同一时间内，对两个以上所属单位审查内部相同业务的一种内部审计工作的组织方法。

轮回审计。把下属单位按邻近原则，划分成若干片区，成立片区审计小组。片区审计小组在内部审计部门的指导下，按规定审计内容，有计划地、轮回地对本片区各单位进行审计。

审计调查。针对本单位经济活动中带有共性和倾向性的问题，对不同下属单位做内容相同的调查，以便摸清情况，及时为领导决策提供信息。审计工作中还有一个重要的方面，就是以各项作业为对象，以审查各项作业财务上的合法性与经济上的合理性及有效性为目的的作业审计。比如，对引进某种仪器设备的作业，对进行某项教学改革的作业，都可以进行作业审计。作业审计不但要运用财务审计的一些方法，而且还要运用一些技术分析方法，比如网络计划技术、线性规划技术、价值工程和价值分析技术等。作业审计不仅要审查与作业有关的财务问题，还要审查对作业的管理水平，它可在作业项目的事前、事中或事后进行。

审计工作中另一个重要方面就是合同审计。目前，随着高等教育的发展，高校与社会经济生活建立了越来越广泛的联系，与高校有关的各种类型的合同越来越多。合同是不同法人之间为实现一定目的，明确相互权利义务关系而订立的协议。它涉及到有关法规、规定，需要就合同的合法性、有效性和完整性进行审计，因此，合同审计对于保障合同双方的合法权益非常重要。具体而言，合同审计的主要内容有以下几个方面：

1.检查合同管理制度是否健全；

2.检查签约双方是否合格，是否具有执行合同的能力和诚意；

3.检查合同内容是否符合有关法律、法令和条例；

4.检查合同是否完备，措辞是否准确；

5.检查合同内容是否可行。

四、高等教育的宏观调控

高等教育的控制不仅包括一些技术性的环节，而且在发展过程中与制度性的宏观调控水平高低有关。这种宏观调控对高等教育发展的影响力往往更为深远。这里所指的宏观调控手段包括高等教育立法、高等教育政策、高等教育财政拨款等。

（一）高等教育立法

长期以来，中国高等教育管理与计划经济相适应，高等教育接受中央集中统一领导，法律的效用实际并不明显，所颁布的有关法规大多以“暂行条例”“试行草案”“讨论稿”“纲领”“通知”“指示”“会议纪要”等形式出现。这些法规缺乏法律应用的稳定性和科学性。高等教育法规的变化频繁是高等教育平稳发展的又一大障碍，这体现在对管理制度规定的措辞经常性地变化。同时，对措辞本身的解释通常也模棱两可，不够准确，自然也就缺乏可操作性。另外，从法规的内容看，也有失全面。表现在法规内容调整教育内部关系的多、调整教育与外部关系的少，规范学校的多、规范教育行政领导部门的少，法规的限制性条款多、保护性条款少，义务多、权利少，如很少具体明确学校、教师、学生的办学权、教学权和学习权。

1999年1月，中华人民共和国第一部《高等教育法》正式施行。这部法律不仅高度概括了二十多年来在我国高等教育改革中取得的成功经验，而且明确了今后改革的原则与方向。但结合实际看，有些原则和方向仍需进一步澄清。如该法第十条规定“国家依法保障高等学校中的科学研究、文学艺术创作和其他文化活动的自由”；第十一条规定的“高等学校应当面向社会，依法自主办学，实行民主管理”；第三十条规定“高等学校的校长为高等学校的法定代表人”。这些条款的要求与现实之间尚有较大距离。因此，《高等教育法》的真正落实将有一个过程。

（二）高等教育政策

高等教育也将受制于市场这只“无形的手”的控制。高校以自己的办学特色多样、专业各异展开对生源市场的竞争；政府与高校之间通过科研成果的买卖关系，使后者从前者那里获取研究经费，促进学术水平的提高；学校通过对教师和行政人员的评聘，促进学校内部办学机制的改善，形成不同的学校类型、学科及教育层次。那么，在法律形成滞后时，政府的高等教育政策必须适时做出调整，以保证上述高等教育运作的顺利进行。实践表明，如何保持行政干预（以政策形式）和市场调节的平衡是一个重大而棘手的课题。对于习惯于计划经济思维模式的决策者来说，要真正具有适应并驾驭市场的能力，还有很长一段路要走。尤其是在当前形势下，对高等教育本质的认识在不断深化，很多人习以为常的观念将受到形势发展的强劲挑战。高等教育政策理应更有前瞻性，而不是滞后于形势的发展。高等教育的决策过程必须走向科学化、规范化。政策的实施过程必须有强有力的制度保障和监督，否则，政策实施过程中将不可避免长官意识、阳奉阴违，高等教育政策的宏观调控作用不但不能得到发挥，反而有可能误导高等教育的发展，造成高等教育质量和效益的下降。

（三）高等教育的财政拨款

高等教育财政以其拨款的原则和标准来引导、控制高等教育发展的方向。如在美国采取“卓越质量原则”，鼓励公平竞争，因而财政资助大部分集中到少数历史悠久、研究力量雄厚的著名大学，其中大多数为私立大学。此外，美国联邦政府还给高等院校其他形式的间接资助，如减少那些资助高等教育的个人或组织的税收等。中国科研经费的发放由国家科委及有关机构、各级政府设立的多种科学基金组织，以课题项目方式向社会招标，高校、研究机构均可提出申请。事实上，各校获得经费资助的机会并不均等，一般教育部下属的重点大学往往获益较多。在“条（中央、地方）块（省、部委）分割”的管理体制下，部属和省属院校之间获得科研经费存在较大悬殊。在此种制度下，由于缺乏足够的公平竞争机制，通过财政资助方式去引导学校向质量卓越方向发展的愿望自然无法真正实现。从20世纪90年代，“211工程”和“985工程”的实施较好地将财政资助中“点与面，中央与地方”结合起来，体现了效率优先的原则，照顾到国家对高等教育有重点发展的要求，各省均对自己管辖的重点大学积极投资，扶植重点学科、专业，使高等教育与地方建设的关系更为密切。就目前情形而言，高等教育资助中仍然存在如何公正、公平、公开配置有限资源的问题，一些地处较发达地区的高校因为新的资助政策，往往比那些处于落后地区的高校享受到更多的好处。在这种趋势下，高等教育必然只能走“非均衡”发展的道路，但问题的关键似乎已不仅仅在于资助方式本身，高校自主发展空间和权利将是决定性因素。所以，从取消“211工程”“985工程”后，在“一流大学和一流学科”（双一流）建设时，高等教育财政拨款制度将以更加具有开放性和竞争活力的绩效评价体系为杠杆，建立激励约束机制，鼓励公平竞争，强化目标管理，突出建设实效，有利于创新型高校群的建设。

第三节　领导者的能力

从两级政府管理来讲，中国高等教育宏观管理模式是党组负责，集体领导。从高等教育微观管理来讲，学校的管理是党委领导下的校长负责制。但实际情况是，由于现行管理中的领导地位和领导人具有很强的行政权威，缺乏管理中的制约机制，或者说制约机制的形成还有一个过程，因此，形成管理中的某些缺位，特别是高等教育微观管理的学校管理。这是因为，第一，领导的确定不是选聘制度，而是指派任用制，任用制的弊端就是容易缺乏民主基础，一般由组织管理部门考察，也就是上级考察，管理部门的领导讨论确定，特别是管理部门的一把手有话语决定权。所以，领导的确定与上级的领导或组织管理部门有关系，一旦对权力产生欲望或者权力变味，就容易滋生权力腐败。同时，领导没有明确的任期目标制，或者有但并没有认真地执行任期目标制，所以，任用的领导对不对管理活动的结果负责并不重要，但是必须要对上级领导和部门负责。不论是两级行政管理中的领导，还是高等学校的领导，均在高等教育管理活动中具有举足轻重的作用。

从目前中国的状况来看，管理好高等教育可能取决于领导个人的素质和事业心，而不是一种领导工作机制。一般来讲，目前中国高等教育的领导者，无论是在个人素质方面还是在事业心方面都应该是比较高的，但是，一旦出现偏差，往往就缺乏机制的制约。

既然高等教育的领导者的重要性对高等教育的影响如此之大，那么，对于高等教育的领导者的要求也应该是高的。高等教育的领导，特别是主要领导，不论是任用制还是选聘制，领导者的个人作用都是不可忽视的，而我们主要考究的是高等学校的领导者，特别是大学的校长。

一、领导者的素质

对于高等教育领导者应具备的素质，近年来已有很多研究。一般说来，把它概括为四个方面：思想品德素质、科学文化素质、专业素质、身心素质。思想品德素质是领导者应具备的首要素质。它包括思想政治素质（如坚持贯彻习近平新时代中国特色社会主义教育理念和思想、全面贯彻党的教育方针）和道德素养（职业道德及优良的作风、社会公德及强烈的责任心等）。

科学文化素质是领导者赖以施加影响力的基本素质。高等教育的领导对象是高知识层的人群，因此对领导者的知识素质提出了特殊的要求。一般来说，高等教育的领导者应具备以下这些知识素质：马列主义理论与哲学知识、领导科学与教育科学知识、现代科学文化技术的一般知识与从事某项专业的专门知识以及由这些知识集成和内化的科学文化素养。高等教育管理的最高境界是科学文化的管理。

专业素质是领导者从事高等教育管理的必备条件，主要体现在专业能力方面。从某些方面讲，专业素质是科学文化素质的一个表象，具体表现在领导者的决策能力和组织行动能力等方面。由于高等教育系统的复杂性，要求领导者具有更好的领导技术和技巧，具有更强的平衡协调及驾驭局面的能力。

身心素质是履行领导职务的基本条件。高等教育的领导工作就是协调和解决各种各样的矛盾，有些矛盾的解决具有很强的时效性和刺激性，工作的强度有时候也是很大的，领导者在科学决策、正确选择、合理解决矛盾的过程中，必须有坚韧不拔、不为压力而动的精神，有较强的心理承受能力和自我控制能力。同时，身体健康也是履行工作的首要条件，否则，可能什么也干不成。

也有人这样认为，高等学校在改革与发展中，一般都有一个凝聚组织的“核心”，高等教育系统应努力造就具有综合素质结构的领导者队伍。因此，还应该包括：领导者的活动能力——“外交家”的接触面；领导者的业务资历——“硬专家”的学术权威；领导者的人格魅力——“家长”风范的非职权性影响力；领导者的管理魄力——“软专家”的管理水平。

大学校长要善于对管理系统施加适当的活力。大学校长的职能是组织学校的教育资源，为实现大学的办学目标所展开的教育管理活动。一位优秀的大学校长的首要职责是为大学筹措足够的办学经费，通过自己的聪明才智、决策能力把学校的系统资源运用到最佳的程度。要使系统资源的运作机制达到最佳程度，作为大学校长，要努力使大学处在不平衡的平衡状态之中，这就是在平衡中有策略地挑起不平衡，再通过有效的方法使得不平衡达到平衡。这是一个管理哲学理念，平衡是指大学内部的政策和工作制度保持相对的稳定特性，不平衡是指根据人们的心理特点，采取最小搅动原则，通过一种创新性的工作方法与思想，使整个管理系统具有生机与活力，避免管理系统年复一年的“涛声依旧”。

领导者在大学组织管理系统中，决定权和执行权有时比较分散，有时候可能导致领导者不想去做决定。而如果管理者不勤政，或者由于个人的利益与组织的利益处理不好，会导致领导者没能真正地实行有效的领导，造成领导者事实上的没有领导。这样可能导致两种后果：一是责任分摊。由于实行集体领导等方式，校长或主要领导者可以长期依靠一些专门委员会和部门开展工作，而这些专门的部门是为了分担责任而设计的，但由于责任主体不明确，往往会产生问题责任的“分摊”，从而产生没有人负责的结果。二是无所建树，校长或主要领导者如果不实施有效的领导，下属就会将这种不作为的方式传递下去，从而使集体的决定没有达到真正的执行，领导陷于形式，并由此走向一事无成。

大学校长应避免在系统决策中对应该由别人决定的问题做出决定。大学的领导者与企业或政府机关的领导人的重要区别在于，不能够简单地采取行政手段管理学术问题。如应该重视院（系）基层组织的学术管理，尊重基层专业人员对学科专业管理方面的意见，学术的管理要采取最大限度地实行分权，让学术带头人和学术组织去管理学术的事情，让分管学术工作的副职领导去管理。如果大学校长越俎代庖，一方面将自己拖进了永无休止的工作琐事之中，另一方面在很大程度上影响了他人的工作积极性。大学校长不应该直接决定基层职权范围内的事情，虽然从某个角度看，这些是大学管理中很重要的问题，但是，大学校长应该通过一定的工作程序，明确其他校领导的工作职责范围，用制度加以规范。

领导者要有足够的“智谋”“涵养”“儒雅”来驾驭系统。领导者必须含蓄，不可轻易亮出自己的观点。处在多种相互矛盾的选择面前，大学校长或主要领导者不能表现出过分的自信（尽管你自己必须有一种超然的自信，但最好不要轻易流露出来）。对于有些急需改革的工作，也许需要有很大的耐心，如果我们的领导者不准备用这种方式来对待和慎重地处理问题，特别是在一些大是大非面前，在一些重要的决策场合，不假思索地急于亮出自己的观点，很有可能适得其反，或者造成难以收局，或者失败。

领导者在系统成员中对双重忠诚要学会让步。一般来讲，大学的教授既忠诚于他所服务的大学，又忠诚于他所研究的学科，特别是在两个方面的选择上，大学的教授们更忠实于他们所研究的学科，那么，大学的领导者有时候面对的是一个复杂的难题，在学校管理的问题和学科方面的问题取舍之间可能要有所割舍。应该说，双重忠诚总体上目标是一致的，在这一点上领导者们要有足够的认识。因此，在双重忠诚出现矛盾时应该做出一定的让步，以维持学校内部管理的矛盾平衡。

大学校长要通过自己的人格魅力影响系统成员。人格魅力的影响是一种高级的领导效果，是大学校长的人格质量、道德作风、文化修养、技艺技能、学术声誉等的影响。大学校长要有随时修正自己的思想和行为的能力。这是一个十分重要的自醒的策略，但同时也是一个说起来容易做起来难的行动策略。

大学校长的行动策略是很丰富的，远远不止以上的这些东西，随着管理思想和方法的不断创新，优秀的大学校长及其管理策略将会层出不穷。

二、组织内部的环境因素

组织内部的环境因素是组织行动的一个非常重要的因素。环境的好坏直接导致工作效果的好坏，影响管理目标的实现。假如所有下属都能热忱地、满怀信心地为实现群体目标做出贡献的话，就无需继续研究和发展领导艺术了。但是，不管是由于环境条件的恶劣还是由于领导者的平庸，下属中很少会有人以持续的热诚与信心去工作。因此，对大多数人来说，需要领导者营造良好的环境，以激发他们为实现组织的目标做出贡献。有人说，良好的士气就等于成功了一半。大学校长或领导者应该要懂得使用激励理论和激励方法的重要性，营造好的环境，让环境体现的性质和力量去满足人们需要。如果大学校长或领导者具有超凡激励手段和方法，激发起下属的忠诚、献身精神及热诚，那么，就能使领导者的意图获得成功。当然，领导者的激励力量在很大程度上还取决于组织成员期望值的大小、预计报酬的多少、要求努力的程度、要完成的工作量以及其他环境因素。因此，大学校长或领导者的首要任务就是为了顺利完成工作目标而尽量设计一个与组织成员期望值相对应的工作环境。当然，期望值与对应环境的设计要适中，这也是很难把握的，使用不好可能适得其反。在高等教育管理系统中，大学的领导者能够让他人满足诸如地位、权力、金钱或对成就的自豪感等需要，通过需要的满足，使管理活动取得更好的产出效果。事实上，领导要充分地了解下属倾向于追随那些可能满足他们个人目标的领导者，那么，就越是应该懂得激励其下属的因素是什么，这些激励因素如何发挥出正面的作用，并将它们在管理过程中反映出来，就越有可能产生有效的管理效应。

三、激励的有效性

前面我们讲了系统组织内部的环境因素是组织行动的一个非常重要的因素。高等教育领导的主要任务是激励下属，协调解决组织目标实现过程中出现的矛盾。不同的领导者在完成这些任务时，可能会遵循不同的原则和方法，可能会运用不同的技术，因而也就会产生不同的绩效。现代领导科学的发展已形成一些具有普遍意义的领导技术，在高等教育领导中运用这些技术和方法，无疑对提高领导绩效是有帮助的。下面从激励的过程、因素、原则、方法四个方面加以说明。

（一）激励过程

组织系统机制的形成除了制度外，很大程度上取决于系统激励过程。激励作为心理学的术语，指的是激发下属动机的过程。把激励这一概念用于管理活动就是通常所说的调动积极性的问题。心理学研究的结果表明，领导者激励下属就是指下属做了一些领导者希望做的事情，领导者使下属在某方面的需求得到满足，从而使下属按照所需要的方式行事。我们可以把激励看作一系列的连锁反应，从感觉的需要出发，引起欲望或所追求的目标，它促使内心紧张（未得到满足的欲求），然后引起去实现目标的行动，最后使欲望得到满足。

（二）激励因素

需要挑起系统激励。讲激励，就得从需要讲起，因为任何动机的产生或形成都离不开某类需要的缺乏或某种不满足感。因此，需要以及需要的种类和性质就成为动机激励效果的决定性因素。对于高等教育系统来说，领导者想有效地激发下属与职工的动机，就必须了解高等教育系统的各类组成人员有什么动机需要。有研究提出四个主要的激励因素。一是个体成长。存在使个体能够认识到自己潜能的机会，它证实了这样一个前提假设：知识工作者们对知识、个体和事业的成长有着不断的追求。二是工作自主。建立一种工作环境，其间，工作者们能够在既定的战略方向和自我考证指标框架下完成交给他们的任务。三是业务成就。完成的工作业绩达到一种令个人足以自豪的水平，这是与组织的需要相关联的因素。四是金钱财富。获得一份与自己贡献相称的报酬，并使其他同仁一起能够分享到自己所创造的财富。这种奖励制度既要适合于组织的发展，又要与个体的业绩挂钩。高等教育领导的对象是人，这里的“人”是高等教育系统中的主体要素，他们是各级下属领导者、教师、科研人员、其他工作人员和学生等。这几类人员的年龄、学历、专业、知识、角色地位与工作性质等各不相同，他们心理需要的类型和性质也不完全一样。因此，将马斯洛的需要层次理论运用于高等教育领域时要具体情况具体分析，不能照搬照抄。

对于教师来说，自主、尊重、胜任工作、对工作条件的满意程度、取得成就等，都是十分重要的高层次需要。由于高校教师都是受过良好教育的高层次知识分子，以上这些需要中很难说哪一种更重要，也就是说很难在这些需要中找到一种层次序列。在实际中，更多的情况是在某些场合自主的需要更强烈些，而在另一种场合，胜任工作的需要更强烈些。有时工作条件的需要占优势，有时取得成就的需要可能更迫切。有人曾概括过教师需要的四个特点：精神文化需要的优先性，创造成就需要的强烈性，自尊荣誉需要的关切性，物质需要的丰富性。高校的领导者在激发教师的动机时不能忽视教师的各种需要及其特点。对于大学生来说，各种需要的强烈程度又有所不同，而且各种需要的指向也不相同。比如在学生集体中，人际关系与成才等方面的需要更为突出。另外，他们的自我实现的需要并不与每天的平凡琐事发生密切联系，它更多地贯穿于大学生在校的几年之中，体现在他们对文凭、知识、能力以及对职业理想的追求之中。

需要指出，“需要”这个词并不是一个简单的概念，除了具有多重性外，还具有变动性特点，同时，作为激励的关键因素，需要可以引出行动，也可以由行为引出。因此，激励过程中必须具体情况具体分析。

（三）激励原则

系统激励中至少要注意以下三个方面的原则：

(1) 针对性原则。需要的特点、性质，需要与行为关系的复杂性，要求领导者在实施激励之前必须了解下属需要的类型和需要的结构。实践证明，同样的激励措施对不同的人有不同的效果，其原因就在于不同的人有不同的需要。激励措施有针对性就能收到事半功倍的效果。

(2) 合理性原则。它包括两层含义：一是根据不同类型的需要采用合理的措施，进行合理的处理，合理的需要应该合理地满足。二是激励的程度要合理，“奖罚分明”，使奖和罚都能收到激励效果。

(3) 教育性原则。随着人的文化层次的提高，人的需要也会向高层次发展。因此，激励也可以从教育入手，通过改变人的需要结构达到激励的目的。激励的教育性原则要求领导者在激励过程中既要注意解决下属的实际问题，满足教职工的实际需要，也要通过教育提高教职工的需要层次。

（四）激励技术

在组织系统的激励中，有研究者提出了许多激励技术。研究表明，群体积极性的发挥，60%是由于社会压力、职务需要以及上级领导人的职权等引起的，而其余40%则是因领导者的领导技术激发的。可见激励的潜力是很大的，不同的激励理论形成了不同的激励模式，并由此形成了多种激励技术。

(1) 双因素激励技术

美国心理学家赫茨伯格研究认为，影响人的积极性的因素可以分为两类：一类是保健因素，它是维持基本需要的社会性因素，主要包括物质、经济、安全、环境、地位、社会活动等。保健因素是使教职工避免产生不满意的因素，相对来讲激励的作用有限。另一类是激励因素，主要包括一些高层次的需要，如成就、工作、职责等，它是使职工产生满意感，从而激发积极性的因素。根据双因素理论，在高等教育领导过程中必须重视改善物质、经济生活条件，这是产生积极性的基础，只有这样才能保证工作的正常进行。近年来，高等教育界的收入与社会其他行业的收入差距拉大，这种经济状况使高校教职工的一些基本需求得不到满足，因而不少人不安心本职工作，心理不平衡，改善教职工的物质生活条件就显得特别重要。但是，事实又说明保健因素并不能完全产生激励力量，有些高校物质条件解决较好，但教职工的积极性并不高。在改善物质条件的前提下，充分激发积极性还必须借助于各种精神方面的因素，特别是知识分子，基本物质需要满足以后，他们更看重精神需要，因此，更应重视较高层次的激励。

(2) 期望激励技术

期望理论是由弗鲁姆首先提出的。这一理论认为，人的固定需要决定了他的行为和行为方式。人的行动是建立在一定的期望基础上的，在个人活动与其结果之间存在一定的联系，激励力量——效价期望值。效价是个人对所从事的工作或所要达到的目标的估价，即被激励对象把这一激励目标的价值看得多大。期望值是个人对某项激励目标实现的概率的估价。在高等教育领导中运用某些事物进行激励时，必须评价这一事物对被激励者价值的大小。价值是客体满足主体需要的程度，只有需要强烈的事物才能产生较强的激励作用。同一事物对不同的人具有不同的价值。同时，无论价值多么大的一件事物，只有认为经过努力会达到时才有激励作用。如校内超工作量奖励，如果指标定得合适，即使奖金不高，对多数人还是会有较强的激励作用。

(3) 公平激励技术

公平理论认为，人们总是要将自己所做的贡献和所得的报酬与一个和自己条件相似的人的贡献和报酬进行比较，如果两者的比值相等，双方就都有公平感，如果这两者的比值不相等，一方的比值大于另一方，低的一方就会产生不公平感，产生挫折心理。高等教育的领导者应自觉注意到，一个人在某一方面确实做出了成就，给予奖励就能产生激励作用。如果奖励的程度大于被奖励者与其他人贡献的差别程度，则会使其他人产生不公平感；而如果贡献大、奖励小，则起不了激励作用。领导者还应注意，存在着高估自己的贡献而低估别人成就的一些人，他们把本来公平的认为不公平。因此，在激励时要客观公正地宣传被奖励者的成绩，每个人都有显示自己成绩的机会，通过比较使教职工正确认识自己和别人的贡献与报酬。

(4) 目标激励技术

目标激励也是一种目标管理的方法，它把组织的任务分解成各项具体的目标，让教职工把个人目标和组织目标结合起来形成“目标链”，通过目标进行管理，使目标对教职工产生激励作用。实行目标激励有几个好处：一是能使教职工看到自己的价值和责任，一旦达到目标，就会产生满足感。二是有利于上下左右的意见沟通，减少达到目标的阻力。三是能使教职工个人利益和整体目标得到统一。实行目标激励的过程可以分为三个阶段：第一阶段，设立目标，每个教职工要根据本部门的目标和个人的实际情况制定个人目标而形成目标链；第二阶段，鼓励教职工发挥各自的积极性去努力完成自己所制定的个人目标，进而完成总目标；第三阶段，对完成目标的情况进行测定和评价，激发人们为完成更高的目标而努力。高等教育的总目标是培养人，高等教育系统中运用目标激励技术时，目标的设定必须充分考虑教育规律，目标的形成和分解要充分吸收教职工参加，目标的评价必须有一套科学的体系，否则难以起到激励作用。

(5) 榜样激励技术

人们常说榜样的力量是无穷的，榜样对较先进的人是一种挑战，它可以激发先进者继续努力，榜样对一般人也有激励作用，能鼓励一般人奋发向上，榜样对后进人物也会在心理上产生触动。有了榜样，系统内学有方向，赶有目标，时时受到激励。从某种意义上说，领导激励过程应是一个树立榜样的过程。强化激励是指通过对个体的某种行为给予肯定和赞赏，使这种行为得以巩固和保持，对某种行为给予否定和惩罚，从而使之逐渐增强或者减弱的过程和方法。强化激励有物质和精神两种，在运用过程中一定要注意刺激的适度，刺激太弱起不到应有的作用，刺激太强会使刺激钝化，少量多刺激能有更长的作用时间，但往往程度不够，集中刺激则可能不会持久。

四、领导艺术

高等教育的领导艺术是一个内涵丰富的概念，在一个比较大的系统中，结合具体的领导过程，我们来分析领导的一般艺术。

（一）领导层的授权艺术

面对科技、经济、社会发展所导致的领导和管理的日益复杂，即使是超群的领导者或领导层也不可能再独揽一切事务和权力。精明的领导者，其职责已主要不在做事，而在成事了。授权乃是成事的分身术，反之，事必躬亲，则必然成不了大事。所谓授权，是指由上级授给下级一定的权力和责任，使下属在有效的监督之下，有相当的自主权、行动权。授权者对被授权者有指挥权、监督权，被授权者对授权者负有报告权及完成任务之责。大胆授权对各级领导班子是十分有利的，它可以把领导者从琐碎的事务中解脱出来，专心处理重大问题；可以激发下属的工作热情，增强下属的责任心，提高效率；可以增长下属的能力、才干，有利于培养干部；可以充分发挥下属的专长，补救领导自身才能的不足。因此，它也更能发挥领导者的专长。

授权的范围很广，在人、财、物、事等管理中均有授权行为，它们各有不同特点。但不管哪种授权，都有一些共同的准则可以遵循：

一是根据预期的成果规定任务和授权，或者说，为了有可能实现指定的目标而授予职权，“因事择人，视能授权”是授权最根本的原则。二是根据所要完成的任务挑选人员。授权之前，应对被授权人进行考察，力求将责任和权力授给最合适的人，如果一时不能确定，则可用“试用”“助理”等方式解决。三是保持信息管道的畅通。授权者应向被授权者明确任务目标及责权范围，并尽量帮助被授权者解决完成工作任务时所遇到的困难。四是建立适当的控制机制，当授权发生偏差时可及时收回权力。五是有效地授权和赋予职权的报酬。除了金钱报酬外，给予更大的决定权和声望通常更有激励性。六是领导者只能对直接下属授权，不能越级授权。如校长只能把他所属的权力授给他所管辖的处长，而不能越过处长把权力授给科长，否则会引起“中层波动”。七是领导者不能将不属于自己的权力授给下属。

授权既是领导者必备的领导学知识，同时也是一种领导艺术与才能。如果授权过分，就等于领导者放弃权力；如果授权不足，领导者还是被琐事所困，也就失去授权的意义。授权是一个复杂的问题，不同的人有不同的做法和经验，但也有共同的技巧可循。一是分权而不放任。从系统科学的角度出发，将复杂的整体目标分解为子系统目标，实行“分而治之”，然后再从分解到综合，乃是一个必然的“金字塔”形式。分权后，领导者还要尽力发挥其综合功能，将分散的权力构成一个整体。二是掌握有效的控制方法。授权后，领导者应当综观全局计划的进程，对可能出现的偏离目标的现象进行协调，对被授权者实行必要的监督和控制。要注意的是对被授权者所加的责任不是突然的，而是一个循序渐进的过程，权重要适度地一点一点地加上去。要讲究授权的方式方法，适当地称赞被授权者完成任务的优点，以充分激发其信心，同时，也应指出应避免的不足之处。控制是一个连续不断的过程，客观情况多变决定了其不可能一劳永逸，对下属执行过程中的偏差，应注意防范并及时纠正。

（二）领导者用人的艺术

汤姆•彼得斯认为，为了使组织充满朝气，必须注意用人策略。聘用具有好奇心的职员，因为好奇心能够激发教职工努力做好工作；有时，还要雇用一些“不太正常”的人，这些人有个性和特点，并不是生理和心理不正常，因为，只有好奇心是不够的。

解除缺乏思想的雇员，培养激情之士。研究认为，在传统的组织中工作，优秀职员无一例外地都面临着一个重大难题，很难适应现行的人事结构，那么，要在组织内部引入和培养一些有激情的职员。

寻找年轻人。在知识经济发展和市场竞争日趋激烈的时代，起用那些看起来似乎没有经验的年轻人，可能会给组织带来更大的发展机会。坚持给每个人一些休闲时间。

建立新的内部交往机制，努力营造一个良好的气氛。建立各种俱乐部，吸引外部人士参与决策过程。

激励过程中的“文化转变”现象。换句话说，如果领导者没有创见，那么他的下属和整个组织也不可能有所建树。

尽管高等教育领导存在着不同于一般领导的特殊性，但以上分析为我们进一步分析高等教育领导过程中的用人艺术提供了思路。如要大胆使用具有好奇心、进取心的青年后备人才到各级领导岗位，使他们有充分显示才华的机会。领导者要注意领导过程的民主性，以提高决策的科学性和有效性，特别是在高等教育管理中，领导者必须调动每一个教职员工的积极性才能最大限度地实现领导作用的有效性。领导者要调动下属的积极性必须身先士卒，成为下属积极性激发的一种外在动力，一个优秀的领军人物本身就是最好的榜样，是组织活力的核心。

（三）领导者运筹时间的艺术

高等教育系统的领导者每天都有大量的工作要做，“双肩挑”的领导者则更感时间之宝贵。如何合理、有效地利用时间是领导者必须解决的问题。一是最大限度地谋求可控时间。属于领导者支配的时间可以分为可控时间与不可控时间。一般而言，职务越高的人，可控时间就越少，校长比系主任的可控时间要少得多。要善于将不可控时间转化为可控时间。二是要区分重要事件和一般事件，分清轻重缓急，抓关键工作。三是用最佳时间完成最重要的工作。领导者应自觉总结并熟悉自己体内的“生物钟”，用精力最旺盛的时刻来处理最重要的、最困难的工作，把例行的公事放在精力稍差的时间去做，以提高时间的利用率和有效性。四是常规工作标准化。五是切忌事必躬亲。六是多开碰头会或实行工作餐制度，可以挤出大量的处理问题的时间。七是有控制工作时间的能力，对于无为的耗时进行严格的控制等。

综上所述，高等教育领导是领导者为实现高等教育目标而创建所需的各种组织机构或程序，激励高等教育系统中的个体或群体去实现系统目标的行动过程。领导问题的核心是影响力，高等教育领导是一门科学，也是一门艺术，同时，还具有许多技术性。然而，高等教育领导者不要期望能找到任何一种解决领导问题和职权问题的完善答案，他们必须处理在一定时期内不是固定不变的种种社会心理因素的复杂关系。领导，实际上就意味着各种易变量的可能组合。领导包含着种种技能，那是不可能按教育与训练的目的做仔细合理的分类的。很多领导者为什么很有效能或毫无效能，就是他们自己和别人都无法充分了解其中的原因。很多物理现象并不都符合物理学家的理论，同样道理，领导者看来也可能违反从理论上推导出来的某些领导问题的概念。我们要不断加强研究，揭开“领导问题之谜”，实现高等教育领导的科学性、高效性，使高等教育的管理者，特别是领军人物，在高等教育管理系统的各个层面中起到应有的作用。

第四章 现代教育管理原则

第一节 现代教育管理的科学化

教育管理科学化主要是指教育管理的合理、有序、高效。科学决策、标准管理、绩效问责构成了科学管理的完整系统，是提升教育质量与效益、推动教育管理科学发展的有效措施。

一、科学决策

管理就是决策，决策是对行动目标与手段的探索、判断、评价直至最后选择的全过程。教育科学决策就是教育决策者为实现管理目标，按照决策理论，采取一定的程序和方法，应用现代科学技术与手段，对若干方案进行判断与选择的过程。实现教育科学决策是提高教育管理效能、保障教育管理工作顺利开展的前提。

教育科学决策包括三方面内容，即严格实行科学的决策程序；依靠科学的决策技术方法；领导者在掌握丰富可靠的材料的基础上，运用科学的逻辑思维方法决策。同时，教育科学决策也要符合四个基本条件。第一，确定决策目标。没有目标就无所谓决策，决策目标的确定必须实事求是，并且经过努力可以实现；第二，决策目标要同决策实施的具体措施结合起来，没有措施的目标是空头目标，空头目标是不可能实现的；第三，决策措施要同决策的主客观条件结合起来，将决策目标实现的时间、地点和条件结合起来，离开具体条件的决策措施是盲目的；第四，决策要在两个或两个以上的有价值的方案中比较、择优，以期决策方案的最优化。没有选择、比较、择优，便没有优化。

二、标准管理

教育标准化管理是为了提高管理的成效，以标准的制定和实施作为主要方式，并将其贯串于学校计划、组织、协调、监督和控制等管理全程的教育管理活动。标准化管理过程始于标准又终于标准，即从制定标准开始，经过贯彻标准、发现问题，进一步修改标准，形成一个循环上升的过程。

（一）制定国家教育标准体系

标准化管理的一项重要内容就是制定各种管理标准。标准是指为了在一定范围内获得最佳秩序，经协商一致制定并由公认机构批准，共同使用和重复使用的一种准则以及相应的规范性文件。管理标准是指在管理活动中，为行使计划、组织、协调、监督和控制的职能而制定的系列准则，它主要包括教、学、研、教务、总务、设备、场馆等各方面的组织与管理标准。在教育管理中，这类标准可分为基础标准、工作标准和考评标准。

(1) 基础标准

基础标准是构成教育管理基本要素的标准，包括人员配备、机构设置、教学质量、物质保证和时间等标准。这些标准具体由学校统一制定，譬如人员配备标准中的人员编制和人员录用标准；机构设置中的各种职能部门的设置标准等；教学质量标准主要指师资建设与教学业务的质量标准，包括教师职称、课堂标准等；物质保证标准包括仪器、设备与装备的购置标准和储存标准；时间标准是对教育教学工作中各门课程作出时间安排和要求的各项规定。

(2) 工作标准

工作标准就是指各项教育教学与管理工作的规范、规章和要求。工作标准能使管理人员和教学、教务人员知道做什么、怎么做、做到什么程度。如校长职责、教师职责、教学工作制度、教学计划、大纲等。

(3) 考评标准

考评标准是对学校教育、教学与管理工作是否达到组织目标进行衡量、评价、考核及奖惩的标准。如对教学质量进行评价的综合指标，对师德、师风考评的标准，教学管理考评指标，教学、科研工作和成果考评指标，信息管理考评指标，后勤保障及场馆服务工作考评指标等，并配有与各项工作的考评结果相应的奖惩条例。

（二）实施标准化管理

在基础教育领域，标准化管理的一个重要工作就是标准化学校的建设。所谓标准化学校，就是根据法律规定，确保全国基础教育大体拥有均衡的物质条件和师资队伍条件的规范化学校。标准化学校的实施主要是国家通过学校建设标准的法律规定，约束政府提供相对均衡的办学条件，使每一所中小学校都能按照法定标准设置，成为标准化学校，从而在义务教育领域形成一个相对公平的教育环境。标准化学校无论是从校舍、教学设施、图书馆藏书等硬件还是从师资队伍、学校课程等软件，都有相对统一的标准。标准化学校的建设旨在给所有学校以平等的“国民待遇”，逐步取消重点校、示范校与窗口校，大力建设薄弱校，将区域之间、城乡之间、公办校与民办校之间的差别控制在合理的范围内。

标准化学校的建设对于实现义务教育发展的均衡化、构建和谐学校，具有重要价值。但是，在实施过程中，标准化学校的建设也要注意以下问题：一是打造标准化学校要对标准体系坚持动态调控；二是设置学校组织规模的上限和下限；三是加大标准化学校建设的扶持力度；四是重点加强教师队伍建设；五是强化质量评估和监督力度；六是处理好学校“个性化——标准化——现代化”之间的关系；等等。

在未来的教育管理中，实施标准化管理要坚持开展标准化教育，使标准化管理具有坚实的群众基础；坚持标准的科学性与先进性，要求每项标准必须真实反映客观事实和科学规律，标准的水平既要基于现实又要高于现实；坚持标准的应变性和严肃性，要正确处理好例常与例外、标准与非标准、共性与个性的辩证关系。标准的制定和公布必须经过一定组织的审批，标准是科学管理的依据，也是具有规范性和法律约束力的职业法规。

三、绩效问责

（一）绩效管理的内涵

从管理学的角度看，绩效是组织期望的结果，是组织为实现其目标而展现在不同层面上的有效输出，它包括个人绩效和组织绩效两个方面。绩效管理是指各级管理者和员工为了达到组织目标共同参与的绩效计划制订、绩效辅导沟通、绩效考核评价、绩效结果应用、绩效目标提升的持续循环过程，其目的是持续提升个人和组织的绩效。

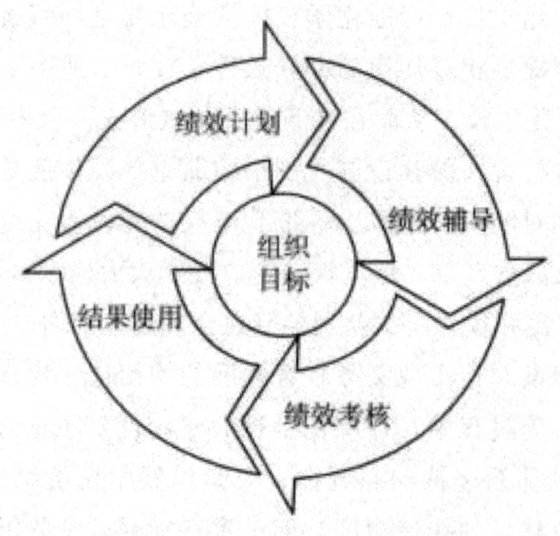

图 4-1　绩效管理示意图

绩效考核可以根据不同的分类标准，分为不同的类型：①以时间为标准，绩效考核可分为不定期考核与定期考核，定期考核又可分为周考、月考、季度考、年考等；②以内容为标准，绩效考核可以分为可分工作态度考核、工作能力考核、工作绩效考核、综合考核等；③以目的为标准，绩效考核可以分为例行考核、晋升考核、转正考核、评定职称考核、培训考核、对新员工考核等；④以考核主体为标准，绩效考核可以分为上级考核、自我考核、同事考核、专家考核和下级考核等；⑤以考核形式为标准，绩效考核可以分为口头考核与书面考核、直接考核与间接考核、个别考核与集体考核等；⑥以考核对象为标准，绩效考核可以分为对员工考核、对干部考核等；⑦以相对性与绝对性为标准，绩效考核可以分为绝对绩效考核与相对绩效考核等。

（二）教育管理中的绩效考核

注重绩效是教育管理的一大趋势。《国家教育事业发展第十二个五年规划》指出，要建立教育绩效评价制度，以服务经济社会发展和人的全面发展为导向，以人才培养质量为核心，制定科学评价政府、学校和教师的教育绩效评价指标体系。鼓励社会、家长、用人单位和第三方机构通过多种方式参与教育绩效评价。将校长、幼儿园园长和教师的绩效评价同绩效工资挂钩，并作为业绩奖励、职务（职称）晋升等的主要依据。将高等学校和职业院校的绩效同政府对学校的奖励性、竞争性教育拨款挂钩。加快科研评价制度改革，完善以创新和质量为核心的科研评价机制，切实减少行政对学术的干预。

教育问责制（Education Accountability）是指政府通过立法确立参与教育活动主客体各方的责任与权利，制定考量责任和权利落实程度的评判标准，并定期组织评判活动的一套行为规范、政策承诺和制度体系。其中，权利客体通过解释、描述或证明等形式来表达其行为成效.权利主体则在综合评估的基础上，对客体的成效作出评判并辅之以奖惩措施。

教育问责制作为提升教育质量、促进教育公平的重要举措，已成为当今和未来世界各主要发达国家和地区教育改革的重要内容。

教育问责制是一个系统化的概念。①在问责的主体上，现代民主政治下的教育问责主体是多元的。从宪政角度来说，纳税人首先是教育问责的主体，因为公办学校是教育的主体部分，而公办学校的经费主要来源于纳税人的赋税，纳税人自然有权向学校、向教育管理部门问责；除了纳税人这一问责主体外，学校还要接受政府教育行政部门、学生及家长、社会舆论等多方面的问责。对于私立学校来说，问责的主体还包括投资者的问责。②在问责的客体上，主要包含学校主管行政部门及其官员和学校自身。教育行政部门通常担当着政治上、法律上的责任，表现为经费的合理规范使用、行政决策的负责制等；学校自身也要对学生的学业成绩负责，承担为社会输送合格人才的责任。在问责的内容上，教育问责制主要分为经济问责、学校监护问责、学校专业水平问责、学生实际学业成绩与资源利用关系问责等五个方面。③在问责的程序上，教育问责主要包括职责、指标、表现、评估、报告、奖惩等六个方面。④在问责的方式上，教育问责主要包括政治问责、法律问责、行政问责、专业问责等。⑤在问责的后果上，不同问责内容、问责方式均表现出不同的后果，主要有被罢免、被质询、公开道歉、引咎辞职、责令履行职责、行政处分、行政赔偿、返还财产、恢复原状、恢复名誉、消除影响、撤职、开除、撤销违法行政行为以及判处刑罚等。

在未来的教育管理中，建构教育问责制，要尊重教育规律，讲究问责的科学性与合理性，积极借鉴一般行政问责制的经验，分清各教育管理主体的责任，以学生安全、教育公平、教育质量、教育廉政等为问责重点，建立常态化的部门绩效评估与问责制度。整合问责主体的要求，注重追究、奖励与支持相结合。积极借鉴国外教育问责制法制化、程序化的经验，采取渐进式问责制建构模式，完善问责的制度文化配套，逐步形成具有中国特色的教育问责体系。

第二节　现代教育管理的民主化

教育管理民主化是未来教育管理发展的一个重要趋势。民主不仅能体现教育管理的公平与正义，也是提高教育管理效率的有效方式。随着近年来我国民主改革的深入发展与人们对民主生活方式的不断诉求，教育管理民主化成为教育改革与发展的核心主题之一。教育管理民主化主要表现为民主决策、共同治理、社会参与等形式。

一、民主决策

民主决策是指按照科学的决策程序，经过可行性研究，采取由决策者集体表决而做出决定的方式。教育领导者仅凭过去传统的经验决策，仅凭领导个人素质和才能进行决策，已无法面对日益复杂的教育形势，也无法应对教育改革与发展过程中的诸多问题。

在未来的教育管理中，民主决策应从以下几个方面做起。①整章建制，实现决策程序规范化。真正的民主决策的长效机制需要的是实现民主决策程序的规范化和制度化，只有形成规范的民主决策程序机制，才能保证决策的科学性和有效性。②坚持集体议事，健全学校民主集中制。学校决策中的民主集中制，是群众路线在学校决策中的具体体现。凡是学校重大的决策，出台前都必须通过校党委全委会或行政委员会进行讨论。③落实教职工代表大会制度。切实保证教代会对于学校发展规划、办学思路、改革方案、岗位聘用、财务预决算等诸多重要事务的决策拥有提议权、讨论权和审议权，保证教代会对学校各级领导干部拥有评议权和监督权。④建立专家学者、社会人员参谋咨询制度。建立健全专家学者以及社会其他人士参与的参谋咨询制度，完善相关决策程序，对一些重大问题、关键问题以及专业性很强的问题，组织跨部门、跨学科、跨行业的专家、学者进行研究分析和科学论证，以保证决策的科学性和权威性。

民主决策结果的实施过程就是民主管理的过程，民主管理就是管理者在“民主、公平、公开”的原则下协调组织与管理行为，实现管理目的的一种管理方式。民主管理能够唤醒人的主体意识，弘扬人的主体精神，发挥人的主体能力。

受传统文化的影响，在我国学校管理中，无论是学校领导，还是师生员工，民主管理意识都比较淡薄；民主的管理制度体系需要进一步健全；旨在推行民主管理的组织与部门还需建立和加强；同时，民主管理方式也相对滞后，民主管理尚停留在表面化、形式化阶段，缺乏健全的监督机制和有效的反馈机制。

在未来的学校管理中，完善民主管理的基本策略主要有以下几点：①强化民主意识。加强民主教育，明确学校民主管理的目的，提高人员民主素质。②整合规则与制度。注重正确的价值引领，健全学校民主管理制度，科学配置责权利。③健全组织机构。建立健全民主管理的专门机构，明确民主管理机构的职能性质，合理配置人员。④转变管理方式。创造宽松和谐的民主氛围，调动教职工的积极性和主动性，使学校的管理方式由人治转向法制，由专制转向民主。⑤创新决策机制。明确决策参与机构职能，建立决策咨询机构，明确决策参与的途径和程序，建立决策责任制度。⑥完善执行机制。健全执行制度，依法规范执行行为。强化民主管理的主体意识，赋予其一定的执行自主权。增强执行环节的透明度。⑦健全监督机制。成立专门监督机构，明确监督客体，拓展监督渠道，构建多元监督网络，实行问责制。⑧构建反馈机制。拓宽信息反馈渠道，增加信息来源，建立双向信息传递机制，提高反馈信息真实性，避免信息失真。

（二）教师参与民主管理

民主参与是民主管理的重要方式。杜威指出，民主作为一种政治制度的核心就是参与的精神，参与是民主的象征和标志之一。

（1）教师参与民主管理的原则

美国教育管理学家霍伊（W.Hoy）和米斯格尔（C.G.Miskel）提出，在实施教师参与管理时，校长应认真了解和思考以下八条原则：①在形成学校决策过程中，教师有机会参与是影响教师士气及对学校组织热忱的重要因素；②参与决策的程度和每位专业教师的工作满足感呈正相关；③教师喜欢那些容许他们参与学校决策的校长；④教师既不期望也不愿意参与每一项管理决策，因为过多或过少的参与同样会造成不良的结果；⑤教师和校长在做决策时的角色和功能，将因决策问题的性质而有所不同；⑥教师参与决策的结果因情境的不同而有所差异；⑦内在与外在的因素都会影响教师参与决策的程度；⑧为了使参与决策发挥最大的作用，应将消极的结果减少到最低限度。

（2）教师参与民主管理的程序

一般而言，教师参与管理应遵循以下标准程序。①定向（Orientation）。参与管理的教师相互了解，界定问题和计划决策的过程，引导正向的团体气氛，增加决策团体成员之间的互动，熟悉工作任务。②讨论（Discussion）。搜集所需的相关信息，讨论可行性方案，并评估备选方案可能造成的影响。③决策（Decision-making）。经过充分讨论，以及对各种方案的评估、分析与比较之后，对问题形成一定共识或通过表决方式形成决策。④执行（Implementation）。团体决策形成之后，一方面要努力去执行以达到实际效果，另一方面要对整个决策方案进行评价，以此检验决策的质量。

（3）教师参与民主管理的技术与方法

在技术与方法上，教师参与管理与决策可采用以下一些技术与方法。①头脑风暴法。通过全体教师集思广益，寻找合理的、满意的决策方案。②具名团体技术。这种技术是集合少数人，系统地提供自己对问题的解决方案，并分享个人对他人所提方案的看法。③德尔菲技术。其特点是强调意见的交流，主要是通过书信的方式进行，以克服团体决策在时间、空间上的限制。④扮演黑脸。这种方法主要是通过有计划的引起冲突，增进决策的质量，从而有效地避免团体迷思。⑤辩证调查。这种方法将决策团体分为多个小组，组织小型会议，讨论所有可能影响问题解决策略的资料，分析其重要性和实用性，从而达成共识。

在未来的教育管理中，为有效地实施参与管理，学校要健全教师参与管理决策的组织形式，改革教职工代表大会，明确规定教代会参与的事项、权利以及教师参与的资格、程序，并用教育法律法规加以保障。教师参与的组织形式应多元化，建立由校长、教师、社区人士、家长及学生组成的学校董事会，调动多方面人员的积极性，实行决策和管理的共享。要进一步推进学校组织结构扁平化，减少学校的管理层次，改变学校的组织结构，进一步明确校长负责和教师参与的权责划分。转变校长观念，充分认识教师参与决策的价值。引导教师学习思考，提高教师参与意识、决策能力。

二、共同治理

（一）教育分权化

教育分权化（Educational Decentralization）与共同治理是未来教育管理发展的重要内容之一。《教育规划纲要》指出，健全统筹有力、权责明确的教育管理体制。以转变政府职能和简政放权为重点，深化教育管理体制改革，提高公共教育服务水平。教育分权化是一种重新分配教育权责、将有关教育权责从较上层的政府下移到较低层政府或基层组织的过程。分权化的方式一般可以有三种：分权（Deconcentration）、授权（Delegation）和放权（Devolution）。所谓分权是指将部分权力转移到组织内的其他部门。分权虽然把权力从中央转移到地方上或更低的层面，但中央仍保持着很大程度的控制权。授权就是中央当局把权力授予更低层面的政府或准自治的组织，但是这种权力随时可以根据需要由中央收回。放权就是中央把有关的权力转让给一个能独立行动的单位，而权力一旦下放，不得随意收回。

教育分权化可从两个方面展开，一是中央与地方分权，二是政府与学校分权。中央与地方分权主要涉及教育行政分权，就是将中央教育行政机关的部分权限通过一定的方式划归地方，使地方具有相对独立的行政权限。政府与学校分权，主要涉及学校管理分权，就是将原属于政府管理教育的部分权力下放到学校，使学校能够相对独立办学，提升办学的灵活性与积极性。分权化的目的是通过分权，理顺中央与地方、政府与学校的关系，达到共同治理的目的。就中央与地方分权而言，唐纳德·温克勒（Donald R.Winkler）归纳了常见的教育分权化政策，从表4-1可以看出，教育分权化并不意味着中央政府对教育管理权责的完全放弃。

表4-1　中央政府在分权化体制方面的政策

政策工具	政策目标	举例
信息与培训	改进地方行政能力和技术专长	在学校组织、课程、教师资格、要求提高的知识等方面规定所要求的最低标准，在人事管理和财务管理方面培训地方管理人员
财政激励	对利益外流（benefit spillovers）增加补偿	若地方教育开支提高到所期望的水平，中央政府将提供配套资助
重新配置	减少横向和纵向的不平等	中央政府向地方学校提供生均资助，资助值与地方生均税收基数成反比（横向关系），或与地方生均教育消费水平成反比（纵向关系）
规章制度和指令	从教育标准的界定意识到积极的外部利益（positive external benefits）	建立地区或国家对等级提升或学校毕业的标准化考试体系
国家化	通过某些教育职能的集权化实现规模经济	中央政府担当下列责任：开发某些学科的课程、教材，也可能开发一个合理的标准化考试体系

就政府与学校分权而言，校本管理是教育分权的重要的表现形式。台湾学者秦梦群认识到，分责分权的模式是引发学校内部教学改革的关键所在，从传统的“以主管教育管理机构为中心的管理”走向“以学校为中心的管理”，将成为未来世界重要的发展趋势。作为校本管理的积极倡导者，澳大利亚学者卡德威尔（J. CaldweU）也把校本管理看作是教育管理的一项重要发展，认为“如果绝大多数国家都考虑发展自我管理学校，那么，自我管理学校趋势的出现几乎是不可逆转的”。

（二）权力重心的下移——校本管理

校本管理强调教育管理权和管理重心的下移，把中小学作为决策的主体，运用分权、授权、协作、团队等组织行为学的原理和技术，来构筑学校与外部（上级主管部门、社区等）及学校内部（校长、教师、学生等）的新型关系。

20世纪80年代中期，在美国开始广为推行“校本管理”（School-Based Management）这一学校内部管理体制改革。“校本管理”就是以学校为本位或以学校为基础的管理，强调教育管理重心的下移，学校成为自我管理、自主发展的独立法人实体，从而提高学校管理的有效性。它的核心在于致力推行以学校为中心的教育，将教育的责任与权力转移到学校层面，合理地分配和管理学校资源（知识、技术、权力、材料、人员、时间和财政），把学校视为“自行管理系统”（Self-Management System），从而使每所学校拥有自由度和灵活性，创造性地适应教育目标，尤其适应学生的需要。校本管理模式的产生反映了西方教育管理哲学从“外控式管理”向“内控式管理”的转变。校本管理的形式有多种，在国外，特许学校是校本管理的重要体现。在美国，作为一种新型的公立学校，特许学校主要由公共教育经费支持，由教师团体、社区组织、企业组织或教师个人申请开办并管理，在相当程度上独立于学区的领导和管理。特许学校在享受相当的自主权的同时，须承担相应的责任，而办学者必须提出明确的办学目标，并与地方教育当局签订合约，一旦学校不能履行职责，达不到预先商定的目标时，提供经费资助的政府主管部门有权中止合约。

教育管理未来发展的趋势之一是权力和责任向教育系统中的地方与学校转移。中央所确定的课程框架和效能核定标准尽管依然有效，但学校在如何满足社会期待方面拥有很大的自由度。与此相伴的综合改革在澳大利亚、英国、加拿大、新西兰和美国十分活跃。而其他大多数国家也开始进入这种改革进程或正在规划之中。各国分权化的原因虽各有不同，但总体上是与政府角色的变化相吻合的。当这种变化出现于教育领域时，就要求政府关注确定方向、提供资源并制定问责的框架。与此同时，要在中央所确定的框架之内，赋予学校一定的权力和责任，由学校确定满足学生种种需求的特定的方式方法。近年来，我国教育分权化有一定的发展，如地方获得了一定的管理权限，校本管理在中小学普遍认可并得到实施。

三、社会参与

近年来，我国教育财政投入虽有明显的增长，但并没有从根本上解决中国教育财政资源不足的问题。国家财政性教育经费占GDP的比例一直处于较低水平，明显低于国际通行的4%~4.58%的比例。总体投入不足，区域之间、城乡之间、学校之间经费相差较大，因此，非常需要相关社会组织进行教育援助。

非营利组织教育援助是当前与未来主要的教育援助方式。非营利组织是指那些以服务公众为宗旨，不以营利为目的，组织自身具有合法的免税资格，并能提供给捐赠人减免税资格的组织。目前，中国基础教育领域中的非营利组织主要有五种类型。①个人基金会，包括两种：其一是只出资不提供教育设备，如李嘉诚基金会；其二是出资并提供教育设备的国际非营利组织，如福特基金会。②官方非营利组织，如青少年发展基金会（地区以下称希望工程办）、中华慈善总会、工会等，它是目前最活跃和最主要的民间力量。③智力投资型组织，注重政策咨询服务、教育问题研究等。④网络草根组织或志愿者协会，通过身体力行来支援，如西部阳光行动、香港苗圃行动、复新学校等。⑤民办学校，包括民办小学和民办中学。

国际教育援助在当前我国教育援助中也发挥着日益重要的作用。国际教育援助是指国际援助方对受援方在教育领域提供贷款、无偿赠款及专业技术资源。根据资金来源的不同，国际教育援助可划分为多边教育援助、双边教育援助和非政府组织教育援助。国际教育援助改善了发展中国家的教育条件，促进了国际教育。

“西部阳光行动”由“西部阳光基金会”主办，秉持多元价值，致力于通过为大学生参与农村教育搭建平台，传播自我探索（self-exploration）、朋辈学习（peer-learning）、服务学习（service-learning）等理念，以引导大学生赴贫困农村开展优质志愿服务（儿童成长营、劳动、社区活动和调研等）为范例，引领大学生用职业精神做公益，从而提升大学生的幸福感、共情能力、社会责任感和公益行动力，使其成为各行业中具有优秀职业品质的公益行动者。

“香港苗圃行动”是一个非宗教、非政治、非牟利的慈善机构。“苗”是代表学生，“圃”是代表学校，而“行动”则表示以身体力行.用实际行动来帮助中国贫困山区的失学儿童，使他们能重返校园，并资助重建危校，让他们能有一个安全的学习环境，并有计划地优化师资。它的目标是放眼中学，协助地区发展，使其自力更生。透过“实地考察、直接资助、长期跟进”的工作守则，务必使善款得到有效利用。

“复新学校”地处安徽省涡阳县高公镇吕湖村，是由关心乡村教育的人士建立的非营利性的公益学校，学校的老师主要来自全国各地的志愿者，学校以志愿者为主体进行管理和教学。希望以志愿者形式来推动乡村平民教育，提高全民素质。

合作与交流，对世界教育发展做出了积极贡献。随着国际形势的变化，国际教育援助也有了新的发展，更加重视援助的效果、援助的协调和援助的软件建设，更多地采取部门援助、计划援助，更加强调第三方机构的参与。这对我国未来教育援助事业的发展将起到积极的作用。

第三节 现代教育管理的法治化

依法治教是指国家为推动教育事业发展，规范各种教育行为，依照国家法律、法规管理教育的法治行为。权力使用的理性化是现代教育行政的重要特征，依法治教、依法行政是国家管理教育走向成熟的标志。教育事业是一项既庞大又重要的事业，其协调发展需要强有力的权力参与支持，这有赖于国家建立起一套合理的立法与行政制度。

依法治教是依法治国方略的重要组织部分，是建设现代教育的必然要求，也是教育自身发展的需要。近年来，我国教育已经走上一个法制化的新阶段。人们已经充分认识到依法治教的必要性、重要性和紧迫性。但也应清醒地看到，教育法制建设是我国法制建设中极为薄弱的环节。存在着教育法治意识比较淡薄，教育法律体系不够健全，依法治教执行缺乏力度，依法治教监督不到位等一系列问题，这应该引起我们足够的重视。

一、健全体系

依法治教首先有赖于建立健全教育法规体系。纵观改革开放以来我国教育立法的发展，国家先后颁布施行了《教育法》《教师法》《义务教育法》《高等教育法》《民办教育促进法》《普通高等学校管理规定》《实施教育行政许可若干规定》等一系列法律法规，逐步形成了全方位、多层次地维护各种教育事业发展的法律保障体系。教育立法更为科学、严密，更具有操作性。但还应当看到，我国教育立法相对于教育的快速发展来说仍然滞后，没有能够跟上快速发展的时代要求。社会经济发展的不均衡导致教育资源配置失衡，人民生活水平的不断提高促使城乡居民对优质教育的需求十分迫切，高校招生、中小学素质教育、农民工子女就学等问题已受到社会公众的普遍关注。这些都应该是未来教育立法需要关注的新课题。

二、依法治教

依法治教的重要内容首先是依法行政。《教育规划纲要》中强调，各级政府要按照建设法治政府的要求，依法履行教育职责。探索教育行政执法体制机制改革，落实教育行政执法责任制，及时查处违反教育法律法规、侵害受教育者权益、扰乱教育秩序等行为，依法维护学校、学生、教师、校长和举办者的权益。为此，教育依法行政应从以下几方面做起：①建立教育领导和管理人员人事制度，切实提高教育行政人员依法行政的意识和能力；②建立教育法制工作机构，确立教育法律审核制度和教育行政机关工作规范，确保教育行政的制度化、规范化；③建立教育行政告知制度和综合执法机制，严格依法实施行政处罚；④改革教育行政审批制度，落实行政执法责任制；⑤加强网络建设，推进教育政务公开、信息公开；⑥建立沟通制度和教育法律顾问制度，加强教育立法与热点问题研究。

依法治教的另一重要内容是依法治校。《教育规划纲要》中指出，学校要建立完善符合法律规定、体现自身特色的学校章程和制度，依法办学，从严治校，认真履行教育教学和管理职责。总的来说，依法治校就是依法扩大学校办学自主权，使学校成为面向社会、依法自主办学，能够参与教育竞争，具有法人资格的实体。

依法治校调整的是学校内部关系。学校要制定和完善学校章程及各项管理制度，加快内部管理体制改革，优化内部管理结构，努力提高办学质量和效益。要建立健全工会组织和教职工代表大会制度，注重民主管理，保护教职工合法权益，激发教职工工作的积极性。具体而言，现代学校依法治教至少具有三个方面的含义：健全的学校教育法规；法定化的办学程序与流程；学校法人地位的落实。健全的学校教育法规，指的是学校根据国家和地方的法律、法规要求而制定、颁行的符合自身特点的法规制度，它对学校的每个人以及所有的教育教学和管理行为都具有约束力。

三、依法维权

法律是相对弱势群体的保护伞，在各行各业关系中依法维护教育权益，在政府和社会关系中依法维护学校权益，在学校关系中依法维护学生权益。

法律救济是依法维权的重要手段，教育法律救济指的是教师、学生对学校或教育行政部门的决定不服而提起的申诉、行政复议和行政诉讼，对于保障学校、教师和学生的合法权益，对于监督政府依法治教，推进教育法制建设和维护教育法律权威具有重要意义。

当前我国教育法律救济存在不少问题。①现有的救济方式存在权利真空，不能为所有的权利主体提供有效的救济。以行政复议、行政诉讼为例，受案范围仅限于对侵犯教师、学生人身权、财产权的具体行政行为，排除了大部分隐性侵犯行为。②申诉、复议、诉讼三种救济方式互不衔接，三者范围不一致、不明确，对三者如何衔接缺乏明确的规定。申诉作为复议、诉讼的前置程序在行政诉讼的被告确定问题上不合理。③申诉、复议等行政系统内部救济方式在制度设计与运行中存在着问题。申诉和复议作为行政系统内部的救济方式，起到了行政系统自我纠错、替司法救济先行过滤的作用，但这两种制度仍然存在受案范围规定不清、实践中管辖不明确、申诉时限规定不合理、复议缺少专门的法律法规或规章的规定等问题。④诉讼途径不畅通，使教师、学生权益缺乏有力的司法监督，司法最终原则没有得到真正体现，

未来的教育法律救济首先应坚持以人为本的理念，加大教育法律救济的制度建设。教育法制化是教育现代化的重要标志之一，教育法律救济作为教育法制化的重要组成部分，应当在救济教师、学生权利和调整教育行政管理关系方面发挥巨大作用。其次，完善学校内部的救济方式，加强事前、事中救济。世界上许多国家不仅注重校外救济手段，还大力发展学校内部的救济方式。主要是由学校内设的权利申诉或救济委员会解决学校与教师、学生之间的纠纷。从世界发达国家教育法律救济制度的成功经验来看，设立学校内部的救济方式有利于教师、学生

的权利得到迅速、有效的救济，而且能够弥补事后救济的不足。再次，进一步完善申诉、复议等行政系统内部的救济制度。明确申诉和复议范围，完善申诉和复议的正当程序要求，加强申诉、复议决定的执行力，改革申诉、复议与诉讼三者的衔接方式。最后，明确对学校和教育行政部门部分行为的司法审查。将司法救济作为教师权益法律救济的主渠道，确立教师仲裁制度，改进教师行政救济制度，加强教师权益的程序法保护。

依法治教工作意义重大，在未来的教育管理中，需要进一步强化依法治教工作，推动依法治教工作快速发展。按照全面实施依法治国基本方略的要求，加快教育法制建设进程，完善中国特色社会主义教育法律法规。加快教育立法的步伐，加强教育执法的力度，端正教育守法的认识，完善教育法规实施的监督。克服法律虚无主义和法律万能论的错误倾向，加强教育法学的研究工作，群策群力搞好教育法制建设，为我国教育改革发展提供有效的法律保障。

第四节　现代教育管理信息化

"云时代"即"大数据"时代到来，在这个时代，人们在各个领域的决策日益基于数据和分析，而不是基于经验与直觉。这促使教育管理走向信息化，走向一种产生"教育大数据"、分析"教育大数据"、利用"教育大数据"的新时代。这就使得教育管理信息化成为我国未来教育管理发展的重要走向。在《教育规划纲要》中，将教育信息化建设作为国家教育规划重大项目与改革试点之一。教育管理信息化，就是指利用计算机的数据管理和信息处理功能来支持教育管理职能，帮助管理人员监测、调控、评价和指导各项教育工作，并为之提供有效管理决策的重要信息，以便促进管理活动效果与效率的提高。在当前与未来的教育管理信息化建设中，尤其要重视电子政务与电子学籍建设，通过强化网络管理，促进信息化工作健康、有序的发展。

一、电子管理

（一）电子政务

电子政务是政府和学校运用现代信息技术，将管理和服务职能通过精简、优化、整合和重组后在互联网络上实现，以打破时间、空间以及条块分割的制约，从而加强对业务运作的有效监管，提高管理效率，并为师生和社会公众提供高效、优质、廉洁的一体化管理和服务。随着我国信息化建设的快速发展，传统的教育管理和服务模式已经很难满足学校发展和师生需要。加快推进电子政务建设，提高信息化管理的水平，已成为教育发展的当务之急。

电子政务可以对教育管理实现技术支持。主要表现在以下几点。①电子政务可提供教育行政机构和学校领导与教职员工进行有效沟通的渠道，保证决策的科学性和民主性。②电子政务能为学校内部的信息沟通提供简捷有效的方式，提高工作绩效。③电子政务通过统一的协同工作应用平台让各级教育机构实现资源共享、信息交换与信息应用，为教育决策提供强有力的信息支持。④电子政务可为教育领导者提供有力的信息支持和专业技术知识支持。⑤电子政务可建立有效决策反馈机制，保证教育决策在实施中不断得到修正和改进。

（二）电子学籍

电子学籍即学籍电子化、数字化，是随着科技、电子、信息等产业的发展而兴起的一种新生事物。通过建立电子学籍，每位学生从小学到高中的“电子学籍”记录，将成为招生录取的重要依据之一。

电子学籍的利用使学籍管理更快捷、更方便。①电子学籍充分实现了信息共享，通过网络满足异地利用的需要。由于采用了统一联网的电子学籍系统，电子学籍信息可在一定范围内实现共享，各级用户均可以在网上查阅学籍信息。②管理员可对电子学籍进行统一管理，既能为全校师生、领导提供电子检索、查阅，又能打印所有学籍管理的表册，包括毕业生名册、学籍卡等，为学历认证等提供依据。

一般的电子学籍系统主要具有以下功能。①城域网架构，实现对学籍数据全面统一、实时动态的管理，实现资源共享，信息互通，极大方便了招生、转学、注册和统计等工作，微观和宏观两方面工作均得到加强。②数据延续性，系统采用“学籍识别码”作为学生的唯一标志，学生数据在系统存续期间，“学籍识别码”唯一且永不改变。学生学籍数据一旦进入系统，便可延续利用，永久保留，除非用户主动删除。学生档案资料从小学到高中连贯存续，不受升学、转学影响。③数据高度共享，区域内数据的集中为共享提供了前提，省级用户可以直接查看市级、县级数据，市级用户可以查看县级数据。高一级学校招生或录取新生时，可以直接调取学生在低一级学校的档案数据。④高度安全考虑，为保证教育行政部门中心数据库的安全性，以及多用户数据并发问题和网络数据带宽问题，学校客户端采用三层客户机/服务器结构实现，界面层通过中间层网络服务器访问数据库，保证了数据库的安全性，提高了链接的利用率和访问速度。⑤离线登录功能，为了照顾无条件上网的学校，系统特地设计了离线登录功能。⑥导入功能强大方便，为充分利用学校现有的电子数据资源，减轻数据录入的工作量，系统设计了非常强大、方便的导入功能。⑦导出方式所见即所得，用户可以自定义数据显示的字段，所有在界面中看到的数据结果，均可导出为Excel文件，导出得到的结果就是在界面中看到的结果。⑧操作界面简洁友好，系统尽量简化业务逻辑和操作流程，采用Word式的操作界面，软件功能一目了然，模块之间不过分依赖，即使在对软件不是很熟的情况下，也能通过界面引导和自我摸索轻松掌握，真正做到“无师自通”。⑨教育部统计报表功能，电子学籍系统具有强大的数据挖掘、统计分析功能，区域内基本情况和综合数据自动提取一目了然，并能输出符合教育部最新格式的“教育事业统计报表”。⑩完全依照国家相关标准开发，具有规范、标准、通用的特点。

二、网络管理

（一）网络对学生身心状况的负面影响

网络时代对学校教育产生了深远的影响，它既能促进学生成长和发展，呈现给学生丰富多彩的画卷，又对学生的身心健康产生消极作用，学生的思想意识、心理健康、学习能力等会受到网络中所隐含的不健康的、颓废的、破坏性内容的影响。这有社会大环境外部的原因，也有学校自身内部的原因。①多元文化的相互交流和相互影响加深，导致人们的各种思想观念发生许多碰撞。对于学生而言，这些文化现状对他们的道德思想、价值观、行为等方面的影响冲击是巨大的。这种环境的影响虽然让他们开阔了眼界，思想多元化，但也造成了部分学生思想道德、价值观的混乱。②网络的虚拟性、多元化、隐蔽性和相对的自由性，也给错误、消极的舆论导向造成可乘之机。学校是人群聚居地，以班级或宿舍为单位，密切程度和交流频度都非常高，而舆论一旦兴起，就往往不会再局限于对事件本身的议论，人们总是要追溯导致事件发生的政治、经济、工作、生活问题或矛盾，甚至会借题发挥，议论、抨击其他业已存在的各种问题。③对于学校而言，学校管理者与教师的网络管理水平也是造成网络现状堪忧的原因之一，有些学校对其认识、理解和掌握的程度还有待提高，如对网络认识模糊、观念老化，不能准确把握网络道德教育，驾驭网络的能力不强等。

（二）加强学生网络管理

有鉴于此，在未来的教育管理中，加强学生网络管理刻不容缓：①加强对学生外在的制度约束。在强调道德主体性的自律的同时，也要根据学生网络道德素质的实际情况，有针对性地建立和完善网络道德的外在约束机制。制定比较完备的学生网络行为准则，使学生的网络行为有章可循；建立和健全学生网络行为监督和管理机制；加强网络上的舆论引导，充分发挥班级学生干部的积极性，在班级中设定专门的网络调查人，随时跟踪网络的动态，及时对出现的不良信息进行回应和引导。②提高学生的自我防范意识和防范能力。要充分利用教育教学、专题报告、校园网站、校园文化活动等载体，加强对学生的网络道德教育，帮助他们树立科学的网络观。③搞好网络法制教育，培养学生的法制意识，规范学生的网上行为。教育工作者可以在通过各种途径介绍有关国际互联网的各项法律、法规以及规章制度方面的知识，并提供一些违反网络道德和网络法律、造成一定后果的实例，使上网的学生了解相关的法律知识、吸取相应的经验和教训，自觉抵制网络垃圾的侵蚀。④加强学校校园网站的建设与管理。学校教育工作者可以通过完善校园网的管理和建设，引导学生正确地利用网络。学校可以组织一批掌握网络技术、心理教育知识的专门人员及时更新、充实校园网的内容，完善网络服务，用新颖健康、积极向上的内容和优质的服务去吸引学生。⑤注重培养一批有责任心、事业心、懂网络技术、心理学知识的专业的思治教育工作者。鼓励他们努力探索新的工作方式、方法和手段，以提高新形势下思想政治工作的效率和效果，引导学生正确合理地利用网络。

三、智能管理

（一）教育管理信息系统

伴随着知识管理的产生与运用，信息技术及其基于信息技术的管理系统也越来越受到人们的重视。教育管理信息系统（Educational Management Information System，简称EMIS）就是其中的一种。它是为提高管理效率，根据一定的目标与要求，借助IT（信息技术）而设计开发出来的系列的管理软件。

EMIS具有以下特点：①能够进行全方位的信息化管理，实现信息共享。EMIS是集合教学管理、后勤管理、办公管理、科研管理等于一体的网络化的信息管理系统，包含学校基本情况信息子集、学生信息子集、招生信息子集、教育信息子集、教职工信息子集、教学管理信息子集、科研信息子集、体育卫生信息子集、办公管理信息子集、仪器设备与实验室信息子集、图书管理信息子集等多个部分。整个系统具有很好的关联性，避免大量的人工输入、手工操作，充分利用信息资源，使学校管理从烦琐的手工劳动中解脱出来，实现高效的计算机管理。教师、管理人员和学生可以通过与软件系统配套的网站进行基本信息核对及有关信息的查询。②以模块为单位进行管理系统的整体设计。管理系统一般包含上述子集模块，各模块之间既有相对独立性，又有密不可分的关联性、依赖性和协调性，在总体设计上具有稳定性与安全性等特征。③管理系统功能强大、界面清晰、操作简便、内容丰富。

EMIS给学校教育、教学与管理工作带来了新的契机，为教育教学管理信息化和现代化开拓了一条宽广的希望之路，同时也给传统的教育、教学和管理提出了严峻挑战。教育教学和管理的EMIS化，是通向教育管理未来的必由之路。

（二）知识管理

知识管理是一种新型的学校管理思想，它既继承了校本管理的精神，又融合了知识经济形态的特点，是未来教育管理发展的一个重要趋向。主要目标是将学校内部的个人和组织的默会知识转化为外显知识，通过创造、利用和传播新的知识，不断增加学校知识资源，提高学校的核心竞争力，更有效地展开教学、管理与研究。

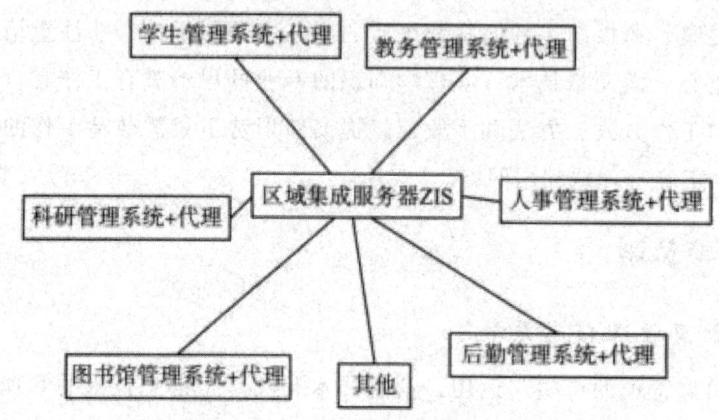

图 4-2　单区域的EMIS架构

在未来的教育管理中，学校知识管理应当从以下几个方面做起。①观念更新与组织创新。使全体教职员工都认识到知识是学校的最重要资源，知识共享对于学校组织发展的重要意义，认识到建立知识交流、共享与创新机制的必要性。更新学校组织机构，组建知识管理的机构组织，将其纳入学校整体机构组织之中。②重视知识获取、存储。知识管理是从知识的采集开始的，知识工作者和知识管理者要利用知识管理系统的一切有利因素，采用各种策略采集组织内外知识资源，尤其要挖掘植根于学校师生员工头脑内的默会知识，使其充分外显化，成为组织知识。同时，通过整理和加工，提炼出对学校发展有用的知识，作为知识资源积累起来，进行分类统计，建立知识仓库，使之条目清晰，内容明确，便于检索和查询。③实现知识共享。学校知识资源管理的原则是在不危害学校发展的前提下，最大限度地促进知识的交流、传播和共享，彰显知识在学校组织运行中应有的作用。这包括建立有效的知识共享体系、知识交流体系和知识传播渠道，广泛参加社会经济、技术知识交流活动，建立健全外部知识网络，从外部汲取各种知识资源，等等。④知识创新是核心。学校知识管理的核心工作，就是根据学校发展的实际需求，将已有知识资源转化为学校发展的动力，通过促进知识资源的应用为学校创造价值，并在知识的应用实践中，积极主动地对各种知识进行综合、分析与研究，不断地创造出新知识，再将新知识投入到学校的生产经营活动中，创造更大的价值。⑤建立团队文化，构建学习型组织。各类知识资源的获取、应用、创新都是在具有优越的人力资源的基础上进行的，学校应积极培育员工的团队精神与价值观，建立交流、共享知识的文化氛围。通过文化建设激发教师们的荣誉感和责任感，建立共同愿景，使全体教职员工的意愿与组织目标高度统一，以达到自我管理、自我控制、自我激励的目的。鼓励学校员工树立终身学习的观念，重视教师的继续教育和培训，使学校始终保持独特的竞争优势。

第五节 现代教育管理国际化

在经济全球化的背景下，加强国际文化教育交流与合作成为一种必然趋势。现代教育本身就是一种国际现象，是互相学习、互相交流的结果。教育部发布2022年度我国出国留学人员总数已经达到66.21万人。在出国留学的66.21万人中，国家公派留学为3.02万人，单位公派留学为3.56万人，其中自费留学高达59.63万人，中国已成为世界上最大的留学生生源国。

教育管理国际化是在教育国际化与经济全球化的背景下，人们对教育管理提出的新要求，它对于促进国际教育交流与合作，培养具有国际视野、通晓国际规则、能够参与国际事务和国际竞争的国际化人才具有重要意义。以下主要从中外合作办学、留学服务与学历互认三方面予以简要阐述。

一、合作办学

中外合作办学是指我国具有办学自主权的教育机构与其他国家的教育机构（或社会组织）合作举办的教育机构或者以其他形式开展的教育活动。合作办学是教育管理国际化最重要的表现形式，经过多年发展，我国中外合作办学的基本方针已经实现了从：“积极慎重、以我为主、加强管理、依法办学”到“扩大开放、规范办学、依法管理、促进发展”的转变。

（一）中外合作办学的内在规律与动因

中外合作办学具有其内在规律与动因，主要体现在以下几点。

①新兴的市场力量对教育办学体制存在着强烈的变革需求。中外合作办学是学校引进和吸纳国外教育资源，利用国外资金和师资提升我国教育办学水平的主要途径。②政府作为改革开放的主导力量，对办学体制的变革同样具有内在的需求。《教育规划纲要》中强调，“加强国际交流与合作。坚持以开放促改革、促发

展。开展多层次、宽领域的教育交流与合作，提高我国教育国际化水平”，“加强与国外高水平大学合作，建立教学科研合作平台，联合推进高水平基础研究和高技术研究。加强中小学、职业学校对外交流与合作”。吸引境外知名学校、教育和科研机构以及企业，合作设立教育教学、实训、研究机构或项目。鼓励各级各类学校开展多种形式的国际交流与合作，办好若干所示范性中外合作学校和一批中外合作办学项目。③教育内部市场的供需变化。如在高等教育领域，随着高等教育办学体制改革的推进，中国逐渐形成了“一主多元”的高等教育办学体制。因为供给和需求的变化，中外合作办学可以提供补充供给，以满足市场的过剩需求。同样，中外合作办学也提供了差异供给，从而满足学生的差异需求。④“不出国的留学”可以和出国留学展开竞争。中外合作办学机构和项目有着诸多竞争优势，完全有条件满足大部分渴望接受国外优质教育的需求。

（二）中外合作办学的价值与意义

中外合作办学具有重要的价值与意义，它可以及时引进国外的先进师资和先进教学，直接学习和借鉴国外的比较有益的教学经验、管理方法和教育管理经验，锻炼和培养双方的师资和管理队伍，增添教学设备，更新教学手段，改善相应的教学保障条件。合作方通过实行自主招生，在自主管理方面探索经验，有利于特色办学，满足学员和有关方面的要求。

（三）中外合作办法的问题

中外合作办学也面临一些问题，主要表现在以下几个方面。①支持中外合作办学学校的模式力度不够。现在大多数是学校的二级学院接触联系，从学校整体建设、创建一流学校角度考虑进行合作办学的比例相对较小。②学科专业应该有一个比较合理的分布。目前学科集中在管理类，而自然科学、工程技术、特别是新兴科学技术方面，像生命科学、新材料、信息等涉及的还比较少。③中外合作双方应该建立真正合作的机制。现在一般是在国内一年，国外两年，两段截然分开，不利于中方学校的成长，也不利于对方学校成长。

（四）中外合作办学的形式

中外合作办学主要有以下几种形式：①联合课程，指两个或两个以上教育机构同意联合开发可以由其共同开设的课程或教学项目，学分在两个参与的教育机构之间可以互换和认可。②分支校园。分支校园（Branch Campus）也称为海外分校（Off-shore Institution），指某国一个学校在另一国建立一个分支校园，向第三国或者海外学生提供课程。③特许办学。是指一国的教育机构授权本国或者第三国的教育机构使用授权者的品牌，在其他国家开设授权国教育机构的课程，授予学历或学力资格。这种跨国办学形式是不同国家教育机构间的合作，特许办学的学生可以来自授权国，也可以来自被授权国或者其他国家。④网上学习。网上学习（On-line Learning）也被称为虚拟大学（Virtual School），它是指学习者所需的学习材料通过邮寄或网上传递来获得，在学习者所在国自我组织学习的过程。

（五）中外合作办学的特点和趋势

目前合作办学还表现出一些新特点。①传统教育机构与专门化培训机构的融合。在国际合作办学中，教育机构和各种专门化学习、培训机构之间的界限淡化，出现了不同程度的融合。②合作办学除了传统的教学与学术合作，还出现了很多新形式的合作。越来越多的学校纷纷与国外其他不同类型的教育机构、企业建立联合体，以新的教学方式来满足不断增长的国际教育需求。③营利性机构的数量不断增长。在传统学校和私立教育机构不断扩大私立教育的推动下，营利性教育及其合作形式的活动在各个教育领域中所占份额越来越大。

在未来的教育管理中，要加强中外合作办学工作。①加强立法保障。在法律保障方面，尽管每个国家采取立法手段对跨国办学的保障侧重方面各有不同，但共同的目的都是分辨质量低下的不同类型教育提供者。因此，我们要采取实际有效措施来阻止不可靠的提供者，保护海外“消费者”的利益，提供帮助“消费者”鉴别不良提供者和可靠提供者的途径。②注重政策支持。在政策保障方面，要制定留学生奖学金、移民与签证政策。放宽移民政策，增加签证名额，改善签证的程序与进度等。③强调质量提升。建立中外办学真正合作机制，支持中外合作办学的模式改革，从学校整体建设、创建一流学校角度考虑进行合作办学，扩大学科专业分布。随着我国教育水平的不断提高，应推动我国高水平教育机构海外办学，广泛开展国际合作和教育服务。支持国际汉语教育，提高孔子学院办学质量和水平。加大教育国际援助力度，为发展中国家培养培训专门人才。拓宽渠道和领域，建立高等学校毕业生海外志愿者服务机制。

二、学历互认

学历互认是指为实现教育交流，培养国际性人才，根据一定的原则与方法，国际间或地区间实行的不同级别学历的相互认可。由于国家间或地区间教育情况有别，教育制度不一，培养方式差异很大，因而在不同教育阶段的教育结果与效果也不一致，造成国家间或地区间学历与学位互相割裂，无法等值和融通。如果不能有效地解决这一问题，致使国家间或地区间的教育交流与合作产生壁垒，教育国际化的进程就会大受影响。为此，《教育规划纲要》中强调，要扩大政府间学历学位互认。

为更好地促进我国教育国际化水平，在学历互认方面，我国政府积极协调外国或地区政府和教育行政部门，做好学历互认工作。截至2023年，我国已经与58个国家和地区签署了协议。我国还将继续推进与欧洲的学历学位互认工作，签署学历学位互认工作的意义在于说明中国的高等教育质量和标准得到了各国的认可，这对未来的国际人才交流具有重要的价值与意义。

三、留学服务

留学服务是指各种留学服务机构为有意向出国留学的人员提供系列服务，帮助留学人员实现留学目的的商业活动。留学服务包括提供留学策划方案，为留学人员制订留学计划，包装留学意向者的经历，提高留学人员的签证率，提升留学人员选择优质学校的机会等。

（一）留学服务前景广阔

经济全球化需要大量的国际性人才。作为培养国际型人才重要渠道的国际留学教育越来越被人们所重视。从国内外的学习条件看，由于国外出生率减少等原因，优质教育资源出现过剩甚至闲置的现象，而我国目前的优质教育资源还不能满足所有学生接受优质教育的强烈愿望，因此，留学市场前景广阔，留学服务市场潜力巨大。

（二）合法的留学中介仍深受人们的青睐

从我国教育部公布的统计数字显示，近20年来，我国有90%的留学申请者是在留学中介机构的帮助下实现留学目的的。但近年来，随着互联网的迅猛发展，留学申请人与中介服务机构之间原本信息不对称的问题得到缓解，各类国际教育展频繁亮相，招收中国留学生。虽然如此，研究调查发现，留学中介仍是我国的主导留学服务方式。在留学中介服务中，教育咨询成为出国留学服务的“主菜”。现在留学中介服务已不是简单地与国外学校联系、办理留学签证申请手续等简单行为，随着国际留学质量的不断提升和人才多元化发展趋势，国内留学咨询的质量得到明显提升。在留学申请者决定负笈海外求学时，大多选择留学中介机构咨询，因为申请者的阅历和经历不够，对自己的职业人生与留学的关系不甚了解，不注重留学个性设计，需要留学咨询的顾问给予帮助。现在不少合法留学中介拥有一批有经验的、熟悉国外情况、有良好素质的专门人才，他们能为留学申请者提供各项专业服务。虽然，留学生可以从各种渠道获取各类信息，但对所获信息、材料的筛选甄别是一个颇为复杂的过程。至于与国外校方联系、材料制作、签证申请等具体事情也并非一蹴而就，没有相当的外语水平、专业知识、判断能力是难以成行的。

（三）网络服务成为留学服务的主要手段之一

随着出国留学人员的膨胀，国际的交流日益增多，人们所需要的帮助已不仅仅局限于简单地获取留学信息，他们需要更为实用的服务项目。网络化服务能将现有的留学信息优势与便捷的网络平台结合起来，利用互联网平台，以信息技术为载体，以提供实质服务为内容，从留学人员的需要出发，推出实用的网上服务措施，具有服务全程透明化、全程协助、费用低廉等优点。

（四）服务内容重点从帮助留学人员出国转至帮助留学人员回国就业以及促进外国留学生来华留学

随着中国经济的发展，大量的海外留学人员回国发展与回国创业意识明显加强，他们回国后成为我国技术革新、经济发展的重要力量。为推动留学人员回国服务，留学服务机构借用网络平台，通过网络媒体、举办专场招聘会等方式积极构建回国服务体系，简化留学人员回国的手续，从学历学位认证、工作派遣、人事档案保存、落户等方面为留学人员回国做好一条龙配套服务。同时，由于我国历史文化深厚，近年社会经济迅猛发展，国际地位日益提升，越来越多的外国留学生选择来华留学，如何为外国留学生做好高质量的服务工作，使他们方便快捷地来华留学，也是当前及未来留学服务工作的重要内容之一。

虽然近年来我国留学服务机构日益壮大，服务水平与质量得到很大的提升，但是留学服务还存在诸多的问题需要改进，主要表现为品牌形象缺失、企业管理无序、营销结构失调、附带消费不足等。要想提高留学服务的品质，提升服务质量，应该从以下几点做起：一要合理定位；二是高效推广；三是差异化服务；四是完善补救服务；五是塑造企业文化等。从而推进集约化经营，提升留学服务机构的品牌，提高留学服务质量。

留学服务拥有巨大的市场容量和潜力。社会经济的发展，留学渠道的演变，以及留学信息的透明化等为这一行业的发展提出了更高的要求。在未来的教育管理中，应强化留学服务机构组织建设，直面挑战，抓住机遇，与时俱进，审视内外市场环境，考量组织自身发展状况，加大品牌建设，发挥组织优势，真正提高竞争地位，从而更好地做好服务工作。

（1）面向现代化、面向世界、面向未来是现代教育管理的必由之路，通过科学决策、标准管理、绩效问责，实现教育管理科学化。

（2）促进管办评分离，通过民主决策、共同治理和社会参与，形成政事分开、权责明确、统筹协调、民主化的教育管理体制。

（3）适应国情和时代要求，建设依法办学、依法治教、依法维权，建立法制化的现代教育管理体制。

（4）教育管理的信息化是未来发展的重要走向，电子管理、网络管理和智能管理，构建政府、学校、社会之间新型关系。

（5）随着全球化的发展，教育管理日益国际化，其形式主要有中外合作办学、留学服务与学历互认。

第五章　特殊教育学校的校园管理

第一节　特殊教育学校的校园环境管理

一、特殊学校环境

环境是人类赖以生存和发展的社会和物质条件的综合体。特殊学校环境是指在特殊学校内对特殊儿童身心发展产生影响的物质与精神要素的总和。它是由特殊学校的校舍建筑、设施设备、教职员工、特殊儿童以及各种信息要素，通过一定的教育观念、文化习俗所组织、综合起来的一种教育空间、范围和场所。这种空间、范围和场所既是物质的，又是人文的；既是开放的，又是相对封闭的；既是保育的，又是教育的。

特殊学校环境按其性质可分为物质环境和精神环境两大类。特殊学校物质环境是指特殊学校内对特殊儿童身心发展有影响作用的各种物质要索的总和，包括校舍建筑、校内装饰、场所布置、设备条件、物理空间的设计与利用、各种材料的选择与搭配等。特殊学校精神环境指特殊学校内对特殊儿童身心发展产生影响的一切精神要素的总和，主要包括教育观念与行为、特殊学校文化氛围等。特殊学校物质环境是以教育目标为出发点，根据不同年龄特殊儿童的生理心理特点，结合教育内容、教育重点，有目的、有计划、有步骤地进行统筹安排、合理布置的。因此，特殊学校物质环境是特殊学校精神环境的载体，特殊学校精神环境是融合于特殊学校物质环境之中的，是通过物质环境的物质化、具象化而呈现出来的。

二、特殊学校环境的特点

（一）环境的教育性

特殊学校作为专门的特殊儿童教育机构，其环境创设与其他非教育机构有着显著区别。它是根据特殊学校教育目标以及特殊儿童的身心发展特点，有目的、有计划、有组织地精心创设的。在特殊学校教育中，环境创设不仅是美化的需要，更是教育者实现教育意图的重要中介，教育者根据不同年龄特殊儿童的生理心理特点，结合教育内容、教育重点，统筹安排、合理布置，将教育意图隐含其中，让环境说话，让环境引发特殊儿童的行为。环境是课程的载体，是师生对话的媒介，是教育交往的底板。教育在环境中进行，特殊儿童在环境中互动，特殊儿童在观察、操作中探索和思考，增进了对环境的认知，培养了发现问题、分析问题和解决问题的能力，发展了运用感官认知和运用语言交往的能力。

（二）环境的可控性

特殊学校环境与外界环境相比具有可控性，即特殊学校环境的构成处于教育者的控制之下。具体表现在两个方面：一方面，社会上的精神和文化产品、各种儿童用品等在进入特殊学校时经过了精心的筛选甄别，取其精华，去其糟粕，以有利于特殊儿童发展为选择标准。另一方面，教婶根据教育的要求及特殊儿童的特点，有效地调控特殊学校环境中的各种要素，维护环境的动态平衡，使之始终保持在最适合特殊儿童发展的状态。教师通过对环境的调控，为特殊儿童的发展创造了条件。

特殊学校环境的教育性与可控性之间是相互联系的，环境的教育性决定了环境的可控性，使可控性有了明确的标准和方向，而可控性又保证了教育性的实现，二者具有相互依存、相互制约的关系。

三、特殊学校环境的影响因素

（一）物质条件

物质条件包括特殊学校的场地、校舍设备、材料、空间结构等，是特殊学校环境的重要组成部分，也是教师与特殊儿童在校活动的物质基础。物质条件与特殊学校教育的关系十分密切，影响与制约着特殊学校教育的质量。特殊学校是特殊儿童重要的生活环境与学习环境，具备基本的物质条件，是特殊学校环境创设的基础，也是特殊儿童发展的基本需求。特殊学校环境的创设，必须考虑满足特殊儿童身心发展的基本需要，拥有保证特殊儿童在校进行满足各种基本需要的设备、设施与条件，结合特殊学校的各级教育目标，科学合理地选择材料与安排空间。

（二）教师的教育观念和行为

特殊儿童教师是特殊学校中对特殊儿童发展影响最大的因素。在一定的物质条件具备后，教师的观念和行为是影响特殊学校环境质量的决定因素。首先，教师的思想、态度、情感和行为本身就是构成特殊学校环境的要素之一。其次，由于特殊学校的各种环境都是教师根据教育的要求及特殊儿童的特点精心创设与控制的。因此，如果教师具有正确的观念与行为，就可以敏锐地发现特殊儿童的各种需要，协调各方面的因素，创设一个良好的发展环境，促进特殊儿童的发展；如果教师不具有正确的观念与行为，则会对特殊儿童的需要视而不见，对环境中各种有利的因素不能加以充分利用，对不利因素不能进行有效控制，就不能保证环境的整体质量。

（三）特殊学校文化

相对于人与物等可见的因素而言，特殊学校文化比较抽象，但对特殊学校环境质量的影响却是巨大的。我国社会的改革开放、经济的飞速发展，呈现出文化的多元性，有外来的、本土的、现代的、传统的，它们互相交织，渗透到社会每一个领域，使得人们的生活方式、生活习惯等发生了很大的变化，这一变化也影响到特殊学校的教育生活。浓郁的特殊学校文化是精神环境的重要内容，选择和追求不同，会使特殊学校的文化品位和格调出现高低之分、文野之分、雅俗之分，其教育意义也随之迥然不同。特殊学校文化对于特殊学校整体环境具有十分重要的影响作用，它影响着特殊学校的精神风貌，对全校的教职员工和特殊儿童都有着潜移默化的作用。因此，在围绕教育目标选择教育内容时，教师需要考虑正确的价值观导向，确保特殊学校的教育质量。

四、特殊学校环境与特殊儿童发展

儿童的发展是在与环境相互作用的过程中实现的，特殊儿童的认知、情感和社会化发展始终来自于和环境的相互作用中。良好的特殊学校环境可以有利于净化、美化特殊儿童的生活和学习环境，有利于陶冶师生的性情，有利于丰富师生交往的内容，有利于激发特殊儿童对环境的探索和热爱，起到了树德、增智、强体、溢美、创新的作用，全面促进了特殊儿童的身心健康发展。

（一）促进了特殊儿童的认知发展

特殊学校环境是一个特殊的教育环境，是教师根据既定的教育目的与要求，有目的、有计划地运用环境中的各种要素，为特殊儿童创造出来的具有教育功能的环境。《儿童的一百种语言》中写道：“让每个孩子的智力、情感、社会性和道德潜力都得到精心的培育和引导，学校的主要教育手段和工具吸引着孩子们在一些诱人的长期方案中流连忘返，而这些方案都是在优美、健康和充满爱意的环境中进行的。”环境是课程设计和实施的要素，教师依据教育目标和特殊儿童身心发展特点，对环境进行规划、设计和营造，规划特殊儿童的生活、学习及游戏空间，赋予特殊学校环境以教育功能，使特殊学校成为内容丰富、.生动形象、富有生命力的活教材，成为特殊儿童的知识宝库。在教师的精心设计、创设以及合理调控下，特殊学校环境具备了认知激发性和认知指导性，使特殊儿童处于积极的探究状态。教师精心创设的环境，首先具有各种不确定的因素。这有助于引发儿童主动探究的欲望。大多数材料是低结构、多功能的，这为儿童提供了发展以多种方式作用于同一材料和以同一方式作用于多种材料的机会。而且，设施具有挑战性，儿童能以较小的步调在自己原有的基础上主动发展。这样的环境可以启发特殊儿童的智力和调动儿童思维，产生新的想法。其次，环境具有相关性。它能把引起特殊儿童相互经验的各种因素结合在一起，构筑新知识。再次，环境还具有弹性。它根据特殊儿童的需要不断变化，也就是让特殊儿童与环境“对话”。教师通过引发、支持特殊儿童与周围环境的积极互动来引导特殊儿童发现问题和解决问题，培养特殊儿童有效地与环境互动的能力，让特殊儿童在与环境的互动中学习知识，发展认知，获得学习和探索的方法。

（二）促进了特殊儿童技能的发展

任何实践活动都是在环境中进行的，特殊学校环境为特殊儿童提供了参与、表现和实践的机会和条件。特殊儿童与环境的互动是培养特殊儿童关键能力的典型，它融合了语言、动作、表征等关键能力发展。在互动中，特殊儿童通过对周围环境中大量玩具和材料的操作，体验各种材料的特性，在操作、转换和组合各种材料中，发现事物之间的关系，发展自身的关键能力。室内环境的布置与美化，使环境、教育与特殊儿童技能发展结合在一起，特殊儿童通过参与设计、操作实践，激发了好奇心和求知欲以及探索、观察、发现周围事物的兴趣和能力。在这种环境实践中，特殊儿童掌握了动脑动手、独立思考的基本素养和实践能力，促进了语言能力、动手操作能力的提高，培养了创造意识、创造能力和创新精神。同时也培养了感受美、欣赏美、表现美和创造美的情趣和能力。此外，教师通过角色、情节的创设等适时的指导，还可使不同的区域环境发生彼此的联系，促进环境间的互动、交流，丰富特殊儿童的多方面经验，并感受这些经验之间的密切联系，利于特殊儿童关键能力的培养和发展，让特殊儿童体验交流的乐趣，感受合作的快乐和成功的喜悦。

（三）促进了特殊儿童情感的发展

特殊学校是特殊儿童学习、生活和游戏的重要场所。研究表明，优美的特殊学校环境也是进行美育，促进特殊儿童良好品德行为习惯形成的有效途径。优美活泼的学校环境表现出了艺术、审美的集合，是内容和形式的完美统一，处处给人美的享受，可以陶冶情操，起到潜移默化的积极作用，利于特殊儿童良好品德行为习惯的养成。良好的特殊学校环境可以动之以情，激发特殊儿童的兴趣，愉快地接受教育，帮助特殊儿童明是非、知善恶、识丑美、言行文明、举止大方；另一方面，优美的环境本身就是一种规范，具有很强的约束力和导向功能，使孩子们最终能够调节心理平衡，达到情感共鸣和理性认同，使自己在身心发展的内在需要上和周围环境融为一体。同时，还可以增强特殊儿童对环境的了解，培养特殊儿童热爱自然、美化环境、保护环境、热爱环境的良好情感。此外，优美的特殊学校环境还利于师生的身心健康：

（1）当特殊儿童一进入优美的特殊学校环境，就会显现出一种心理上的满足感，自己能在这样的环境里生活、学习、游戏，还会激发出自豪感。

（2）使特殊儿童有一种安逸感。特殊学校优美的自然环境或较多的绿色植物对人的心理有奇妙的安静功能，它使中枢神经轻松，并通过中枢神经系统对人的全身起良好的调节作用，使特殊儿童从暄闹的环境一进入安静优雅的环境时，脑神经系统即可从刺激的压抑中解放出来，心理上感到安逸愉快。

（3）使特殊儿童有一种活力感。校内自然环境中的绿色能促使人体分泌出一种有利于健康的生理活性物质，给师生以生机勃勃之感。长期在优美的、具有较大的活动空间中生活、学习、游戏，还能培养特殊儿童一种宽容、豁达的心理素质。

（4）使特殊儿童有一种舒适感。特殊学校绚丽多彩的颜色与稀放出的芳香物，对大脑皮层有一种良好的刺激，它可以消除焦虑，稳定情绪，使人感到舒适。研究表明，绿色在人的视野中占25%时，能消除眼的疲劳，使人的精神最舒畅。

第二节　特殊教育学校的校园环境创设

一、特殊学校环境创设中的现存问题

《特殊学校工作规程》明确指出，要创设与教育相适应的良好环境，为特殊儿童提供活动和表现能力的机会与条件，促进每个特殊儿童在原有的水平上得到不同的发展。然而，特殊学校的环境创设存在着一定的问题。

（一）片面化

特殊学校环境内容都比较简单、零散，缺乏整体布局意识，给人一种不平衡、不系统的感觉，环境创设内容片面化。同时，环境创设的空间利用不够充分。表现在特殊学校的环境创设只重视室内和墙壁的布置，忽视特殊学校内其他空间对特殊儿童教育所隐藏的作用，使特殊学校环境的教育功能大打折扣。此外，只注意环境创设的单向作用，特殊学校环境创设的指导思想与创设方法不是从教育特殊儿童的角度出发，较多的是停留在特殊学校环境整洁、有序、美观上，为了装饰，完成布置任务，只追求外在的形式，而不注意发挥环境在教育教学中的作用。

环境是重要的教育资源，能够体现教育目的和要求的环境才是适宜的。特殊学校环境应该是不断发展变化的，即环境中的材料、内容要随着特殊儿童的发展进步而变化，依据特殊儿童的学习与成长需要而变化和调整。特殊儿童的学习内容包含了不同的领域，特殊儿童的生活环境经历了四季的交替，特殊儿童的学习方式富有强烈的个性色彩，特殊儿童的生活经验在不断积累增长。因此，特殊学校环境应遵循教育规律，伴随儿童的发展需求和儿童生活经验的更新而变化。特殊学校环境的变化不是跳跃的、摇摆的、无序的，而是遵循着特殊儿童的学习特点、成长规律和教育内容发展变化的。教师应依据对儿童的观察和了解，对教育环境中所涉及的资源、材料、工具、物品等元素进行调整和改变，引导特殊儿童对环境资源进行有效利用以达到发展的目的。

（二）成人化

环境创设只注重成人的提供，忽略特殊儿童的介入。为了环境布置的完美性，往往由成人“自编、自导、自演”，很少让特殊儿童参与，只是让特殊儿童充当教师布置环境的观赏者，机械地接受成人的安排，这样的布置过程，不利于特殊儿童思维的发展以及个性和创造力的培养。环境创设在内容上过多重视作品的精致、漂亮、完整，以成人的审美为取向，缺乏对环境创设的研究和创新，教师根据自我需要和审美考虑环境创设，而没有关注特殊儿童的感受和课程要求，没有从特殊儿童的兴趣需要出发，忽略环境创设的整体性、教育性和参与性，对特殊学校教育和环境的理解过于片面和狭隘，致使环境成人化，环境创设成为教师的独角戏。

环境成为资源的过程也应该是师生互动的过程。特殊学校环境中教师、特殊儿童、环境、材料等因素要相辅相成、相互作用、相互结合，既不是成人的高控，也不是特殊儿童自然随性。仅靠一方的独自活动只能使环境变成暂时的兴趣，而不是持久的资源。教师参与环境的方式有时是显性的、直接的、有声的，有时是隐性的、间接的、无声的，但无论何种形式都必须渗透教师理性的思考，反映教师的专业化水平。一般来说，教师的作用主要表现在结合教育目标设计内容，提供必要的环境保证，收集、整理教育资源和材料，组织特殊儿童讨论和交流，对特殊儿童的活动能力进行分析、评估、指导等。特殊儿童参与环境创设主要体现在能够及时关注环境中的变化，愿意操作、摆弄、运用环境中的各种资源，能够按照教师的要求完成任务，例如选择小组、确定合作伙伴、收集资料、记录自己的意见等，遵守集体活动秩序和自主活动规则，用自己的方式展示经验与发现。

特殊学校是儿童生活、学习、接受教育的场所。因此，特殊学校环境是否适宜应首先看环境中的元素及其蕴含的要素是否具有儿童性，即是否符合儿童的学习特点和规律，是否符合儿童的审美标准，是否有利于促进儿童发展。首先，环境中的物品和材料要被特殊儿童喜欢和接受，能吸引特殊儿童的关注，激发其探索和学习的欲望。这些物品和材料颜色要亮丽，搭配要艺术，操作要方便，适合创造，位置适宜。其次，环境空间作品内容要尽可能来源于儿童生活，反映儿童世界。无论是对生活和学习经验的梳理、对身边事物的观察，还是绘画、手工、艺术等作品，都应首先选择那些由特殊儿童原创、充满稚嫩但又纯真的作品。儿童性特点要求特殊儿童教师创设的环境要以特殊儿童的需要为核心，为特殊儿童发展服务，为特殊儿童所熟悉和喜欢。这是创设环境中首先要思考和做到的。

二、特殊学校环境与课程

环境是教育的一个组成部分，环境具有教育的内涵。特殊学校环境首先应当是有利于特殊儿童学习与发展的环境，反映本阶段教育的任务与内容，向特殊儿童与家长提供丰富的各种教育信息；同时，特殊学校环境还应当适宜社区文化背景与经济发展条件，反映当地和社区文化背景与特色，使特殊学校成为特殊儿童认识家乡，了解民族文化传统的场所。环境作为一种“隐性课程”，可以映照出思想、价值、态度以及身处其中的人们的文化，在开发特殊儿童智力、促进特殊儿童个性方面，越来越引起人们的重视。

（一）环境生成课程

课程生成的内容如儿童的兴趣、儿童的活动、环境中的人和事物以及生活事件等，这些都来源于特殊儿童身边的环境，环境为课程生成提供了内容来源。环境创设与材料提供对课程的生成与发展起着重大影响。环境是课程设计与实施的要素，环境是不设时间表的“课程”。环境既是教育的背景，也是教育的手段，同时又是教育自身。有目的、有计划地创设并利用良好的教育环境，可较好地达成教育目标。因此，从课程设计的总体观念到具体课程的实施，环境一直是教育者所考虑的因素。教育者要时刻关注特殊儿童对周围环境的兴趣，以便寻找课程的生成点。环境生成课程，课程主题来源于特殊儿童与环境的互动作用。特殊儿童通过对环境的观察和材料的操作，不仅能发现许多有趣的现象，更能产生出许多有价值的探索点。特殊儿童在情境中随意性的发挥，往往容易引发课程的生成。教师要善于发现和捕捉这些有价值的点点滴滴，并及时转化到课程之中，使之在群体中发扬、扩大。同时，特殊儿童在教师的指引下又会生成更多的教师意想不到的课程，这是一个循环往复的过程。特殊儿童处于丰富多彩的环境中，必然会对各种各样的新鲜事物产生疑问，有利于教师捕捉教育契机，生成课程。

（二）课程创生环境

特殊儿童的感知觉和思维都是建立在具体客观事物的基础上，只有在特定的环境中，特殊儿童才能理解一些抽象概念，并进一步去探索和生成课程。环境是为主题而创设的，主题与环境是密不可分的。它的主题选择是来源于特殊儿童与周围环境的互动中，它的进行需要特定环境的支持，只有依靠环境才能更深入、更具体地开展。在课程进行中需要不断更新环境，让环境课程化，以利于课程的不断延伸。适宜的环境创设是特殊儿童与特殊儿童、特殊儿童与成人、特殊儿童与物之间互动的关键性因素，为他们之间的互动提供了条件，同时也有助于课程的顺利生成。教育由复杂的互动关系所构成，也只有环境中各个元素的参与，才是许多互动关系实现的决定性关键。特殊儿童来自不同的家庭，有着不同的生活环境，他们的兴趣、经验各不相同。因此，他们往往在与环境的互动中，会自发地生成许多不同的主题，这些主题最能表现特殊儿童的需要，反映特殊儿童的最近发展区水平。如果没有环境的支撑，没有为特殊儿童提供有关主题的资料以及活动所需的材料、时间、场地等，那么主题就不可能进行下去。环境的支持与介入实现了特殊儿童与特殊儿童之间，特殊儿童与教师以及家长之间，特殊儿童与物之间的积极互动，课程的进行是否顺利直接与环境因素密切相关，课程创生着环境，环境支持着课程。

由于特殊儿童的认知、情感和探究活动始终来源于和环境的相互作用，特殊儿童与环境相处的方式直接影响活动的质量。而生成课程又是发生在某种特定的环境中，是一个系列的探究活动，需要一种既稳定又不断发展变化的环境来支持。因此，环境的创设也应随着课程的开展不断地进行变化，变静态的环境为动态的环境。也就是说，有些环境信息要着特殊儿童的兴趣和能力、课程内容、季节、节日及主题活动的发展变化，不断提供适宜的材料，让环境随时得到补充和调整，使环境永远对特殊儿童保持新鲜感，保持极大的吸引力，使特殊儿童与环境产生积极互动，经常能从环境中获得新知识、新经验、新发展。

（三）环境记录课程

马拉古奇说："我们的墙壁会说话，也有记录的作用，利用墙壁的空间暂时或永久地展示特殊儿童及成人的生活。"环境记录了特殊儿童、教师、家长开展课程的整个过程，为他们提供了相互学习、交流、反思的平台。生成课程能超越事先的计划性，诞生于即时的情境、突发的事件中；而且它的产生和良好发展不是由教师也不是由孩子来控制的，而是教师和特殊儿童互动合作的结果，通过自由地发表想法、建议，提出问题，讨论，相互启发，在思维的碰撞中产生新的火花、新的主题。这就要求教师要善于从教育情境中捕捉契机，利用自己敏锐的观察力和丰富的课堂记录以及对记录的整理和反思，积极与特殊儿童产生互动，引导课程适时向各种有利于特殊儿童发展的方向延展。因此，环境记录不仅再现教邪的想法，促使教师的自我反省，而且增加教师之间的经验分享，为下一个课程的生成提供多角度的思考；为特殊儿童提供了重新检视、反省和解释的机会，有利于课程往深处开展。同时，也让家长了解到孩子学习的所作所为，为他们参与生成课程提供了依据。

三、特殊学校环境创设的原则

特殊学校环境创设的原则是教师创设特殊学校环境时应遵循的基本要求。这些基本要求是根据特殊儿童教育的原则、任务和特殊儿童发展的特点提出的，特殊学校应加强环境的管理，遵循这些基本原则，对环境进行科学的创设。

（一）安全性原则

安全性原则是特殊学校环境创设的首要原则。由于特殊儿童年龄小，自我保护能力差，如果环境的安全系数不高，一旦出现意外后果不堪设想。因此，要使特殊儿童在适合他们健康成长的环境中生活、学习、游戏，安全、卫生是重要的条件。特殊学校环境创设必须服从于卫生和安全的要求，以保证特殊儿童身心健康发展。

在环境创设中，教师必须顾及到特殊儿童身心两个方面：

一是心理安全。考虑环境对特殊儿童的心理影响，以全体特殊儿童为立足点，提供尽可能丰富的物质条件和和谐、平等的心理环境，让特殊儿童能深切地感受到教师的关心和爱护、大家的尊重和欢迎，感到像在自己家里一样的温暖，从而可以轻松愉快地在环境中生活.、游戏和学习。

二是身体的安全。教师要把对设施、设备、玩具、教具、操作材料等所有物质材料的安全和卫生要求放在首位。特殊学校环境的创设一方面要注意设备设施、玩具器材、操作材料等放置的位置要安全、适宜，还要注意创设材料对特殊儿童是否容易造成伤害。特殊学校应当采用坚固性比较好、不宜破碎、无锐边利角、无毒、无害、无细小零件脱落的材料，使用前应先将这些材料进行清洗，设计制作要尽可能做到轻巧、美观、易保持清洁、可清洗、可消毒。区域投放的材料要符合卫生要求，定期更换、清理、消毒，让特殊儿童在活动时有安全感和舒适感。大型体育玩具如转盘、蹦床的锣丝要定期检修，破损的地方要及时修补，要确保孩子在活动过程中不会因为器材的不安全而出现意外。对较为贵重的设备材料，要先教会特殊儿童掌握操作规则，并可以先在教师的指导和帮助下进行操作活动。特殊儿童活动的场地应平整，避免有凹凸。不同界面之交角处应做成圆弧形，还应采用适当的、有相当柔性和防滑的材料，绿地不得选种带有毒性、带刺状或有黏液排出的植物及有极强染色特性的植物。基地边界、游戏场地、绿化等用的围护、遮栏设施应安全、美观、通透。另外，还要关注安排的场地空间是否狭小、拥挤让特殊儿童有压抑感，活动时是否会互相干扰，检查场地是否平坦，场地周围是否有破碎的玻璃、铁钉等以免对孩子造成伤害。同时，还要教育特殊儿童不要接近危险的地方，如电插座、电线等。

（二）目标一致性原则

特殊学校环境是特殊学校教育的重要资源，是特殊学校课程设计和实施的要素，教师要提高对环境教育功能的认识，更新教育观念，增强创设环境、利用环境的自觉意识，积极提高现有环境的利用率。在创设特殊学校环境时，应使环境创设的目标与特殊学校教育目标相一致，使特殊学校环境能够影响与控制特殊儿童的行为，引发特殊儿童符合教育目的与要求的行为，充分发挥特殊学校环境的教育性功能，避免只追求美观，盲目提供材料布置环境的现象，做到环境为教育目标服务。

(1) 环境创设要有利于教育目标的实现。特殊学校教育目标是促进特殊儿童的全面发展，要求教师在环境创设时，要根据特殊儿童身心发展全面性的特点，关注特殊儿童的体、智、德、美四方面教育，从整体上设计安排，克服随意性和盲目性，把它渗透在整个特殊学校环境创设中，使特殊学校环境创设也具有全面性的特点，让环境的每一部分都有利于特殊儿童体、智、德、美各方面的全面发展，对特殊儿童身心发展产生整体效应。

(2) 依据特殊学校教育目标，对环境设置作系统规划。为了保证环境的教育性，在创设环境时应目标明确，而且要把目标落实到月计划、周计划、日计划以至每个具体的活动中，以目标为依据，与教学内容相结合来创设环境。在制订学期、月、周、日及每一个活动计划时，根据教育目标、任务和特殊儿童当前的兴趣与需要以及特殊儿童身边的人或事等课程生成来源进行规划，考虑为了达到目标需要有怎样的环境与之配合；现有的环境因素中，哪些因素对教育目标的实现是有用的；哪些环境因素还需要创设等，将这些列入教育计划并积极实施，围绕课程创设环境。特殊学校环境的创设要根据当前的教育目标和特殊儿童的现有水平做整体考虑，分期变换创设，使环境具有动态发展性，环境创设服务于课程的发展。

（三）适宜性原则

适宜性原则是指根据特殊儿童的年龄特点和能力、个性的差异，设计多层次的特殊学校环境，使其适宜于每位特殊儿童。同一年龄阶段特殊儿童，其兴趣、能力、学习方式方面都存在很大差异，其发展的速度也具有一定的差异。环境创设要适应特殊儿童的这种差异，教师不但要从本班特殊儿童的知识基础和实际能力出发，在尊重特殊儿童共性的基础上，还要关注个别差异，既要考虑发展快的特殊儿童，又要照顾发展慢的特殊儿童，也要兼顾特殊需要的特殊儿童，要让每个特殊儿童的兴趣、爱好在不同的环境中得到提高和发展，促使每个特殊儿童学会与环境交往，并都能在适宜的环境中获得不同程度的发展。

特殊儿童正处在身体、智力迅速发展以及个性形成的重要时期，有多方面的发展需要。同时，处于不同年龄阶段的特殊儿童，身心发展特点和需要表现出不同的年龄特征，对环境的要求也有所不同。并且，特殊儿童的身心特点和发展需要还会随着其年龄增长而发展变化。特殊儿童的生理和心理年龄特征决定了他们对学习环境和学习内容的兴趣，特殊儿童的兴趣、需要又制约着特殊学校教育主题、内容及其表现形式。特殊学校环境创设应与特殊儿童身心发展的年龄特点和发展需要相适宜，尊重特殊儿童的年龄特征与兴趣爱好，环境创设的内容、形式和材料投放都要体现层次性、递进性和适宜性。各年龄班之间应有承上启下的过渡联系，才能满足不同年龄阶段特殊儿童的需要。因此，特殊学校环境是一个螺旋式发展过程，使不同年龄、多方面发展需要的特殊儿童都能在不同时期、多姿多彩的特殊学校环境中获得全面发展。此外，特殊学校环境应联系特殊儿童的生活实际，强调更多地通过特殊儿童对生活中实际问题的探究来获得直接经验，提高特殊儿童解决实际问题的能力，为特殊儿童的自我教育创造一个有效的平台。

（四）引导性原则

为特殊儿童创设的环境应该是开放式的、生动活泼的环境，能够影响与暗示特殊儿童的行为，引发特殊儿童符合教育目的与要求的行为。特殊儿童不仅能够利用环境中的各种设施材料，让特殊儿童自由选择材料与活动内容，与环境中的各种材料交流，而且能够与环境中的人（教师和同伴）进行自由交往，让环境为特殊儿童的交往服务，为教育服务，促进每一个孩子在不同交往水平上的发展。

教师创设的环境应能使课程朝纵深方向发展，引导特殊儿童的不断探索。课程生成于特殊儿童的活动，特殊儿童的活动反映特殊儿童的兴趣，这些活动的开展如果没有得到教师的鼓励和支持，有可能很快就随情景的变化使特殊儿童无法探索，也可能只停留在原有的探索水平上。如果教师能及时发现特殊儿童的活动，并创造相应的环境，引导特殊儿童深入探讨他们所关心的问题，那么，既可以满足特殊儿童的需要，又可以使课程往纵深方向发展。特殊学校环境创设应强调环境的引导性、支持性、启发性和丰富性，支持特殊儿童和活动材料间的相互作用所形成的动态的、能诱发特殊儿童主动发展的范围。第一，由于特殊儿童不是消极被动地接受外界环境的影响，他们总是按照自己的兴趣、需要、知识经验、能力和意愿对客观环境做出选择性反应，并主动地与这些环境进行交互作用。教师创设的环境应适宜特殊儿童的年龄特点、身心发展水平、兴趣、能力、特殊儿童的知识经验和认识水平，充满童心童趣。第二，教师创设的环境应具有丰富性。环境里蕴含的信息量越多，对特殊儿童的刺激越强烈，越能激发特殊儿童主动地去获取大量信息的积极性。因此，在特殊学校环境创设中要尽可能地体现出多元文化信息、能力经验、智力与非智力因素。第三，教师创设的环境应体现启发性和引导性。环境中所提供的信息刺激无论是形式上还是内容上，不仅要能引起特殊儿童观察，还要能诱发特殊儿童利用这些信息进行积极思考和探索，引导特殊儿童的行为和发展。

（五）参与性原则

特殊学校是以特殊儿童为主体的活动场所和环境，其中的一切都是为特殊儿童的教育活动而准备的，所以特殊学校环境的创设应该把有利于特殊儿童的参与放在首位。特殊学校环境的教育性不仅蕴含在环境之中，而且蕴含在环境创设的过程中。特殊学校的环境创设必须以特殊儿童为主体，创设特殊儿童熟悉、喜爱和积极投入的环境，让特殊儿童感觉到自己是环境的主人，并能主动参与到环境的布置中去，从参与过程中获得知识，促进特殊儿童的认知和操作技能的发展。环境创设的过程是特殊儿童与教师共同参与合作的过程，教育者要有让特殊儿童参与环境创设的意识，给特殊儿童创造条件，为他们提供机会，采纳和吸收特殊儿童的建议并请特殊儿童一起参与环境的创设，使特殊儿童主动参与到活动中，保证特殊儿童有充分利用环境的自由。通过特殊儿童集体构思、设计、制作和布置等过程，师生共同讨论主题，共同设置布局，人人出谋划策，人人都来承担一份责任，真正发挥特殊儿童的主体性和参与性。使教师由环境的主宰者变成观察者、倾听者、合作者、决策者，特殊儿童由被动的依附者变成计划者、设计者、布置者，充分认识到自己的能力，意识到自己是环境的主人，真正展示和发展了任务意识、责任意识、主动学习意识与分工合作、讨论、决策的能力以及发现问题、解决问题的能力，让特殊儿童在其中发现自己、了解自己，体验成功、找到自信。

（六）经济性原则

我国近几年来经济发展速度较快，但由于人口多，底子薄，经济水平仍相对较落后，所有的特殊学校都应当发扬艰苦奋斗的精神，勤俭办校。此外，特殊学校的教育不仅仅是特殊学校内部资源的开发与利用，还应该本着开放的原则，根据校内外各种信息、课程资源和本校实际情况，将可利用的特殊学校以外的人、财、物等资源充分利用起来。特殊学校应采取积极的态度，不仅要考虑校内环境要素，同时也要重视校外环境的各积极要素，主动获得家庭、社区的支持和配合，充分利用社区资源，开源节流，选择、利用外界环境中有价值的教育因素，充分发挥特殊学校外部教育资源优势，总结积累有关材料和资源，使特殊学校内外环境有机结合，实现环境资源共享，协同一致地对特殊儿童施加影响。

四、教师在特殊学校环境创设中的作用

（一）准备环境

准备一个与教育相适宜的环境是教师的职责。教师在准备环境时的作用主要表现在：

(1) 让环境蕴含目标。引导、支持、促进特殊儿童发展是环境创设的意义核心，让特殊儿童处于一个理想的学习环境应成为教师创设环境时努力追求的境界和尽力实现的目标。拥有一个理想的学习环境就意味着拥有了经历高质量学习过程的可能。教师必须带着明确的目标准备环境，将周围的人际因素和物质条件精心地加以组织，让环境中的一切负载教育信息，让环境引导特殊儿童的行为。

(2) 激发特殊儿童兴趣。环境要体现教育目标，也必须符合特殊儿童的需要和兴趣，但特殊儿童的兴趣无论广度和深度都很有限，对自己的需要也往往难以自我意识到。因此，环境创设必须充分考虑特殊儿童的认知特点和认知发展水平，只要是特殊儿童发展所必需的东西，都应当将其纳入环境中，并引导和发展特殊儿童的兴趣。教师在准备环境时应遵循从儿童需要出发，坚持儿童发展优先的原则，充分关注特殊儿童的学习兴趣与态度，尊重特殊儿童的学习需要与方式，并重视特殊儿童的学习过程与成效，使特殊儿童能够根据自己的兴趣、能力主动寻找他们需要的东西和想做的事情，能有足够的时间和空间去探索并有机会展现自己的才能，以有效地促进特殊儿童的成长，更好地吸引孩子的兴趣，从而增加环境创设的价值。

(3) 引导特殊儿童参与环境准备。环境毕竟是用来供特殊儿童活动的，因此，贯彻特殊儿童参与原则是教师准备环境时最重要的内容之一，也是教师发挥作用的最重要的一个方面。教师应当为特殊儿童提供机会，在轻松的讨论中，以集体、小组、个别等多种形式让特殊儿童各抒己见，引导特殊儿童发表意见，让特殊儿童自己思考、自己设计、自己布置，亲历收集材料、布置环境的过程，发展其动手操作能力、审美能力，还培养了特殊儿童的合作学习能力，体验参与布置、协同准备环境的乐趣。很多特殊学校的实践证明，特殊儿童积极参与准备和创设的环境，最受特殊儿童喜欢，最能引起特殊儿童的关注和投入。

（二）控制环境

教师控制环境的作用是指教师能利用环境来激发和保持特殊儿童的活动积极性，帮助特殊儿童利用环境的条件来发展自己。教师控制环境的作用，大致有几个环节：诱导特殊儿童进入活动；帮助特殊儿童展开活动；指导特殊儿童解决纷争、困难或情绪问题；帮助特殊儿童结束活动。在每个环节中，教师都使用“直接”和“间接”的教育方式，通过灵活地变换角色，促进特殊儿童与环境中的人际因素和物质材料有效地相互作用。

（三）调整环境

环境不是凝固的、僵化的、一成不变的，它必须随着特殊儿童的兴趣、需要、能力的变化以及教育目标、客观条件的变化而不断变化。经常调整环境，使环境保持适合特殊儿童发展的最佳状态，是教师的重要作用。教师要对环境与特殊儿童的相互作用保持高度的敏感，最好每一天甚至每次活动后都重新审视一下环境，及时地通过调整来保持环境的发展性、教育性。这样，环境才不会静止在一个水平上，才能与特殊儿童的发展保持动态的平衡。

准备环境、控制环境、调整环境，这就是教师在特殊学校环境创设中的重要作用。教师是环境的命脉，环境中的物质材料、人际因素以及与特殊儿童的关系和相互作用都是由教师来调控的，特殊儿童在环境中的活动也是由教师直接或间接引导的，没有教师的主导作用，特殊儿童在环境中的发展是不可能实现的。

第三节　特殊教育学校的校园建筑规划与布局

特殊学校是特殊儿童生活的场所，是每个特殊儿童健康成长的摇篮。特殊学校适宜的地段、合理的房舍、清新的空气、合乎要求的采光与照明、宽阔的活动场所以及合适的设备和材料等，不仅是保证特殊学校教育教学活动顺利进行的必要物质条件，也是促进特殊儿童身心健康发展所必不可少的的物质基础。特殊学校建筑环境不仅是设计师和建筑师根据有关规定创造的物质产品，而且应该融入特殊学校管理者的办校理念和实践经验，应当体现本校的办学理念和本校文化。每一座校舍都是一个时期、一个地方、一群人审美观念、文化底蕴的现实标志，因此，在校舍设计前和建筑中园所管理者应主动思考，与设计人员交流本校的办园特点以及对校舍的设想等，供设计师和建筑师充分地思考、领会，从而进行能反映本校特色和使用需求的设计和建筑，以构建能体现以特殊儿童幸福成长、利于特殊儿童活动、突出个性化和讲究效益为设计理念的、富有童趣的特殊学校环境。

一、校内布局

特殊学校的建筑规划要考虑整个校内的布局，需作整体规划，因地制宜，合理布局，体现以小见大、功能齐备、和谐统一。要对特殊学校进行整体规划布局，并将科学、自然、和谐、现代、适合特殊儿童成长的需要作为规划布局的基调。特殊学校建筑环境基本上包括三大部分：房舍，户外活动场地和绿化地带。布局上还要注意合理的功能分区。一所规范的特殊学校按其功能可分为若干个单元，如特殊儿童各班的保教单元、集体活动单元、行政管理单元、后勤事务单元、隔离单元等，全校各单元之间要加强有机联系，以利于特殊儿童生活、学习和特殊学校保教管理。

（二）房舍

特殊学校房舍总的建筑基底面积宜为校园总面积的10%，以留有更大的空间作为活动场地和绿化地带。主体建筑物正面宜朝南或东南；与相邻建筑物的距离应为相邻建筑物垂直高度的2倍，以保证房舍内有良好的通风和充足的光线。根据特殊儿童的生理特点，建筑物以三层为宜，楼梯宽1.2米以上，坡度2~3：1，每级台阶高12厘米，深30厘米，楼梯应有保护栏和扶手，可以在楼梯一侧设置滑梯道，使特殊儿童在下楼时也能活动和游戏。考虑到消防和隔离需要，宜设置户内户外多处楼梯，楼上窗户应安上保护装置，阳台应有70厘米高的围墙，室内1.2米以下的所有建筑棱角应为圆角，避免突出物，电源插座要隐蔽，墙面和地面不用粗糙材料。

特殊学校房舍外观担负着传达信息、美化环境、吸引投报者、迎合特殊儿童喜好等作用，其外观形象及色彩需要体现其场所的性质，同时也要体现它在同类性质场所中的特质。以房舍外观形象与色彩来营造特殊学校形象是比较经济、高效的设计方法。每个特殊学校因其所处地区、教育特色、办学理念的不同，其外观形象设计也应有所不同，以表明此处是特殊学校，甚至具体到它是XX特殊学校或它是怎样的一所特殊学校。特殊学校的校舍建筑可采用童话城堡式建筑，要造型新颖，错落有致，富有童趣。在色彩上要温馨、恬静、淡雅，给人以童趣和美感；也可以采用粉色系列的建筑群，配上深色的琉璃瓦，充满活泼和动感。

（二）户外活动场地

特殊学校的户外活动场地包括游戏场、体育场和凉棚等。各班应有专用游戏场，并靠近各班活动室；游戏场面积每名特殊儿童应为2.5平方米，一般每班有60平方米，要求地面平坦，沥水，可环绕1.5米高的冬青树或篱笆围地。在有条件的特殊学校可以设置公共体育场，总面积以每名特殊儿童2.5平方米计算。还可设淋浴装置和喷水戏水池，池水深0.25~0.3米，面积16~20平方米，以调节温、湿度，美化环境。凉棚可设置在各班游戏场附近，面积按每名特殊儿童2平方米计，棚高4~5米，以便特殊儿童能四季户外活动。

户外活动场地是特殊儿童体育活动的主要场所，要让特殊儿童亲近阳光和空气，遵循安全、实用的原则，尽量不要出现水泥地，有条件的特殊学校要有草地、泥地和坡地。也可在地上铺上塑胶地毯，配备坚固、耐用、平滑的大型活动器具及简单、轻巧、美观的高密度塑料组合玩具。户外活动区内的运动器械可以以鲜艳、丰富的色彩吸引儿童，营造充满童趣、童真的乐园，激发他们参与活动的积极性。但在铺装、维护物上需要适当地控制色块的大小与种类，避免环境色彩过于复杂。

户外环境要做到绿化、净化、美化。户外活动场地要卫生、安全、舒适，特殊儿童在场地上开展丰富多彩的晨间锻炼和户外体育活动，特殊儿童可以随意在地上走、跑、跳、坐、卧、滚、爬。根据特殊学校的经济条件，还可以设置石子路、土堆与盘山小路、破地、小石桥等，使户外活动场地有高有低、有凹有凸，有硬有软、有曲有直、有阶梯有平地，使户外活动环境立体化、层次化、动态化，满足特殊儿童好奇好动的天性，给予特殊儿童多种感官刺激，体现从整体布局到局部功能开发的环境探索价值，使其各具特色又交相辉映。

（三）绿化

绿色植物调节气候，美化环境，保护生态平衡，杀菌，防噪音，是促进特殊儿童身心健康的重要物质条件。绿化、美化应是特殊学校室外环境的突出特色。特殊学校要尽量为特殊儿童开辟绿化带、绿化群以及便于特殊儿童种植的绿化网点，避免草地缺乏、没有“绿洲”现象，有条件的特殊学校还可以建花房。要尽量增加特殊学校的绿化面积，一般要求每名特殊儿童多于2平方米，绿化面积要占全校总面积的40~50%以上较为理想。面积受限的特殊学校可采用屋顶花园、垂直绿化等多种形式。主体建筑物周围要有5~10米宽的绿化地带；园内的绿化应以花草为主，乔灌木为辅，尽可能种植一些适宜本地区气候条件的、常见的花草树木。可结合科学教育种植一些常见树木和蔬菜，不宜种高大树木，以免影响室内采光；也不能种有毒植物或茎叶上带刺的植物，以避免特殊儿童意外伤害。

在做场地规划设计时，应合理选择树种，充分利用植物造景，将自然界中季节变换的节奏和韵律，用各种园林植物生动地表达出来。精巧、简单大方的设计，为孩子们营造一个多彩的世界，让他们置身于这样的环境里，感受花开花落的轮回和季节的变化，用自然界提供的沙石、水、泥和动植物等材料，创建一个充满自然风貌的环境，使他们接受更多的刺激与体验，体会成长的快乐。

二、房舍内部规划

（一）活动室

活动室是供特殊儿童室内游戏、生活、活动的用房，是特殊学校校舍的主体，要求通风良好，阳光充足，有足够的面积和空气容量。国家教委规定，每间供30名特殊儿童使用的活动室面积应为90平方米，即每名特殊儿童3平方米，如减去设备和材料的占地面积，约为2.5平方米。国内外学者曾做过研究，人均面积低于2.3~2.4平方米时特殊儿童侵犯行为增加，和同伴交流与合作行为减少。如按2.5平方米来规定，我国目前城市特殊学校多数达不到这个标准，生活空间还要考虑到空气的容量，活动室的高度要在3.3米以上，使每名特殊儿童空气容量达到8~10立方米，以适应他们的身心需求。活动室的窗应朝南，窗台高50~60厘米，窗上缘离地面高度要大于2.8米，挂浅色窗帘以调节光线。室内墙壁色调要淡，宜为白、米黄、浅蓝或浅绿色；地面宜铺地板，并有防潮设备。活动室室内温度宜保持在15℃~20℃，要有降温和取暖设备，保持冬暖夏凉。活动室的布局要有利于特殊儿童学习操作和对环境的探索，强调和谐、美观与可变性，可利用家具等设备分隔成各种活动区，如科学区、美工区和游戏区等，各活动区注意开放和封闭相结合，并适当设置一些便于特殊儿童个体游戏的活动角，使活动室发挥最大的教育功能，成为特殊儿童喜爱的环境。

（二）卧室

卧室面积按每名特殊儿童3~4平方米计算，空气容量为每名特殊儿童12~16立方米；床的摆设要避免拥挤干扰，便于管理，床头间距0.5米，行间距0.9米；室内最好铺地板，防潮、保温、清洁，无条件配卧室的特殊学校可在活动室装设翻板壁床、壁橱等。卧室可采用浅色木材的色彩或蓝色、绿色，采用避光性较好的冷色、单一或纹样简单的窗帘，床单采用单一色彩，可用蓝色发光二极管灯以促进特殊儿童睡眠。

（三）盥洗室、厕所、隔离室、餐饮区

盥洗室和厕所应临近活动室或卧室，安置水龙头5~6个，大便器2~3个，小便池一个；寄宿制特殊学校还应设淋浴池一个；要有专门的挂毛巾处，毛巾悬挂时须保持一定距离，以免传播疾病；特殊儿童使用的口杯、牙刷等盥洗用品也应设专用橱具摆放。隔离室应远离特殊儿童集体活动室，设置专用的盥洗用具和便具，可安置1~3张床位。餐饮区最好选用中性灯光而非暖色，更不是冷色。

（四）门厅、走廊与楼梯

门厅、走廊等室内活动区域属于过往环境，是非正式的活动区域，尽可将色彩设计得丰富活泼。但需要注意其色彩与特殊学校整体环境色彩的协调，色彩的选用要有主次，可使用特殊儿童喜爱的颜色（如大红色、洋红色）及对比鲜明的搭配（红黄、黄绿、黄蓝等），以此激发特殊儿童活动的积极性，提高特殊儿童的兴奋度，培养其对特殊学校环境的喜爱之情。

楼梯是上下楼的通道，上下位置应能引导特殊儿童向上或向下走。楼梯间装饰物不宜过于花哨、繁杂，内容应单一，色彩应简单明快，一目了然，避免特殊儿童集体通过时驻足观看，发生拥挤，出现意外。

（五）多功能厅与专用功能室

一般特殊学校里还会设置多功能厅，音体室、科学活动室、游戏室、图书阅览室、建构室、美工室等。多功能厅是特殊学校的必备设施之一，可以开展庆祝活动、家长活动、特殊儿童艺术表演、教学观摩活动等。在多功能厅的设计上，可以将弧形厅的一部分空间设置成升降舞台，有演出、观摩活动时，将其升起，使整个多功能厅具有层次感，便于观看。

音体室、科学活动室、游戏室、图书阅览室、建构室、美工室等专用活动室空间可以同时容纳一个班的特殊儿童同时活动，并保证特殊儿童操作宽松；室内光线要充足，包括自然光线和人造光线；通风良好，保持适宜的温度。不同专用活动室需要不同材料和设备，材料的摆放要便于特殊儿童取放，适合特殊儿童的高度和视觉范围，利于特殊儿童操作。同时，还要有助于教师观察到活动室内所有特殊儿童的活动。

（六）保健室

特殊学校的保健室应配备相应的现代化设施，如冰箱、电子消毒柜、高压蒸汽消毒锅、杠杆式磅秤等。保健室还可以储备一次性注射器、弯盘、拆线剪刀、有刺镜子等。

第六章　绿色校园与运行管理

第一节　绿色校园概述

自改革开放以来，尤其是近二十年以来，我国的高等教育事业取得了长足发展，高校数量不断增加，建筑设施量不断扩大。高校大规模扩招以及大量高校合并重组，使得高等教育规模逐年稳步增长。据《2022年全国教育事业发展统计公报》的数据显示：数据显示，全国共有高等学校3013所，其中，普通本科学校1239所（含独立学院164所），本科层次职业学校32所，高职（专科）学校1489所，成人高等学校253所，另有培养研究生的科研机构234所；各种形式的高等教育在学总规模4655万人，比上年增加225万人；高等教育专任教师197.78万人；普通、职业高校校舍建筑面积113080.55万平方米，比上年增长3.97%。

随着在校师生数量、校舍面积等的迅速增长，使得教学科研任务呈现快速增长的态势，校园能源和资源消耗、废弃物排放量也随之增长。但是，我国高校校园设施运行还处于低能效阶段。科研教学设施能耗、校园建筑设施运行能耗、学生生活能源及资源消耗等方面都呈现出刚性增长趋势，具有巨大的节能潜力，校园生态环境和能源资源管理亟须受到重视。

一、科研教学设施发展与能耗

近年来，我国普通高校国有资产总量迅速增加，以仪器设备为例：2022年全国普通高校生均教学科研实习仪器设备值为17527.82元。

而2019年，全国普通高校固定资产已达26398亿元。高校服务产业、企业和社会需求获得的科研经费总额超过2028亿元，占高校科研经费总量的33.8%；科技成果直接交易额超过196亿元。高校牵头承担80%以上的国家自然科学基金项目和一大批973、863等国家重大科技任务，依托高校建设的国家重点实验室占总数的60%。科研教学的快速发展势必带来能耗的刚性增长，而大多数校园尚处于粗放型管理的阶段，且一直存在能源和资源的浪费现象。相关研究表明，高校建筑能耗占总能耗的90%以上。相较于教学楼、办公楼、宿舍等高校建筑，科研楼能耗强度更高。此外，科研楼的能耗水平也与其学科类别有很大关系。以上海某高校21栋科研楼为例，文科类科研楼的平均年耗电量为30.7kW·h/㎡，远低于理科类的80.7kW·h/㎡和工科类的90.0kW·h/㎡。科研楼作为高校科研教学工作的主要场所，具有功能多样、设备数量多、使用频率高、使用规律复杂等特点。目前，全国高校科研教学设施能耗尚缺乏统计，科研楼的用能特征、影响因素及节能方法都亟待研究。

二、校园学生生活设施发展与能耗

在学生集体住校管理下的我国高校校园，在校学生的校园生活能耗在高校总能耗中占很大比例。由于我国经济的快速发展和人民生活水平的持续提升，在校学生对校园舒适性、便捷性的需求不断增加，导致了高校能耗的显著增长。

高校的生均能耗明显高于全国城镇居民人均水平。屈利娟对全国各地区共70所高校的用能和用水情况进行了统计分析，样本高校的生均能耗量为768.91kgce/人，是全国人均能源消费量的2.30倍；单位建筑面积能耗为21.80kgce/㎡；生均水耗为82.60t/人；生均能耗和水耗费用为1484元/生，占全国高校生均教育经费支出的15%。

秦岭、淮河以南是我国在计划经济时期划定的“非采暖地区”。随着经济的发展，人们对“非采暖地区”建筑室内热舒适性的追求日益增强，校园建筑已经步入普及采暖空调的时期。近十年来，夏热冬冷和夏热冬暖地区高校开始全面启动学生宿舍安装空调计划。全国各高校也已逐步实现淋浴设施到宿舍楼、进房间，并全天候供应热水。在这些趋势的影响下，高校学生生活能耗呈现出刚性增长。

三、校园公共建筑运行与能耗

我国高校校园建筑能源消耗情况受气候条件、建筑类型、建筑年代、建筑面积等因素的影响，其能源结构、能源消耗总量、用能强度以及用能特点等都存在较大差异，建筑运行管理水平也参差不齐。我国普通高校基本属于事业单位，主要依靠国家和地方财政拨款。针对高校的办公楼、图书馆、教学楼、体育场馆等公用设施的管理一直处于粗放型管理状态，资源浪费现象严重。高校能源开支由学校财政统一支付，绝大部分高校无计量、无定额管理、无独立核算。由于缺乏能耗的基础数据，能源费用支出与院系部处的经济利益也尚未挂钩，直接导致高校整体存在节能意识淡薄、用能管理粗放的现象。推进校园用能设施的节能需要全校师生和职工的共同参与。但是当前高校缺乏节能宣传，广大师生绿色生态意识薄弱，造成大量的浪费现象。相关研究表明，大约7%的高校校园能耗属于人为浪费。

此外，受过去的经济发展和技术水平所限，绝大部分既有校园建筑都无法满足现行的建筑节能设计标准。随着用能水平的提高，校园建筑用能强度也不断增大，其中产生的巨大节能潜力，亟待通过建筑节能改造和合理用能管理来实现。

综上所述，我国高等教育事业的发展直接导致能源消耗的显著增加，粗放型管理、低效率运行的现状，预示着校园存在巨大的节能减排潜力。在全球面临能源危机和生态环境严重失衡的大背景下，节能减排成为全世界的共同课题，因此，在高校率先实践绿色校园建设具有重要的现实意义和深远的社会意义。

同时，校园还是传承知识、培养科技人才的基地。校园绿色人文的形成和绿色理念的倡导，对增强学生的可持续发展观念、拓展相关科学知识、形成绿色校园文化和低碳生活方式具有重要的作用。此外，结合绿色校园建设，推动绿色创新实践和绿色科技应用，能够带动相关绿色产业的发展。因此，通过绿色校园建设，将高校校园打造成全方位可持续的教育基地，对推动全社会的经济建设具有积极意义。

四、绿色校园的定义和内涵

大学校园是一个复杂的社会系统，在系统中进行着教学、科研、社会服务、校园文化、校园运行管理等各项活动，所有活动都需要耗费大量的能源、建筑材料、试验材料以及其他资源，附带产生大气污染物、固体污染物、废弃物及危险物品等。此外，这些校园活动的主体非常庞大，由数以万计的教职员工和学生组成，而广大师生的各项活动直接影响各种能源资源的消耗量和环境废弃物的排放量。

绿色校园于1996年首次提出。它强调将环保意识和行动贯穿于学校、教育、教学和建设的整体性活动中，引导教师、学生关注环境问题。绿色校园建设是面对广大师生并涉及学校各项活动的重大工程。首先，绿色校园建设需要进行与绿色校园相关的配套管理制度和技术体系研究与建设；其次，绿色校园建设需要在校园规划、建筑环境、运行系统、教学、科研、学生活动等各方面践行可持续发展。绿色校园建设是在学校各部门通力合作和资源整合的前提条件下，以学生和教职员工活动为可持续教学与研究主体，将校园居民（如学生、教职工等）和外界（如企业、政府及社会团体等）联系起来，将整所大学打造成可持续发展的活教材和实践基地（live laboratory）。

由此可知，绿色校园的核心是可持续发展，其内涵包括5个方面：①以可持续发展为前提的教育教学资源配置、科研资源配置以及科技创新；②围绕可持续发展理念的教育体制改革、学科和课程设置创新；③以资源节约和环境友好为目标的绿色校园建设与运行管理；④绿色校园文化的形成；⑤为可持续发展社会的建设献计献策。

第二节　国内外高校绿色校园的发展历程

一、国外高校绿色校园的发展历程

1972年在瑞典斯德哥尔摩人类环境会议上最早提出了绿色学校的理念，但是并未形成成熟的理论。1992年联合国在巴西里约热内卢召开全球可持续发展大会。此后，1994年联合国教科文组织（United Nations Educational，Scientific and Cultural Organization）提出要把可持续发展的理念融入学校教育中，并建立了环境、人口和可持续发展项目（Project on Education for Environment Population and Sustainable Development），要求把环境教育与发展教育、人口教育等相融合，首次将环境教育转向可持续发展的方向。1997年，联合国教科文组织在希腊的塞萨洛尼基召开国际社会与环境会议，确定了“可持续发展教育（Education for Sustainability，EfS）”的理念。这标志着环境教育已不再是仅仅对应环境问题的教育，而是与和平教育、发展教育及人口教育相结合，形成了“可持续发展教育”的理念。同年，美国乔治·华盛顿大学开始进行绿色校园的先导计划，目标是将该大学建设成为全美甚至全世界的第一所绿色校园。

为了提高环保意识、促进可持续性发展教育实践和校园建设，1997年美国一些大学发起了名为“卓越环境校园联盟”（The Campus Consortium for Environmental Excellence，C2E2）的非营利组织联盟。该联盟在美国环境保护署的支持下，积极开展试点项目建设。

2005年在日本爱知世博会“自然的智慧”主题背景下，由瑞士联邦政府支持，瑞士联邦工科大学、日本东京大学、日本法政大学以及联合国大学共同发起“高等教育可持续发展论坛（东京论坛）”，开始全方位探讨高等教育在教育体制、课程设置、校园建设、社会贡献等领域的可持续发展问题。

高等教育可持续性促进协会（Association for the Advancement of Sustainability in Higher Education，AASHE）成立于2005年12月，是北美首个校园可持续发展高等教育协会。AASHE定义了广义上的可持续高等教育，包括人类和生态健康、社会正义、安全生活以及世代相传的美好世界。AASHE旨在将高校的教职员工和学生培养为具备可持续发展创新意识和能力的人才，从而推动高等教育的可持续发展。目前，其会员已包括北美及北美以外的高等院校、商业组织和公益组织，共900多家。AASHE的标杆项目之一是针对高校校园的“可持续追踪评估与评级系统”（The Sustainability Tracking，Assessment & Rating System，STARS），通过该系统的评分标准来衡量高校各部门的可持续性。高校成员单位可根据STARS自我报告的要求，向协会提供评级所需的信息。系统根据评价指标给出相应分数和对应等级。2015年，美国科罗拉多州立大学（Colorado State University）是首家获得STARS最高白金奖的美国高校。通过这种评级方式，不仅可以建立全球可持续校园建设数据库，根据评价结果总结出未来高校建设的方向，还能为各类高校的可持续校园建设提供最佳实践案例，从而帮助高校实现校园可持续性建设。

2007年4月，瑞士成立了可持续发展校园联盟（International Sustainable Campus Network，ISCN），旨在建立一个全球范围的可持续发展大学建设经验交流和信息共享平台。来自美国、欧洲、日本和中国等30多个国家和地区的80余所著名大学加入该联盟，如哈佛大学、麻省理工学院、耶鲁大学、北京大学和清华大学等。ISCN的成员彼此学习，分享知识，共同努力为全球高校的可持续发展做出贡献。

2007年6月，美国发起成立了美国学院和大学校长气候承诺联盟（American College & University Presidents’ Climate Commitment，ACUPCC），现已有659家教育机构签署，并声明要将大学校园建成“碳中和”园区，力争通过植树、节能、使用可再生能源等方式，实现直接或间接的二氧化碳排放量削减。这些大学基本涵盖了全美所有名校。参与联盟的校长们需签署承诺，确保各学校将逐渐减少其校园活动对全球变暖的影响。承诺内容还包括：各高校建立一个可持续校园组织机构来监督学校各项项目的发展和实施；每年均需确定校园碳排放清单；建立气候中和行动计划（Climate Netural Action Plan），并采取有效措施减少温室气体排放；进行可持续课程建设；每年公示碳排放清单、碳中和行动计划以及进展报告。气候中和行为计划主要从以下7个方面展开：①制定建筑节能相关政策，要求所有校园新建建筑按照美国绿色建筑协会的LEED银级标准或同级别的标准建造；②制定绿色电器采购政策，要求各高校所在州如果执行“能源之星”认证，则该高校必须购买获得“能源之星”认证的电器产品；③执行相关碳减排措施，以抵消高校师生采取航空交通工具进行差旅活动所产生的温室气体排放；④鼓励所有教职员工、学生和来访人员使用公共交通工具，并为其乘坐公共交通工具提供便利；⑤在各高校加入“美国学院和大学校长气候承诺联盟”并签署承诺的一年内，开始购买由可再生能源生产的绿电或自行利用可再生能源进行发电，购买的绿电量或可再生能源发电量须至少满足校园用电量的15%；⑥制定政策或成立一个委员会，为高校投资的校办企业提供基于气候和可持续发展的行动提案；⑦加入全国Recycle Mania竞赛的废弃物最小化项目，并采取3项或以上措施减少废弃物排放。

绿色校园组织的成立和发展，成功引领并有效推动了全球的绿色校园建设。目前世界范围内有影响力的绿色校园组织主要有美洲的高等教育可持续性促进协会（Association for the Advancement of Sustainability in Higher Education，AASHE）、美国学院和大学校长气候承诺联盟（American College & University Presidents' Climate Commitment，ACUPCC）、欧洲的英国大学和学院环境协会（Environmental Association for Universities and Colleges，EAUC）、国际可持续校园联盟（International Sustainable Campus Network，ISCN）、哥白尼联盟（COPERNICUS Alliance）、亚洲的韩国绿色校园倡议协会（Korean Association for Green Campus Initiative，KAGCI）、国际绿色校园联盟（International Green Campus Association，IGCA）、全球环境与可持续发展大学联盟（Global Universities Partnership on Environment and Sustainability，GUPES）、中国建筑节能协会绿色大学工作委员会（China Green University Network，CGUN），以及澳大利亚的澳大利亚校园走向可持续发展组织（Australasian Campuses Towards Sustainability，ACTS），其分布如图6-5所示。

2012年6月在巴西里约热内卢召开的全球可持续发展峰会（The United Nations Conference on Sustainable Development held in Rio）上，由联合国环境规划署主持了"可持续发展的高等教育发起仪式"，将高校可持续教育纳入可持续大学建设的主要内容。与此同时，国内外一些大学也纷纷开始了可持续相关的课程以及可持续学科专业的建设。

纵观绿色校园的发展历程，国外绿色校园的推进包括以下3个阶段，如图6-6所示。①"绿色学校（Green School）"建设（1972年至1994年）。此阶段侧重在绿色理念的倡导和绿色教育的普及，范围涵盖大中小学。②可持续校园（Sustainable Campus）建设（1997年至2010年）。绿色校园的发展是建立在具有可持续发展理念的校园规划基础上的，将校园的规划、建设和运行融为一体、全面推进。其中包括校园绿色总体规划，如限量使用土地资源及其他自然资源，保护生态系统；进行合理的校园建筑实践，包括设计、建造、改造和运行等各步骤，并推进可再生能源应用、校园能源系统等园区规划；推行校园绿色交通，鼓励低碳出行方式；推行校园低碳运行模式，有效管理校废弃物和推进资源循环利用；积极参与地域协作和社会融合、促进地域经济协同发展。③可持续大学（Sustainable University）建设（2011年至2012年）。整合校园设施、研究及教育资源并实现创新发展，创造可持续发展体验和实践基地（living laboratory）。

二、国内高校绿色校园的发展历程

国内对绿色校园的认识和发展也经历了类似的过程。1996年国家环境保护局、国家教育委员会、中共中央宣传部联合颁布了《全国环境宣传教育行动纲要（1996-2010年）》，并提出到2000年，在全国逐步开展创建“绿色学校”活动。这项活动主要是针对中小学校。我国高校绿色校园建设开始于2000年前后，空前的院校合并以及扩招将国内校园建设推向高潮。在国际上开始形成“可持续发展教育”理念的阶段，我国的部分校园建设却出现了异常的规模扩张、超标准豪华建设等现象，受到学术界及政府相关部门的极大关注。

为了贯彻落实国务院有关精神，教育部于2005年印发了《2005年做好建设节约型社会近期重点工作的通知》（教发〔2005〕19号）。随后在2006年，教育部发出《教育部关于建设节约型学校的通知》（教发〔2006〕3号），提出了7点要求：①要充分认识建设节约型学校的重要意义；②各地各学校要把建设节约型学校作为学校发展战略列入“十一五”规划和中长期发展规划；③要积极推进技术进步，提高资源利用率；④要加强制度建设，深入推进管理体制和运行机制改革；⑤要加强能源及资源节约新技术的运用和研究开发；⑥要在学校日常工作中加强节约管理；⑦要加强节约资源的宣传教育，强化师生员工的节约意识。

21世纪的我国大学校园建设，在国际环境问题的背景形势下开始了有益的探索，出现了绿色校园的办学理念，其核心是树立可持续发展观念，立足学校长远发展来组织和实施学校当前的各项工作。但是当时提出的范围和定义较为宽泛，难免过于宏观而缺乏抓手，大都停留在绿色办学理念的倡导层面。

2006年我国进入“十一五”国民经济发展关键时期，加大了建筑节能工作推进力度，校园设施基本建设受到关注，就此开始了我国节约型校园建设的探索。2008年起，住房城乡建设部、教育部会同财政部开展节约型校园建设示范工作。首批启动包括中共中央党校、清华大学、浙江大学、同济大学、天津大学、江南大学、华南理工大学、合肥工业大学、山东建筑大学、北京师范大学、内蒙古工业大学、重庆大学等12所节约型校园建设的重点示范高校，补助资金4935万元。2009年12月启动了第二批18所示范高校，中央财政补助资金7950万元。2010年启动了第三批42所示范高校，中央财政补助资金1.845亿元。

2008年，在教育部发展规划司、住房城乡建设部科技司的联合主持下，由同济大学牵头并联合清华大学、天津大学、浙江大学、重庆大学、山东建筑大学等单位的建筑节能及环境保护等相关领域专家学者共同编制了我国首部《高等学校节约型校园建设管理与技术导则（试行）》。至此，我国高校节约型校园的建设工作有了明确的定位、清晰的路线和具体的抓手，为高校建设节约型校园提供了指南。2009年，住房城乡建设部又陆续颁布了《高等学校校园建筑节能监管系统建设技术导则》《高等学校校园建筑节能监管系统运行管理技术导则》《高等学校校园设施节能运行管理办法》《高等学校校园建筑能耗统计审计公示办法》以及《高等学校节约型校园指标体系及考核评价办法》。

2009年至2012年，高校校园节能监管体系建设示范项目得到推广。2012年住房城乡建设部制定的《“十二五”建筑节能专项规划》提出，要重点加强高校节能监管，规划期内建设200所节约型高校，形成节约型校园建设模式。2014年，住房城乡建设部又颁布了《节约型校园节能监管体系建设示范项目验收管理办法（试行），其验收的主要参考依据是建设部和财政部印发的《关于加强国家机关办公建筑和大型公共建筑节能管理工作的实施意见》（建科〔2007〕245号）、财政部印发的《国家机关办公建筑和大型公共建筑节能专项资金管理暂行办法》（财建〔2007〕558号）、住房城乡建设部、教育部印发的《关于推进高校节约型校园建设进一步加强高等学校节能节水工作的意见》（建科〔2008〕90号）、《高等学校节约型校园建设管理与技术导则（试行）》（建科〔2008〕89号）及《高等学校校园建筑节能监管系统建设技术导则》（建科〔2009〕163号）、财政部和住房城乡建设部印发的《关于进一步推进公共建筑节能工作的通知》（财建〔2011〕207号）等管理办法和技术导则。

2010年6月由清华大学、中国人民大学等百所中国高校参与的“全国高校节能联盟”在北京成立。联盟接受中国节能中心指导，隶属高等教育研究会后勤分会领导。

2011年6月，中国建筑节能协会绿色大学工作委员会成立，其成员单位为各节约型校园节能监管体系建设示范高校。该联盟接受住房城乡建设部建筑节能科学技术司和教育部发展规划司后勤改革处指导，隶属中国建筑节能协会领导。

为进一步推广高校校园节能监管体系建设，住房城乡建设部在前述节约型校园节能监管体系建设示范项目验收成功后，将节约型校园节能监管体系的建设任务下放到各省市，由各省住房和城乡建设厅负责，各高校在建立省级高校校园节能监管体系后向各省住房和城乡建设厅申请验收。

至此，我国的节约型校园建设已经如火如荼地开展起来。节约型校园的建设主要针对校园节能减排展开，包括校园建筑的能耗监管、统计审计、能效公示、改造及评估等工作。建设部、财政部联合颁布的《关于加强国家机关办公建筑和大型公共建筑节能管理工作的实施意见》（建科〔2007〕245号）中要求在政府或其指定的官方网站以及本地主流媒体对建筑能耗统计结果和能源审计结果进行公示，其示范范围包括：各直辖市、计划单列市；河北、辽宁、江苏、浙江、福建、山东、河南、湖北、湖南、广东、广西、海南、四川、贵州、陕西等15个省（自治区）本级及其省会城市，且2007年12月底前，除海南省之外的各示范省、自治区、直辖市均完成不少于5所高校的能效公示。在示范建设取得经验后，2008年开始扩大示范范围，在全国逐步推开，各省市增加分项能耗指标、综合能效排名的公示，每年对建筑单位面积能耗排名前20%的建筑进行公示，对能效高的建筑按类型各选取3个作为标杆建筑进行公示。同时，财政部印发的《国家机关办公建筑和大型公共建筑节能专项资金管理暂行办法》（财建〔2007〕558号）中提到，根据财政部和建设部的统一部署建立建筑节能监管体系的高校，中央财政对建立能耗监测平台给予一次性定额补助；此外，在起步阶段，中央财政对建筑能耗统计、建筑能源审计、建筑能效公示等工作，予以适当经费补助；地方财政应对当地建立建筑节能监管体系予以适当支持。2012年，住房城乡建设部颁布的《“十二五”建筑节能专项计划》要求充分发挥高校技术、人才、管理优势，会同财政部、教育部积极推动高校节能改造示范，高校建筑节能改造示范面积应不低于20万平方米，单位面积能耗应下降20%以上。规划期内，启动50所高校节能改造示范。当前，节约型校园建设在中国已经广泛开展起来，全国有近300所高校列入国家节约型校园示范行列。随着高校节能意识的逐渐增强，校园建筑节能开始由节约型校园向绿色校园转型。

绿色校园是在节约型校园基础上进一步的发展，其内涵更为丰富，内容也更为广泛，包括新校园的可持续规划建设、既有校园的节能改造、既有设施的节能管理与运行、校园绿色人文培育等。绿色校园是在高校全面推进科技节能、管理节能和教育行为节能“三位一体”的综合体系。

2013年3月，中国城市科学研究会绿色建筑与节能专业委员会颁布了行业标准《绿色校园评价标准》（CSUS/GBC04-201）。2014年4月18日，中国城市科学研究会联合20多家单位成立编制组，开始了绿色校园评价国家标准的编制工作。2014-2016年，编制组前往多个城市的中小学、职业学校和高校，展开不同区域气候的绿色校园建设调查与研究。针对校园整体评价、地域性气候特征、校园能源与资源消耗、室内外环境质量控制、运行与管理、水资源利用、碳排放和绿色教育、区域性创新与特色提升等方面进行了综合研究，不断完善相关条文与评价方式，最终完成了国家标准《绿色校园评价标准》（GB/T51356-2019）的编制。该标准于2019年10月1日起实施。作为我国开展绿色校园评价工作的技术依据，该标准适用于新建、改建、扩建以及既有中小学校、职业学校和高校绿色校园的规划和运行评价工作。

高校绿色校园是在节约型校园基础上更高层次的提升，其核心理念和国外可持续大学的定义一致，旨在将大学打造成绿色科技基地、绿色人文校园和绿色设施校园，实现可持续教育体系建设和可持续学科领域创新，最终实现设施、科研、教育、文化、社会服务等各方面均可持续发展。

根据绿色校园的定义和内涵，要建成绿色校园，除了要合理进行绿色校园的规划和设计外，建立有效的运行管理系统亦尤为重要。绿色校园运行需要一个专门的团队来进行管理，需要一系列的制度保障，同时还需要合理的运行管理体系进行支撑。

三、国外绿色校园运行管理现状

在绿色校园运行管理领域，相对于国内而言，国外处于领先地位，且已开展了大量的工作，这主要有两个方面。

第一，相关标准的建立：专门针对绿色校园建立的标准主要有评价标准和运行管理认证标准两类。第一类标准主要为国内外的绿色校园建筑评价类标准和绿色校园评价体系，如美国学校能源与环境设计先导（Leadership in Energy and Environmental Design for Schools，LEED for Schools）、英国建筑研究院学校环境评估方法（Building Research Establishment Environmental Assessment Method for School，BREEAM School）等，属于典型的绿色校园建筑评价标准。这些标准主要针对校园建筑，从建筑设计、施工、运行等阶段，对建筑的能源和资源使用、环境保护等领域进行综合评价。在此基础上，进一步产生了绿色校园用能管理及可持续发展相关的评价标准和指南，如高等教育可持续性促进协会（Association for the Advancement of Sustainability in Higher Education，AASHE）的可持续追踪评估与评级系统（The Sustainability Tracking，Assessment & Rating System，STARS）等。上述标准的建立，为国外高校在绿色校园设计、施工、运行等各阶段的可持续发展提供了指南。第二类标准主要为校园运行管理认证类标准。例如，ISO14000环境管理系列标准、ISO50001能源管理体系、英国高校校园环境管理认证体系Eco-campus等，属于典型的绿色校园运行管理认证标准。同时，英国、爱尔兰等国家还制定了《能源管理指南》及《运行管理体系要求与使用指南》。上述标准的建立，为国外高校在提高其能源利用效率及环境绩效方面提供了指导。

第二，绿色校园运行管理：国外处于领先地位的部分高校也纷纷采取了校园运行管理的相关制度与措施，如节能激励政策、用能管理条例、运行管理计划等，以促进校园的可持续发展工作。

（一）国外绿色校园评价标准与管理认证体系

（1）绿色校园建筑评价标准

1.LEED For Schools。目前，美国绿色建筑协会颁布的《能源与环境设计先导》（Leadership in Energy and Environmental Design，LEED）被认为是最完善、最有影

响力的绿色建筑评估标准。在LEED评价体系中，不同类型的建筑按照不同类型的评价指标体系进行认证。LEED For School是在考虑校园空间特殊性的基础上，为使用者创造健康、舒适、高效节能的学校环境而设置的绿色学校评估工具。

LEED For Schools是在LEED-New Construction（LEED-NC）评价标准的基础上，加上教室声学、整体规划、防止霉菌生长和场地环境等评估内容，专门针对学校而制定的评价标准。在2007年之前，学校项目通常选择LEED-NC认证，2007年4月LEED For Schools认证体系完成，所有新建和改造的中小学校不再适用LEED-NC评价体系，开始使用该标准。

LEED 2009 for School共有四个认证级别，总计110分，四个认证级别及分值分别为：认证级（40~49）、银级（50~59）、金级（60~79）、铂金级（80~110）。LEED 2009 for School评价体系仍沿用LEED 2007 for School的体系框架，包括以下7个方面的评价指标：可持续性场址、节水、能源与大气、材料与资源、室内环境质量、创新与设计以及区域性，其中，能源与大气领域的指标分值占比最大，主要针对校园建筑能效展开评价，指标涉及建筑能源系统的调试运行、最低能效、可再生能源、绿色电力等内容。

2.BREEAM Education 2008。英国是对学校建筑环境和节能关注较早的国家。1931年英国建筑研究院（Building Research Institute）就开始对教室的热工性能进行调研，1944年出版了《学校建筑设计推荐》（Recommendations on School Design）。2004年针对中小学校园环境发布了评价标准Building Research Establishment Environmental Assessment Method for School（BREEAM School），之后又出台了高等教育设施的环境评估标准Building Research Establishment Environmental Assessment Method for Facility Evaluation（BREEAMFE）。2008年合并两个标准，编订了普遍适用于大中小学的评估标准——Building Research Establishment Environmental Assessment Method for Education（BREEAM Education）。该评估标准是为教育建筑（幼儿园、学校、预科学院、继续教育/职业院校、高等教育院校）量身定制的绿色评价标准，可用于建筑物整个生命周期，包括设计、建造和改造阶段，旨在把全英的中小学校都建设成为可持续发展学校。

BREEAM Education的评价范围由管理（总体的政策和规程）、健康与舒适（室内和室外环境）、能源（能耗和CO_2排放）、交通（场地规划和运输时CO_2排放）、水（消耗和渗漏问题）、材料（原料选择及其对环境的作用）、废物（除CO_2之外的空气和水污染）、土地利用（绿地和褐地使用）与生态（场地的生态价值）以及污染（除CO_2之外的空气和水污染）等9个领域组成。其中，能源的评价指标全面涵盖了各类用能设备系统、低碳排放或零排放的技术、建筑结构性能、能源计量、CO_2减排量等内容。针对这9个领域的内容进行加权评分，另设加分项（可持续创新）进行总评分。最后根据总得分划分为5个评估等级：大于等于30分且小于45分为通过、大于等于45分且小于55分为好、大于等于55分且小于70分为很好、大于等于70分且小于85分为优秀、大于等于85分为卓越。

（3）CASBEE。日本绿色建筑委员会（Japan Green Build Council）和日本可持续建筑联合会（Japan Sustainable Building Consortium）及其附属机构合作研发了《建筑物综合环境性能评价体系》（the Comprehensive Assessment System for Building Environmental Efficiency，CASBEE）。CASBEE中并没有专门针对高校建筑的评价工具，但校园建筑可以纳入其评价范围以内，小学、初中、高中、大学、高等专科学校、进修学校等各类学校建筑均适用于CASBEE评价。

CASBEE在整个建筑物生命周期的维度上，从建筑环境品质与性能以及建筑物环境负荷两个方面对建筑进行评价。同时应用环境效率的思想，引用建筑物环境效益（Building Environmental Efficiency，BEE）的概念，用于表达建筑环境评价的结果。CASBEE根据最后得分判断评价等级，一共分为5级：S级（优秀）、A级（很好）、B+级（好）、B—级（略差）、C级（差）。在建筑能源使用方面，分别设置了建筑外围护结构热负荷、自然能源利用、建筑设备系统效率、建筑有效运行等相关指标进行评价。

（2）绿色校园评价体系

为建立长效机制评估绿色校园建设和运行效果，当前国际上已经在绿色校园评价领域做了大量的研究工作，建立了一系列的评价方法。

最初，国外各高校试图通过公开的大学年度环境报告来评估大学和各学院的可持续性建设。为了揭示可持续发展的过程和现状，确定校园内的最佳实践，一些高校进行了大量的现场调研和问卷调查。典型的例子是可持续性评估问卷（Sustainability Assessment Questionnaire）和校园可持续性评估审查项目（Campus Sustainability Assessment Review Project）。然而，这些报告和问卷仅限于评估者对校园环境影响的内部认识和单个校园的自我评价，不能用于不同大学之间的比较。由于采用指标评价体系比问卷的叙述性评估更容易进行大学间的衡量和比较，因此自2002年以来产生了更多的指标评价体系。其中，一些评价体系注重对可持续教育的评价，目的是引导教育系统的可持续性建设。例如，Lozano等人开发的大学课程可持续性综合评估工具可以评估大学课程可持续发展的问题，已用于利兹大学环境学院和商学院的学士和硕士课程。其他指标评价体系主要集中在校园运营的环境效益方面。例如，《校园可持续发展选定指标快照和指南》（Campus Sustainability Selected Indicators Snapshot and Guide）可快速评估校园运营状况及其环境影响。GREENSHIP包含6个类别，分别是合适的场地开发、节能、节水、材料资源与循环、室内健康与舒适、建筑运行管理。此外，还有一些评估工具可集成评估校园可持续发展的某几个方面，例如，基于单元的可持续性评估工具（Unit-based Sustainability Assessment Tool，USAT）和选择性大学评估项目（Alternative University Appraisal project，AUA）考虑了校园环境和经济方面的问题。最后，一些评价体系试图涵盖校园可持续发展的所有重要问题，包括能源、水、粮食、土地、交通、建筑环境、社区、研究、教育、外联和决策等，其中比较有代表性的有高等教育可持续性促进协会（AASHE）提出的STARS。STARS是一个自愿的、以自报式框架来帮助高校跟踪和测量其可持续性发展的评级系统，供所有高等教育院校评估其在各自的运作、教育、研究和推广领域的可持续发展绩效。自2007年发布的STARS0.4到2019年颁布的STARS2.2，13年中一共更新升级了8次。根据最新的STARS2.2版本，STARS的评价内容主要分为学术（AC）、参与（EN）、运营（OP）、规划管理（PA）四大类，还有加分项创新与领导力（IN）。参评高校按照评价条款，根据校园实际建设情况提交相应的报告及证明文件，对其可持续建成程度进行打分。AASHE根据最终的总得分对参评高校颁发相应的认证奖章，从低到高共五级，依次为：参与奖（0~24分），铜奖（25~44分），银奖（45~64分），金奖（65~84分），白金奖（85~100分）。其中，对于建筑能效，从改善建筑性能、提高建筑和设备能效、减少能源消耗、使用可再生能源等方面，对校园建筑设计与建造、运营与维护两个阶段进行评价；对于能效管理，要求将能源及资源可持续性纳入制度化管理，同时鼓励学校师生和社区参与可持续发展项目，包括日常生活和工作中建筑能源资源节约激励活动和培训等。

此外，少数国外大学也针对学校自身的建设制定了绿色校园评价体系。如美国宾州州立大学的宾州绿色使命委员会（PennState Green Destiny Council）提出了宾州州立大学报告（Penn State Indicators Report），提出能源、水、交通、建成环境等方面的33个指标评价校园的可持续性。美国华盛顿州立大学也列出一系列评价指标，并根据民意决定其重要程度，其中较为显著的几项指标包括减量/再利用/资源回收、水质与用水、运输、社区意识等。

（3）高校校园运行管理体系

环境及能源管理体系认证对高能耗单位的节能运行及环境管理有着重要作用。鉴于此，各国政府纷纷制定环境及能源管理体系认证并将其应用在高耗能领域和单位，以期提高其能源利用效率及环境绩效。

1991年7月，国际标准化组织（International Organization for Standardization，ISO）成立了“环境战略咨询专家组”（Strategic Advisory Group of Experts，SAGE），把环境管理标准化问题提上议事日程。经过一年多的工作，SAGE向ISO提出建议：要像质量管理一样，制定一套环境管理标准，以加强衡量和改善环境的能力。根据SAGE的建议，ISO于1993年6月正式成立一个专门机构TC207，着手制定环境管理领域的国际标准，即ISO14000环境管理系列标准。1996年，ISO首批颁布了与环境管理体系及其审核有关的5个标准，引起了各国政府和产业界的高度重视。在ISO14000系列标准中，以ISO14001环境管理体系认证最为重要，它是对各单位建立环境管理体系并对其环境管理过程及效果进行评审的依据，包括环境因素识别、重要环境因素评价与控制、适用环境法律和法规的识别、获取和遵循以及环境方针和目标的制定与实施等内容，以期达到污染预防、节能降耗、提高资源利用率、最终达到持续改进环境绩效的目的。除环境管理体系认证之外，2011年6月，国际标准化组织又颁布了ISO50001能源管理体系。制定能源管理体系的目的是向各组织或用能单位提供一整套国际化、标准化的过程管理方法，并将节能措施应用纳入到组织的管理体系当中。当前，ISO50001能源管理体系已广泛应用于工业企业等机构中。ISO50001能源管理体系采用PDCA的管理方法，对组织单位的用能过程采用“策划一实施一检查一处置（Plan-Do-Check-Act，PDCA）”的循环管理，具体包括总要求、管理职责、能源方针、策划、实施与运行、检查与纠正、管理评审等7个步骤，如表6-1所示。

表6-1 ISO50001运行管理体系内容

步骤	内容
总要求	组织应确定运行管理体系覆盖的范围，并按本标准的要求建立、实施、保持和持续改 进运行管理体系，并形成文件，以确保降低能源消耗、提高能源利用效率
管理职责	规定组织的最高管理者和管理者代表在运行管理体系中的具体职责
能源方针	规定能源方针应包含的内容以及方针的管理要求
策划	包括法律法规及相关规定、能源因素、能源管理基准及标杆、能源目标和指标、能源 管理方案等内容
实施与运行	包括资源、能力、培训和意识、信息交流、文件控制、记录控制、运行控制等内容
检查与纠正	包括监视、测量与评价、不符合与纠正、纠正措施和预防措施、内部审核等内容
管理评审	包括总则、评审输入、评审输出等内容

欧洲一些国家在能源管理体系建设方面积累了很多经验，其中英国、爱尔兰比较具有代表性。英国在1993年正式公布了《能源管理指南》。该指南的目的是指导评价用能组织能源管理的状态以及能源效率。该指南对组织的能源方针、能源管理基础、组织机构、激励、信息控制、筹措资金等关键管理活动的评价方法做出了说明。英国的能源管理实践说明，能源管理不仅是一个技术问题，它还是一个管理问题。有效的能源管理需要管理层的承诺和支持，也需要组织基层的理

解和协作。2005年，爱尔兰国家标准局（National Standards Authority of Ireland，NSAI）发布了I. S. 393-2005《能源管理体系要求及使用指南》(Energy Management Systems Technical Guideline，EMSTG)。该标准的运行经验说明，标准化的运行管理体系一旦与企业和政府间的节能协议联系起来，便能有效地促进企业的节能。据参加能源协议项目的企业报告显示，67%的节能工程是由运行管理体系产生或推动的。

在发达国家中，日本是实行能源管理师制度最早的国家之一。日本的能源管理师制度的经验表明：先进的节能理念和政策不能只是高高在上的空洞教条，能源管理师起到了日本节能政策最前沿落实者的作用，使日本节能行政指令在耗能较高的大中企业中具有很高的效率。

上述环境和能源管理体系认证已经很好地应用于电子、机械、化工等高能耗行业与企业中，但在高校环境与能源管理中的应用较少。英国是全世界范围内屈指可数的建立了高校校园环境管理体系的国家。英国高校校园环境管理认证体系Eco-campus于2005年开始作为自筹资金项目被推出，一直在成功地独立运作。该体系将高校运行管理认证分为铜、银、金、铂金四级，分别对应策划、实施、检查、处置四大部分，层层递进地对高校环境进行评价。到2016年，英国高校校园环境管理认证体系Eco-campus已对60多所大学和学院认证，其中，18所高校已同时获得了英国高校校园环境管理认证体系的白金认证和国际环境管理体系ISO14001认证。

（二）国外绿色校园运行管理现状

在绿色校园运行管理方面，国外高校在节能与能源利用、水资源循环利用、废弃物处理与回收、校园环境、生物多样性、绿色采购、绿色交通等多方面展开了广泛的工作，包括建立可持续发展规划、制定技术方案、新建绿色建筑、既有建筑节能改造、可再生能源应用等各项活动。

(1) 北美高校

耶鲁大学、哈佛大学、麻省理工学院、卡耐基梅隆大学等在绿色校园建设，特别是校园建筑节能方面的工作颇具代表性。耶鲁大学建立了校园可持续发展框架，该框架由校园生态环境保护、能源节约、材料回收与再生、餐厅食品供应管理等四部分组成，分别制定了发展目标规划。为实现能源节约、降低建筑能耗，耶鲁大学对全校300座大楼中的90座进行了供暖、通风和空调系统的全面改造，并对照明系统采用全自动控制；此外，所有大楼都安装节能窗和地源热泵系统。所有的新建大楼和既有建筑改造项目均达到或超过了LEED银级标准。另外，购置了新的发电设备，并对现有设备进行了改造，大大节约了燃料。通过两年的努力，耶鲁大学的碳排放减少了43000吨，即在2005年的水平上下降了17%。耶鲁大学森林与环境学院所在建筑——克鲁恩大楼（Kroon Hall）获得LEED“铂金级”认证，较同等水平的普通建筑降低了53%的能耗。该大楼设计重视内外环境相连的设计理念，使建筑的碳足迹最小化。该建筑设置了废物回收系统、雨水回收系统和净化池，并利用可循环使用的绿色建筑材料，体现可持续发展及保护环境的理念。同时，充分利用太阳能、地源热能等新能源，通过照明设计和暖通节能策略，减少建筑热能和电能。

由卡耐基梅隆大学行政人员、教职工和学生组成的绿色实践委员会，旨在通过校园师生在学习、工作、生活中开展节能减排实践活动以提升环境质量和能效。此外，校园内50%的既有建筑完成了节能改造，校园新建建筑均达到LEED银奖及以上的标准要求。目前，卡耐基梅隆大学有包括Gates Complex建筑在内的4栋建筑获得了LEED金级认证，包括Porter Hall建筑在内的7栋建筑获得了LEED银级认证。

（2）欧洲高校

英国诺丁汉大学、芬兰阿尔托大学、瑞典皇家理工学院等高校一直致力于绿色校园建设工作。

英国诺丁汉大学朱比丽分校是著名的生态校园建设典范。该分校由迈克·霍普金斯建筑事务所（Michael Hopkins & Partners）进行规划设计，突出生态设计的特点，将一块废旧的工业用地最终转变成了一个充满自然生机的公园式校园。通过基地策略、采光策略、通风策略、绿色材料使用策略、水资源的应用处理策略等方法，充分利用环境资源、自然资源来达到人工环境与自然环境的平衡，实现减少污染、降低能耗的目的。英国东英吉利大学则将各种先进的可持续节能技术应用于校园建筑中。如著名的Elizabeth Fry建筑采用被动式建筑设计，利用先进的Termodeck system技术，成为绿色校园建筑的经典。之后相继建立的ZICER、MEDI、MEDII和TPSCII等高校办公建筑也延续了高效节能的性能和高性价比的特点。其中TPSCII作为东英吉利大学最新的绿色校园建筑，应用被动式技术、冷热电联供系统、电气照明系统以及能源监测系统等多项节能减排技术及高性能系统，成为该园区节能低碳建筑之最。英国学者McDonach与Yaneske强调了高校建立运行管理体系的必要性，介绍了Strathclyde大学（University of Strathclyde）运行管理手册的编制过程及其方法。

（3）亚洲高校

在亚洲，开展高校建筑节能工作的大学数量也逐步增加。

日本的大学校园建设体现因地制宜的思想，既有校园强调拆旧建新、更新改造，新建大学强调科学规划、合理布局、功能分区和新科技利用。如东京大学先是拆旧建新、拆低建高以节省土地资源，高效利用现有资源；其次改造旧设备，充分利用新技术。2003年新建的北九州大学城市学院也采用多项可持续建设技术。主要措施有：①改造低效的空调系统；②提高校园绿化率（含建筑绿化）；③使用太阳能等可再生能源及废热能；④垃圾循环处理；⑤使用再生材料；⑥保持与环境的协调一致性；⑦中水利用（含生活杂用水和雨水）。校内各场所的大门进出、各类设备的使用以及在餐厅用餐等校园的一切活动均采用一卡通模式进行智慧校园管理。

此外，韩国的汉阳大学，印度的新德里大学、印度统计学院，马来西亚的马拉亚大学，泰国的清迈大学等均在探索高校建筑节能改造及环境管理等工作。

（4）澳大利亚高校

澳大利亚的各大学在可持续大学建设方面也做出了卓越的努力。澳大利亚大学在全校范围内制定节能减排及运行管理的中长期规划目标及年度目标，在生物多样性、能效管理、水资源管理、废弃物管理、低碳出行减排、绿色采购、绿色学生活动等多方面进行绿色校园建设。例如，澳大利亚国立大学从2006年开始执行“环境管理计划”（Environment Management Plan），从能源使用、水资源使用、碳排放、绿色交通、垃圾填埋等方面分别设定目标限值，并通过一系列环保行动计划，以5年为周期考核环境绩效情况，并且设定了专门的组织机构进行校园运行管理。

第三节 国内绿色校园运行管理

区别于国外高校自发进行绿色校园建设，我国绿色校园建设采取典型的“自上而下”式贯彻机制。在政府主导下，节约型校园建设在我国高校如火如荼地开展起来。据教育部相关部门的调研，现有超过750所节约型校园建设示范高校建立了或正在建设校园节能监管平台，对校园建筑能源消耗进行实时监管。在节能监管的基础上，进一步开展节能审计、公示、节能改造等各项节能减排工作。此外，部分领先的高校制定了绿色校园运行管理方法，旨在提高其能源利用效率及环境绩效。不同高校的工作各有特色，呈现百花齐放的状态。

一、国内绿色校园评价标准

（一）节约型校园建设系列导则

2006年，教育部发出《教育部关于建设节约型学校的通知》（教发〔2006〕3号），明确指出高校必须加强节能节水工作，建设节约型学校。2008年，住房城乡建设部会同教育部共同编制了《高等学校校园建筑节能监管系统建设技术导则》《高等学校校园建筑节能监管系统运行管理技术导则》《高等学校校园建筑能耗统计审计公示办法》《高等学校校园设施节能运行管理办法》，使得我国节约型高校建设在节能监管系统建设及运行、建筑能耗统计、校园节能运行管理等方面有了更深入细致的规范与指导。此外，从2011年开始，在国家财政政策的激励下，已有231所高校进一步开展了建筑节能改造工作。

在上述导则和办法实施的同时，住房城乡建设部也颁布了《高等学校节约型校园指标体系及考核评价办法》，建立了节约型校园建设综合考核评价体系。该办法制定了相关指标和评分办法，以评价各高校在节约型校园建设的组织机制、节能技术应用、节能规章制度等各领域中所取得的进展和成果。

（二）《绿色校园评价标准》

2013年，中国城市科学研究会颁布了《绿色校园评价标准》（CSUS/GBC04-2013），适用于评价新建、既有的中小学校园和高校的绿色校园建设。标准分别从规划与可持续发展场地、节能与能源利用、节水与水资源利用、节材与材料资源利用、室内环境与污染物控制、运行管理、教育推广等7个领域进行评价，见表6-2。

表6-2 《绿色校园评价标准》（CSUS/GBC04-2013）普通高校评价项

指标项数	规划与可持续发展场地	节能与能源利用	节水与水资源利用	节材与材料资源利用	室内环境与污染物控制	运行管理	教育推广	总计
控制项	4	5	6	2	8	2	2	29
一般项	9	10	6	8	11	6	8	58
优选项	2	4	1	2	2	2	3	16
总项数	15	19	13	12	21	10	13	103

2019年10月1日，《绿色校园评价标准》（GB/T51356-2019）开始实施，作为我国开展绿色校园评价工作的技术依据，适用于新建、改建、扩建以及既有中小学校、职业学校和高校绿色校园的评价工作。绿色校园的评价以单个校园或学校整体作为评价对象。对于处于规划设计阶段的校园，可依据本标准对校园的规划设计图纸进行预评价，重点在评价绿色校园设计阶段采取的各项“绿色措施”的预期效果。考虑到我国校园建设的实际情况，在量大面广的既有校园作为评价对象时，更偏重考虑“运行评价”，评价相关“绿色措施”所产生的实际效果。评价内容主要包括规划与生态、能源与资源、环境与健康、运行与管理、教育与推广等5个方面。

(3)《运行管理体系要求》

2009年4月，我国颁布国家标准《运行管理体系要求》(GB/T23331-2009)，并于同年11月1日正式实施。该标准旨在为组织确定有效的运行管理体系要素和过程，帮助组织实现能源方针和目标，通过统一方法，提高组织能源管理效率和水平。运行管理体系要求涉及的各个环节与ISO40001类似，具体内容如表6-3所示。运行管理体系标准正式实施后，国家先从钢铁及有色金属、煤炭、电力、化工、建材、造纸、轻工、纺织、机械制造等重点行业开展了运行管理体系认证试点工作，并取得了明显的效果。目前，在节约型校园建设的背景下，各高校正积极加强节能工作，而国家和地方并没有相关的能源管理政策、理论及技术汇总，能源管理存在一定的盲目性，能源管理工作推进缓慢。高校的建筑能源管理急需科学合理的运行管理体系和方法，而国家标准《运行管理体系要求》却尚未在高校建筑能源管理领域进行试点。如能借鉴运行管理体系的相关思想和方法，将其合理应用在高校建筑能源管理领域，并将高校建筑能源管理标准化，将具有重要的意义和价值。

表6-3　《运行管理体系要求》涉及的环节和内容

环节	内容
管理职责	包括管理承诺、能源方针、职责和权限
策划	包括能源因素、法律法规标准及其他要求、能源管理基准和标杆、能源目标和指标、能源管理方案
实施与运行	包括能力、培训和意识、信息交流、文件控制、记录控制、运行控制、应急准备和响应
检查与纠正	监视、测量与评价、不符合、纠正措施和预防措施、内部审核
管理评审	管理评审的具体内容、环节、执行机构等

二、国内绿色校园运行管理现状

在政府的大力推动和支持下，各节约型校园示范高校纷纷开展校园节能减排和环境管理工作，并取得了一定的成效。各高校加强组织制度建设，成立校园节能工作领导小组，部分高校制定建筑节能管理长期目标，进行建筑能耗审计、公示和定额管理，推进管理体制和运行机制改革；依托校园建筑节能监管平台对全校建筑用能进行实时监管，并加强节能、节水新技术的运用，提高能源和资源利用率；通过宣传教育，强化师生员工的环保意识和节约用能行为。

清华大学为实现大学校园节能对建筑用能进行基础数据（包括不同建筑的耗电、采暖耗热）计量，得到了各类建筑的用电、用热等数据。目的是掌握学校建筑能耗现状，挖掘校园建筑节能潜力。

天津大学成立天津大学校园节能工作领导小组，负责校园建筑能耗管理长期规划，制定符合本校的建筑能耗管理方法；在此基础上，聘请校内相关专业教授专家，为节约型校园建设出谋划策；以能耗监管平台为基础，通过能耗统计、分析等工作，完善能耗管理。

浙江大学以校园网为主要媒介，分部门、分学科对校园主要用能建筑、用能设施实施动态监测。能耗在线检测范围包括全校代表性的重点建筑和全校蒸汽系统、中央空调系统、校园供电系统等重点用能系统的能耗，以实现对校园建筑能耗进行精细化规划与管理。

同济大学在学校高度统筹领导下，建立了绿色校园建设管理机构，围绕以下五个方面扎实地开展了卓有成效的工作：树立节约理念，探索校园可持续发展模式；普及节能环保科技在校园建筑设施中的应用；建立和完善校园设施的能效管理机制和平台；促进学科交叉发展，强化节能环保科技支撑；创新节约教育科研实践，培育节约校园文化。

华南理工大学通过建立校园建筑节能监管平台，实现学校各类建筑用电、用冷、用水的分类计量和用电分项计量，利用学校已取得的具有自主知识产权的系列科研成果，建设校级空调节能集中管理控制平台，将能源监管和空调节能控制有机结合，实现空调的集成管理优化控制以及末端空调运行的精细化管理。

江南大学以新校区建设为契机，宣传节能降耗理念，改善原校区设施设备陈旧、水电管理水平低、能耗开支大的问题，成立了学校水电管理与节能领导小组，指导高起点数字化节约型校园建设；成立节能研究所，具体负责节能技术的研发与推广。通过数字化管理系统建设，强化能耗实时监控，建成了数字化智慧校园。

北京师范大学成立校级绿色校园建设专题课题研究组，以科学发展观为指导，把科学发展观运用到绿色校园建设工作中，促进学校发展与资源节约、环境优化相协调。节约用水工作是绿色校园建设重点领域，学校坚持加强日常管理，完善现有用水管理模式；坚持推广高新技术，提升节约用水技术水平；加强宣传与政策导向、调动师生员工全员参与。同时，积极开展校园节能监管体系建设，加大力度进行节水型校园建设工程实践，建立节约用水考核评价及管理制度建设。

北京交通大学在“管、改、育、研”四个方面采取措施进行校园建筑能耗管理，采取水电定额指标管理，落实责任、建立长效机制，学校专门出台能源节约激励政策，做到“谁投资谁受益、谁节约谁得奖”。

虽然国内高校均做了很多校园运行管理方面的研究，但仍存在一些问题，缺乏一个科学、系统、行之有效的，适应我国国情的高校校园建筑运行管理体系和方法。

同时，近几年来在政府的大力推动和支持下，校园运行管理中的环境管理也成为了我国高校绿色校园运行管理的重要内容之一。我国校园环境管理内容和国外类似，近年来主要着重于校园绿化、水资源节约、化学废弃物管理等工作，但环境管理过程和效果评价以及环境管理认证的相关工作并未开展。我国已颁布的《绿色校园评价标准》(GB/T51356-2019）对能源与资源、环境与健康、运行与管理等方面都有单独的评价指标。由于标准制定的时间较晚，当前我国高校的环境管理评价和认证几乎尚未开展，但在非常有限的几个中小学已有相关研究和应用。例如，香港民间环保组织长春社编制了《迈向绿色学校--学校环境管理指南》将中小学环境管理的内容分为八个方面-环保宗旨及目标、废弃物管理、节约用水、节约能源、环保采购、降低噪声、室内空气质量和校园绿化美化。国内中小学校园的环境管理研究与应用可分为两大部分：一是将最先用于企业运行管理的ISO14001环境管理体系引入学校环境运行管理，建立适合于学校的环境运行管理体系并运行；二是对学校环境运行管理进行绩效评价和认证。将ISO14001环境管理体系应用于学校的环境运行管理，可总结为以下八个步骤：建立学校运行管理机构；开展环境保护培训；学校环境评估并发现问题；确立学校运行管理指导思想并制定运行管理规划；运行管理规划的实施；定期检查并完善学校运行管理；总结与评估学校的运行管理效果；条件允许的学校进行第三方认证。我国环境教育学者吴祖强以上海建承中学为试点学校，尝试建立并运行基于ISO14001环境管理体系的全校环境教育模式，并进行环境绩效评价。环境绩效是组织通过一系列运行管理措施或生态环保措施所获得的环境改善成效。运行管理绩效评价体系将评估指标分为环境质量改善绩效、环境影响改善绩效、环境教育成效和管理成效，并对以上四个指标进行了详细的调查，得到相应的调查数据。综上可见，我国高校急需借鉴中小学环境管理示范案例的经验，建立适合我国高校实际运行特征的环境管理体系。

三、国内外校园运行管理的特点及存在问题

分析上述国内外高校校园运行管理的现状发现，国内外高校在校园运行管理上均开展了相关工作，并取得了一些成效，其发展特征及存在的问题可归纳为以下几个主要方面。

（一）国内外均制定了相关标准

进行校园可持续建筑认证和绿色校园评价，其中建筑能效和用能管理是其中一个很重要的评价内容。这些评价标准和体系的制定，正确引导了校园运行往节能、高效的方向发展。国内高校主要侧重于校园节能的绩效评价。此外，我国已有几所中学尝试进行了ISO14001环境管理体系认证，但高校的环境管理认证鲜有

涉及。虽然英国建立了校园运行管理认证体系Eco-campus，国外校园运行特征和机制与我国有很多不同，急需针对我国高校的运行特征和现状，建立起符合我国国情的高校绿色校园运行管理认证体系。

（二）国内外均开展了高校校园运行管理的相关工作

国外高校校园运行管理覆盖了硬件建设和软件建设：其示范高校通常制定了校园运行管理规划，明确了校园运行管理的具体方案并进行较为有效的执行；国外的校园运行管理所涉及的领域比较全面，覆盖了能源与碳排放、水资源、废弃物、校园生态、绿色采购等多方面；同时，相关的管理机制也较为完善。另外，还会通过绿电购置等方式，减少校园碳排放，以向零碳校园迈进。我国的高校校园运行管理主要围绕校园绿化、生态规划、能源与资源使用、实验室废弃物管理等几个领域开展工作。尽管当前国内高校在校园建筑运行管理领域开展了众多工作，但涉及的环节却很零散，并没有覆盖校园建筑运行管理的全过程。此外，粗放型管理是我国校园运行管理中的一个重要问题。例如，建筑用能、学生生活用水、办公用纸等浪费严重；随着学校扩招和教学科研规模扩大，厨余垃圾、废弃办公家具、废弃办公设备的年均数量明显增加，但如何实现废弃物减排、回收再使用或再生却没有受到重视；在建筑节能领域，国内高校在大力建设校园建筑节能监管平台的基础上，又陆续开展了校园建筑能耗审计、公示、定额以及节能改造等工作，但由于执行力度不高，效果不明显。校园运行管理的软件建设不足。例如，各高校的校园运行管理机制极不健全，主要表现在学校缺乏量化的运行管理目标；缺乏校园运行管理绩效的审核、评估、公示制度和激励机制等系统的配套制度；校园运行管理的专业培训工作还有待加强。

第七章　高校绿色校园运行管理体系的构建

第一节　绿色校园运行管理体系构建概述

一、构建绿色校园运行管理体系的目的

在我国高校建立绿色校园运行管理体系的目的是使高校运行管理工作有据可依、有量可考，以科学的方式推动高校的能源资源节约与可持续发展。在全面把握我国高等院校运行管理现状的基础上，合理借鉴国内外能源管理认证体系方法和环境管理认证体系方法，建立系统的、可操作性的高校绿色校园运行管理体系，促进各项绿色技术和措施的合理应用，推动校园绿色行为，提升高校当前的运行管理水平，从而将高校运行管理工作系统化、规范化，达到持续降低能源资源消耗、提高能源资源利用效率、改善环境的目的；在此基础上，进一步促进高校运行管理长效机制的形成，正确引领我国绿色校园建设。

二、构建绿色校园运行管理体系的原则

我国高校节能运行及环境管理工作涉及面广。首先，我国高校建筑类型多样，科研、办公、生活等各类用能设备复杂，且设备运行维护的技术难度大；其次，校园生活垃圾、办公垃圾、废弃办公设施、废弃试验仪器、化学废弃物、生化废弃物、放射性废弃物等各类废弃物的排放严重影响校园环境；此外，绿色校园对建筑环境和校园生态环境提出了更高的要求。上述因素决定了我国高校运行管理工作的复杂性。因此，构建高校绿色校园运行管理体系应依据以下四个原则。

（一）系统性

高校运行管理工作的各个环节互相联系，互相作用，是一个有机的整体。要想对校园实现有效的节能运行及环境管理，必须在充分发挥各个环节作用的基础上，用全面的、系统的思路解决实际问题，使得绿色校园运行管理的各项措施形成有机的整体，更有助于获得最佳的效果。

（二）全面性

高校绿色校园运行管理体系应覆盖全校所有活动、设备及服务，全面、综合地反映校园能源和资源使用情况以及环境保护情况。通过运行管理体系建设，能够反映校园运行的主要特征。

（三）强制性

高校绿色校园运行管理体系中管理制度的制定需具有一定的强制性和约束力，才能保证绿色校园运行管理目标的实现。

（四）动态性

高校校园能源资源节约和环境管理是一项长期性工作。伴随高校绿色校园运行管理工作的推进，校园能源资源消耗和生态环境情况必将随之改变，绿色校园运行管理目标和考核指标等也需进行动态的更新与调整。

三、绿色校园运行管理体系的控制范围界定

高校绿色校园运行管理体系的控制范围是一个覆盖校园运行各领域、校园运行全过程、所有设备和服务，并涉及组织职责和权限、现场区域、地理边界等要素的合集。其控制范围的界定需包括：运行管理的地理边界和现场区域的确定、运行管理对象的确定、运行管理组织权责的确定等。高校校园的物理边界及边界内的建筑、土壤、水体、绿化、空气等均属于高校绿色校园运行管理的现场区域和管理边界。其中，关于高校建筑类型，根据住房城乡建设部及教育部2009年联合发布的《高等学校校园建筑节能监管系统建设技术导则》，校园建筑按照使用功能主要分为行政办公建筑、图书馆建筑、教学楼建筑、科研楼建筑、综合楼建筑、场馆类建筑、食堂餐厅、学生集中浴室、学生宿舍、大型或特殊科研实验室、医院、交流中心和其他类型建筑等13类。高校绿色校园运行管理体系适用于整个校园的所有活动、设备和服务。活动包括节能管理、室内外环境管理、垃圾及废水管理、化学废弃物管理、绿色采购管理和绿化管理；设备包括办公设备、家具电器、实验室仪器等；服务指与校园能源资源使用和环境保护相关的宣传与培训、组织机制及能力建设。在组织机构上，高校绿色校园运行管理体系包括由校领导、

各行政管理部门、各院系组成的管理委员会和执行办公室以及技术专家组等。

第二节　基于PDCA理论的绿色校园运行管理模式

一、PDCA循环理论

PDCA循环由美国著名质量管理专家戴明博士首先提出，也称为“戴明循环管理法”，是公认的全面质量管理的基本程序，现已经广泛应用于运行管理、安全管理、能源管理等多个方面。P、D、C、A分别代表计划（Plan）、执行（Do）、检查（Check）、处理（Act）四个阶段。采用PDCA循环模式，有助于实现管理承诺和方针，达到持续改进的目的。PDCA循环特点是周而复始、大环带小环、阶梯式上升，如图7-1所示。

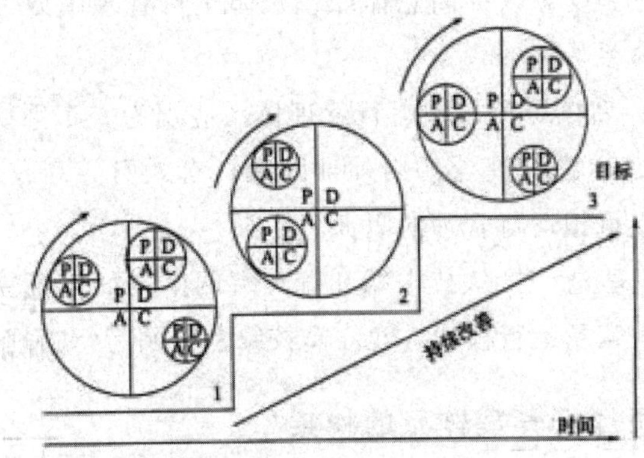

图7-1　PDCA循环模式

PDCA循环的八个工作步骤为：

①分析现状，发现问题；

②找出并分析产生问题的各种影响因素；

③找出产生问题的最主要原因；

④针对主要原因，制定方案，提出改进活动计划；

⑤执行计划，落实各项措施；

⑥根据计划的要求，将执行结果与目标进行比对；

⑦总结经验、巩固成绩，把执行效果好的方法总结提炼上升为“标准”；

⑧总结遗留问题，发现新问题，转入下一个PDCA循环。

高校绿色校园运行管理体系基于PDCA（Plan-Do-Check-Act）循环理论，帮助高校建立运行管理方针和目标，确定有效的运行管理内容和合理的运行管理环节，通过统一方法，提高高校运行管理效率和水平。高校建筑运行管理是一个长期、持续的过程，PDCA循环理论对高校运行管理具有一定的借鉴意义，在对校园节能运行和环境管理现状分析的基础上，发现高校能源资源使用及校园环境管理所存在的问题，分析校园高能耗、低能效的深层次原因，有针对性地提出改进方案和计划，实现校园能源资源节约和优化环境管理的发展目标，及时总结，并不断提高高校绿色校园运行管理的目标和要求，实现高校用能及校园环境的持续改进。

基于PDCA循环理论，校园运行管理需要经过以下几个阶段：

承诺和方针——学校应制定运行管理方针并确保运行管理体系的承诺；

计划（P）——学校应为其实现运行管理方针进行规划；

执行（D）——为了有效地实施，学校应发展为实现其运行管理方针、目标和指标所需的能力、具体活动以及保障机制；

检查（C）——学校应测量、监测和评价其运行管理绩效（绿色表现）；

处理（A）——学校应以提高总体绿色校园运行管理绩效为目标，评审并不断改进其运行管理体系。

根据以上原则，高校绿色校园运行管理体系应视为一个系统框架，它需要不断监测和定期评审，以适应变化的内外部因素，有效引导高校校园的运行管理；体系中的组织成员应承担运行管理的职责。

利用PDCA循环理论，可从技术端和管理端两个方面，确立高校绿色校园运行管理体系的涉及内容及运行模式，建立高校绿色校园运行管理体系的框架结构。

二、绿色校园运行管理体系的构架

基于PDCA循环理论建立高校建筑运行管理体系，其运行模式框架如图7-2所示。高校建筑运行管理体系的运行分技术端和管理端两大部分，每个部分均按照计划（P）——执行（D）——检查（C）——处理（A）等四大环节有目的、有步骤地进行。

技术端主要涉及校园运行管理技术及措施应用的计划、执行、检查和改进，具体包括高校校园能源资源及环境审计、高校校园运行管理影响因素的识别、高校校园运行管理相关标准的识别、高校校园运行管理要素的识别、高校校园运行管理基准的建立、高校校园运行管理目标的制定（P计划），能源及设备的绿色采购、节能减排基建项目、设备运行管理、垃圾及化学废弃物的回收与处理、校园绿化活动、应急准备和响应（D执行），监测、测量、分析、合规性评价以及不符合、纠正与预防措施（C检查），绩效公示、能源资源使用及环境绩效定额、改进方法的制定（A处理）；管理端主要涉及校园能源资源使用及环境管理相关标准和导则的识别、高校绿色校园运行管理近期、中期、长期发展规划的制定、管理层组织机制的建立、绿色校园运行管理方案的确定（P计划），实施层组织机制的建立、相关人员的培训、体系文件编制、体系运行、交流与沟通（D执行），记录、内部审核方法的制定、内部审核（C检查）以及管理评审（A处理）。

（一）技术端构架内容

技术端PDCA运行模式的涉及内容如下：

(1) Plan（计划）

技术端运行模式的计划环节包括高校校园能源资源及环境审计、高校校园运行管理影响因素的识别、高校校园运行管理相关标准的识别、高校校园运行管理要素的识别、高校校园运行管理基准的建立、高校校园运行管理目标的制定等内容。

1.高校校园能源资源及环境审计。校园能源资源及环境审计是指对校园运行过程中的能源资源使用情况和环境现状进行检测、核查、分析；在此基础上，对能源资源利用的合理性以及当前环境现状作出评价，并提出改进建议。高校能源资源及环境审计包括：由主管部门委托第三方机构进行审计以及高校内部组成团队自发地进行开展审计。其审计内容包括节能设备及耗材采购过程管理、校园建筑性能、各类设备能效、建筑及设备的运行情况、全校能源资源使用及碳排放、室内外环境、垃圾排放及管理、化学废弃物排放及处置、校园绿化等，进而分析其改进潜力。

2.高校校园运行管理影响因素的识别。高校校园运行管理影响因素指的是从政治因素（Political）、经济因素（Economic）、社会影响因素（Social）、技术因素（Technological）、环境因素（Environmental）和法律因素（Legal）等方面确定与校园运行管理相关的外部和内部影响因素，如影响高校能源资源消耗、能源利用效率的因素，影响高校各类废弃物排放和处理的因素，影响校园生态环境的因素等。运行管理体系主要通过“活动、产品和服务”识别影响因素，围绕“实现全过程以及减少外部影响所产生的能源资源消耗和环境污染”来确定相关的运行管理要求，因此影响因素识别是能源资源节约和环境管理的基础。基于全过程用能控制的思想，对校园运行管理全过程（能源和设备采购、设备运行及维护、垃圾及废弃物的处理、校园环境管理等）进行梳理，通过高校校园运行管理特征分析，找出高校校园运行管理的影响因素，列出影响因素清单。

3.高校校园运行管理相关标准的识别。确定适用于绿色校园建设及运行管理的相关法律和标准以及其他应遵守的要求，并建立获取这些标准和要求的渠道。相关标准主要有评价标准和运行管理标准两大类，例如：《绿色校园评价标准》(GB/T51356-2019)、LEED For Schools、BREEM for Education、STARS等属于典型的绿色校园评价标准，以及《能源管理体系要求及使用指南》（GB/T23331-2020）、《高等学校校园建筑节能监管系统建设技术导则》《高等学校校园建筑节能监管系统运行管理技术导则》《高等学校校园建筑能耗统计审计公示办法》《高等学校校园设施节能运行管理办法》《高等学校节约型校园指标体系及考核评价办法》等节约型校园建设系列导则。

4.高校校园运行管理要素的识别。基于全过程控制的思想，对校园运行管理全过程，包括能源采购、设备采购、校园用能结构、建筑及设备的运行及维护、垃圾及废弃物排放处理、校园环境等各个环节进行梳理，找出高校校园的运行管理要素。校园运行管理要素的识别主要从活动要素、产品要素及服务要素三个方面进行。其中，活动要素主要指与校园能源和资源利用以及校园环境相关的各项活动，包括“废气排放控制”“化学物品的使用和存储”“能源使用”“水资源利用”“垃圾管理”“室内外环境”“园林绿化”和“绿色采购”等领域内的各项活动；产品要素的定义为与校园运行管理相关的所有物品、设施、设备等，例如办公设备、家具及电器、实验室仪器和食堂炊事设备等；服务要素指与校园运行相关的宣传与培训、组织机制及能力建设等。

5.高校校园运行管理基准的建立。运行管理基准是针对高校运行管理情况，确定作为比较的基础限值，并基于此基准，进一步计算其节能潜力。

高校建筑能耗定额就是一种建立高校建筑能源管理基准的方法。实施高校建筑能耗定额管理是为了在保证建筑正常运行的前提下，抑制奢侈使用，将高校建筑能耗总量控制在合理范围之内，以达到节约能源、提高能源利用效率的目的。制定建筑能耗定额必须以保证师生正常学习工作为前提，在实施定额管理初期，应以抑制建筑奢侈运行和杜绝运行浪费为目的。

除高校建筑能耗定额，还有校园交通能耗定额、校园水耗定额、校园碳排放定额、校园环境绩效定额等，其目的都是为了将校园能源资源消耗和碳排放以及校园环境状况控制在合理的范围之内，并找出超标对象，对其进行有效管理。环境绩效定额包括垃圾排放量（含固废、废水等）定额、室内外环境指标限额等。其中，室内外环境指标限额包括建筑室内热湿环境、室内光环境、室内空气品质、室内声环境以及室外热湿环境、室外声环境、室外空气环境等方面。

根据上述各项定额所涉及的领域，制定校园运行管理指标体系及其限值。高校校园运行管理指标限值的制定，应结合高校运行的实际情况，使指标具有可操作性；在设置指标时也要保证对不同使用者的公平性；指标的设置应以促进高校建筑节能减排和环境保护为目的，在满足校园运行需求的情况下，为激励校园各项活动向高效、低耗的方向发展，各项指标限值的设置应适度前瞻。

此外，指标定额的设置应运用科学的分类和计算方法。常用的定额指标计算方法有：统计特征值法、定额水平法、聚类分析法、回归分析法、其他数据挖掘算法以及标准建筑模拟等。各种方法的实施难度和实际精度各不相同。可组合使用各种定额指标计算方法，发现超定额对象，进行改造，并计算绩效提升潜力。

6.高校校园运行管理目标的制定。制定运行管理目标和指标的相关文件。高校在建立运行管理目标时，应对高校校园运行管理要素的当前状况进行定量分析，并结合相关标准，建立合理的目标限值；在此基础上，进一步根据学校的财务、运行和经营要求以及适宜技术方案，综合各相关方的观点，确定校园短期、中期甚至长期的节能减排和环境提升总目标，例如5年内年均节能率、垃圾减排率等。同时，结合学校计划进行的各项改造项目，合理确定运行管理方案。

(2) Do（执行）

针对识别的运行管理活动、产品和服务，从节能减排和环境保护的角度，严格依据运行管理目标和要求，从能源、资源与设备的采购、运行与使用、回收与处理等方面，开展具体的管理行动。技术端运行模式的执行环节包括能源及设备的绿色采购、节能减排基建项目、设备运行管理、垃圾及化学废弃物的回收与处理、校园绿化活动、沟通、应急准备和响应等内容。

1.能源及设备的绿色采购。当前高校基础能力建设非常迅速，用于科研、办公、学生生活等领域的设备更新及购置量较大，采购满足国家及地方相关节能环保规范要求的产品能有效降低设备的能源资源使用量，是从源头上实现节能减排的重要途径之一。在产品选择方面，除按照政府确定的优先采购和强制采购的节能产品清单进行采购外，高校应通过市场调研，针对教学、科研、办公、校园生活等特定需求，制定校园节能环保设备采购清单，并按照清单进行购买。此外，确定合理的能源使用结构，加大清洁能源的采购和使用比例，也可以为校园能源资源节约做出有效贡献。

2.节能减排基建项目。通过高校建筑节能改造、新建节能建筑、可再生能源应用、节水器具改造、雨水/中水回收利用等项目，将建筑能源资源节约潜力转化为实实在在的能源资源节约量。根据制定的节能目标，并结合实际经费安排，有重点、有针对性地开展校园节能减排项目。但能源资源节约不是简单地通过技术堆积就能达到目的，而是需因地制宜，结合当地的气象条件、资源潜力、能源资源使用特征等实际情况，采用适宜的技术，配合科学的运行管理措施，最大限度地降低能源资源的总消耗量。

3.设备运行管理。校园各类设施的运行方式是否得当，将直接影响建筑能源资源消耗量；同时，先进的设施及技术也需要配合科学的运行管理才能使其节能减排效益最大化。故在高校能源资源节约方面，对高校设施运行进行科学管理必不可少。高校设施运行管理包括两方面内容，一是后勤管理人员定期对能源资源利用设施、各类废弃物处理设施等进行定期检查，做好设施维修保养工作；二是针对校园各类建筑、设备及系统的使用特点，制定相应的运行管理及能源资源使用的规章制度，避免浪费情况出现。

4.垃圾及化学废弃物的回收与处理。高校校园的垃圾种类主要有寝室垃圾、办公区垃圾、厨余垃圾及废水以及实验设备废弃物等。废弃物回收可使垃圾减量，促进资源的循环利用，是一种节能减排的垃圾处理方式。对于废弃物的处理，优先回收利用；在不能回收利用的情况下，依照国家及各省政府制定的相关政策、管理方案及实施办法以及废弃物处置的技术要求，选择合适的处理技术和设备，制定合理的流程进行处理。

5.校园绿化活动。进行校园绿化工作有利于推动低碳校园的发展。在校园园林绿化管理中，开发低碳型空间分布至关重要。将过去侧重于教学楼建设的校园规划逐渐转变为重视环境型的人文低碳校园园林建设，提高校园的绿化比重，将校园的自然生态资源进行适度配置，体现低碳校园规划的人文性。校园绿化工作主要涉及园林绿化、景观水体和土壤管理等方面。在对校园绿化进行合理规划的基础上，根据校园年度绿化计划及预算资金，采取合理的技术和方法，进行校园绿化的维护管理和更新。在日常维护方面，注重采用堆肥等技术，以环保、可循环的方式处理绿色垃圾，并且注重生物的多样性。同时，对于土壤管理和园林绿化，化学用品须规范使用，采取必要措施避免环境污染。

6.应急准备和响应。高校应建立并保持一套技术流程，以确定潜在的事故或紧急情况，并在情况发生时及时予以响应，同时预防或减少可能伴随的影响。必要时，特别是在事故或紧急情况发生后，高校应对应急准备和响应的程序予以评审和修订；可行的情况下，高校还应定期测试上述程序。

（3）Check（检查）

技术端运行模式的检查环节包括监测、测量、分析、合规性评价以及不符合、纠正与预防措施等内容。

1.监测、测量、分析。高校应建立并保持一套以文件支持的程序，对可能具有重大影响的校园运行活动的关键特性进行例行监测和测量，其中应包括建筑能耗监测、与环境表现有关的运行控制、对高校运行管理目标和指标符合情况的跟踪信息进行记录和分析，并定期评价有关环境法律、法规的遵循情况。对于监测设备，应予校准并妥善维护，并根据高校的程序保存、校准和维护记录。

在能源资源消耗中，建筑能耗监测尤为重要。高校建筑能耗监测是在建筑能源审计的基础上，基于校园节能监管体系对建筑重点用能环节的运行和能耗状态进行实时监测和优化管理。高校建筑能耗监测的目标是实现长效节能、合理用能，不仅仅是为了建筑能耗的计量，更是在对建筑能耗分类、分项计量的基础上，对能耗数据进行统计分析，全面了解校园能耗的构成、各建筑能耗状况以及各分项能耗的规律，优化学校能源结构，为高校建筑能耗统计、高校建筑能源审计工作带来极大便利，给高校校园建筑节能、建筑节能改造、建筑优化运行策略的制定提供科学依据和技术支撑，最小化用能成本，最大化能源利用率和收益。

校园节能监管体系的系统构架基于校园网络，在列入监测、服务和管理对象的建筑设施用户末端设置具备通信功能的数字式计测表具（电表、水表及燃气表具等），将采集的建筑能耗数据通过组网设备及网络远程传输到监控中心服务器，到达节能监管数据库，实现实时、远程监测分散于校区的各个建筑物能耗。对能耗小、建筑规模小、功能单一的建筑采取分类计量和统计；对能耗大、设有集中供暖空调系统的大型建筑按空调、照明、电梯、动力等设备系统进行分项计量；对能耗大的实验室实施专项计量。建筑能耗的统计角度可分为全校、校区、建筑类型、部门、建筑等。建筑能耗的时间跨度可分为逐年、逐季度、逐月、逐日、逐时等。计量表具覆盖自源头到末端的重点用能部位，逐步、完整地计量能源和资源消耗，使后期的高校建筑能源管理能够对用能主体有表可依、单独计量。

在校园节能监管体系运行期间，每小时都会有海量的数据实时远程传输到数据库服务器，数据中心存储建筑能耗数据。当用户需要获取建筑能耗数据时，可通过数据查询功能逐时、逐月或逐年地查询单体建筑内的供水/供电/供热支路能耗数据以及总站支路的主供水站、主变电站、主供热站的能耗数据。统计结果可以显示在校园节能监管体系上。通过对建筑群之间或不同功能类型建筑之间的能耗指标比对，分析每栋建筑的耗能情况。例如，对同一功能类型建筑内不同建筑的相同耗能支路的单位面积能耗量进行环比和同比分析，可以让能源管理者了解每栋建筑的节能潜力。

对于环境绩效的监测，主要围绕水耗、垃圾排放量、化学废弃物排放量、室内外环境等方面的参数进行测试。与能耗监测系统类似，环境监测系统将环境监测指标对应的数据实时远程传输到数据库服务器，数据中心存储环境指标数据，当用户需要获取环境指标数据时，可通过数据查询功能实现对被监测的环境指标的数据查询。通过对建筑群之间或不同功能类型建筑之间的环境指标比对，分析每栋建筑的环境管理情况。

2.合规性评价。此外，识别完运行管理的相关标准之后，高校需针对运行管理体系的合法合规性做出评价，确保高校履行所有合规义务。高校应定期评价学校运行管理活动是否遵守相关的法律法规和其他要求，并保存合规性评价的记录。如高校应评价高校空调、电机、变压器、锅炉等造成温室气体排放的能耗设备，其是否已列入国家淘汰产品目录；若在淘汰目录，应制订改进计划，采购新产品时考虑国家推广的节能型产品等。合规性评价的流程和要求包括：需确定开展评价的频率；评估合规性；通过流程“运行管理相关标准的识别”保持对遵从性的了解，并在需要时采取行动。

3.不符合、纠正与预防措施。高校应建立并保持一套程序，用来规定有关的职责和权限，对不符合要求的内容进行处理与调查，采取措施减少由此产生的影响，采取纠正与预防措施并确保措施能予以完成。针对已存在和潜在不符合要求的内容，任何纠正或预防措施都应与该问题的严重性和伴随的影响相适应。对于纠正与预防措施所引起对程序文件的任何更改，高校均应遵照实施并予以记录。

纠正与预防环节主要包括以下内容：

确定实际存在或潜在不符合的内容；

确定实际存在或潜在不符合的原因；

评估采取措施的需求，确保不符合项目不重复发生或不会发生；

制定和实施所需的适应措施；

保留纠正措施和预防措施的记录；

评审所采用的纠正措施或预防措施的有效性。

（4）Act（处理）

技术端运行模式的行动环节包括绩效公示、能源资源使用及环境绩效定额、改进方法的制定等内容。

1.绩效公示。高校建筑能效公示是校园建筑能源管理部门通过校园内的固定场所、校园网、校内媒体等多种形式定期对校园建筑能耗信息公开发布，以达到表扬先进、鞭策落后之功效，公示内容如下。

校园总能耗情况：学校总能耗、年度耗电量、年度燃料（煤、气、油等）消耗量、年度集中供热量、生均能耗等指标。

单体建筑能耗：根据校内每种类型建筑的实际能耗水平排名，可分别选取前25%与后25%的建筑进行建筑能耗公示，或对所有建筑的能耗进行公示。具体公示内容可包括建筑总能耗、分项能耗、单位建筑面积能耗、年度节能率等指标。发布用能单位的历史数据及实时监测的能耗数据等。同时还可指明建筑的用能主体，主要责任单位等。

能耗公示以能耗统计和能源审计为基础，通过引进比较竞争机制为高校建筑能耗管理提供一种新方式。通过高校建筑能耗公示，有利于各用能单位之间自发进行建筑能耗比较，了解其所属建筑运行能耗成本与高能效建筑运行能耗成本的差距，激发用能单位降低能耗成本的潜力，寻找建筑高能耗、低能效的原因，通过与其他单位对比发现自身用能问题，督促用能单位主动节能。

环境公示以环境质量监测系统的监测结果统计和环境绩效审计为基础，评价高校环境管理水平。以高校环境监测结果公示，促进各部门之间自发进行环境管理水平比较，了解自身环境管理水平与高水平部门环境管理水平的差距，寻找原因，提高自身环境管理水平。

2.能源资源使用及环境绩效定额。根据高校各院系和部门的当年/历年能源及资源使用情况，包括电能、天然气、水资源的使用量等，科学制定定额值。超过能源资源使用定额值的院系或部门需支付超额部分的费用，并处以一定的惩罚；而对低于能耗定额值的院系可以采取奖励制度，以资鼓励。

高校能源资源使用定额能够让全校广大师生员工了解各自院系/部门当前与往年消耗之间的差异，以及不同院系/部门之间的差异；有助于通过分析比较各院系/部门能源资源使用情况，提高运行水平，并进行节能改造，增强校园能源资源使用管理的影响，提高其关注度，引导师生消费观念的转变；通过鼓励、鞭策和监督政策，使高校建筑能源资源管理变成全校师生日常工作和生活中的一部分。

环境绩效定额主要针对室内外环境状况、垃圾排放量、化学废弃物排放量以及校园绿化情况进行定额。室内外环境定额主要从热湿环境、声环境、空气环境、光环境等方面，针对当前的国家和行业标准限值进行对标。垃圾排放量和化学废弃物排放量可参考能源资源定额的方法，根据当年/历年的垃圾排放量情况，以及校园师生人数以及科研规模的现状和发展，科学制定定额值。校园绿化可以从绿化（包括园林绿化和景观水体等）面积/比例、生物多样性、化学用品（如杀虫剂等）的用量等方面进行定额。

3.改进方法的制定。管理评审应根据运行管理体系审核的结果、不断变化的客观环境和持续改进的承诺，结合方针、目标以及运行管理体系的影响要素，制定改进方法。

（二）管理端构架内容

(1) Plan（计划）

管理端运行模式的计划环节主要涉及校园能源资源使用及环境管理相关标准和导则的识别，高校绿色校园运行管理近期、中期、长期发展规划的制定，管理层组织机制的建立，绿色校园运行管理方案的确定等内容。

1.校园能源资源使用及环境管理相关标准和导则的识别。与校园能源资源使用和校园环境管理相关的法律、标准、导则是绿色校园运行管理的基础。建筑运行管理方案、节能改造方案、新建节能建筑的性能、可再生能源应用、室内外环境、垃圾及化学废弃物处理、污水处理、设备及设施采购、校园绿化等各项活动都必须以校园运行管理相关的法律、标准和导则为依据。因此，识别校园能源资源使用和环境管理的相关法律、标准和导则，并将之明确为高校绿色校园建设及运行管理的依据和准则，是高校绿色校园运行管理体系管理端的重要环节之一。

2.高校绿色校园运行管理近期、中期、长期发展规划的制定。制定高校绿色校园运行管理的近期、中期和长期发展规划，对高校运行管理能起到很好的规划和引导作用。近期、中期和长期发展规划分别指未来1~3年、3~5年以及5~10年甚至更长时间的发展规划。其内容主要涉及校园节能减排以及环境保护目标的制定、节能减排及环保方案的制定、工作重点规划、明确绿色校园建设各级管理部门的职责和权限。

3.管理层组织机制的建立。建立绿色校园运行管理体系的管理层组织架构。为便于运行管理工作的有效开展，应当对作用、职责和权限作出明确规定、形成文件，并予以传达。管理者应为运行管理体系的实施与控制提供必要的资源，其中包括人力资源和专项技能、技术以及财力资源。高校的最高管理者应指定专门的管理者代表，应明确规定其作用、职责和权限，以确保以下措施得以落实：确保建立、实施与保持运行管理体系要求；向最高管理者汇报体系运行情况以供评审，并为运行管理体系的改进提供依据。

4.绿色校园运行管理方案的确定。绿色校园节能减排和环境保护目标应通过运行管理方案的制定和实施来实现。高校应制定并保持一个或多个旨在实现运行管理目标和指标的运行管理方案，其中应包括：根据能源审计和能源因素的分析结果以及确定的节能目标，确定重要的节能减排改造项目和节能管理措施，并进行技术和经济可行性分析；相同地，根据环境审计和运行管理因素的分析结果，以及确定的环境保护指标及目标，确定资源管理、垃圾排放管理、化学物品排放管理、绿化环境管理等方面的重要管理措施，并进行技术和经济可行性分析；同时，确定运行管理所涉及的各部门职责分工、实施程序和时间进度、运行控制机制以及监测评估方法和验收方法。

(2) Do（执行）

管理端运行模式的执行环节主要涉及实施层组织机制的建立、相关人员的培训、体系文件编制和体系运行等内容。

1.实施层组织机制的建立。建立校园运行管理体系实施层组织架构。为便于运行管理工作的有效开展，应当对实施层工作人员的作用、职责和权限作出明确规定，形成文件，并予以传达。管理者应为运行管理体系的实施与控制提供必要的资源，其中包括人力资源、专项技能和技术以及财力资源等。

2.相关人员的培训。在进行高校绿色校园运行管理之前，学校管理层必须进行管理承诺。通过研究确立管理承诺的内容，并建立专门的高校绿色校园运行管理组织机构，确定各部门的管理职责。对相关的管理人员进行业务技能和岗位职责培训，明确相关人员的分工与管理职责，形成高效的管理团队。应建立并保持一套程序，使处于每一位有关职能与层次的人员都意识到：符合运行管理方针与程序和符合运行管理体系要求的重要性；工作活动中实际的或潜在的重大影响，以及个人工作的改进所带来的效益；在执行环境方针与程序以及运行管理过程中的要求，包括应急准备与响应要求方面的作用与职责等；偏离规定运行程序的潜在后果。

3.体系文件的编制。管理体系文件是建筑运行管理所遵循的重要依据和运行保障。高校应以书面或电子形式建立并保持下列信息：对管理体系核心要素及其相互作用的描述；查询相关文件的途径。针对绿色校园运行管理特点，相关的文件编制主要包括能源资源及环境管理手册、支持性文件、运行记录文件、审计公示文件的制定。

能源资源及环境管理手册主要是对运行管理体系的目标、体系构成、建立方法和运行模式作出说明，为相关管理人员有效运作运行管理体系提供依据和参考。能源资源及环境管理手册的内容至少包括管理承诺、能源方针、职责和权限、运行管理体系的建设和运行方法的说明。

支持性文件可包括发展规划、运行管理的因素识别评价方法、相关法律和标准识别、基准标杆一览表、绿色采购制度、用能定额管理制度、技术人员培训制度、节能宣传制度等。

运行记录文件包括设备系统操作规程、节能运行管理制度、建筑用能设备的运行记录和维护记录、校园能源消耗记录、管理评审记录等。

审计公示文件包括绿色建设项目专项审查制度、绿色校园运行管理内部审核制度、绿色校园运行管理评审制度等。

需要针对每一大类文件，编制对应的文件名称、内容、适用场合等。

4.体系运行。体系运行包括试运行和持续运行两个阶段，涉及试运行和持续运行两个阶段主要工作内容和流程的确定。其中，试运行阶段包括发布运行管理体系文件、确认各文件的内容和作用、准备和执行各运行管理程序、对校园运行进行记录、对运行结果进行检查和纠正；持续运行即是在体系通过管理评审之后的正常运行工作和程序。需确定运行中每个环节的具体细节，如具体包括哪些步骤、每个步骤的内容、对应的管理机构和管理对象等。

高校应根据其方针、目标和指标，确定与所标识的重要运行管理因素有关的运行与活动。应针对这些活动制订计划，确保它们在程序规定的条件下进行。程序的建立应符合下述要求：对于缺乏程序指导、可能导致偏离环境方针、目标与指标的活动，应建立一套以文件支持的程序；在程序中对运行标准予以规定；对于高校所使用的产品和提供的服务中可标识的重要运行管理，应建立并保持一套管理程序。

5.交流与沟通。高校应建立并保持一套程序，用于运行管理体系的组织内各层次和职能间的内部信息交流以及与组织外部相关方的联络，并形成沟通文件。高校应重视对涉及重要运行管理因素的组织外部联络，及时处理相关问题，并记录其结论和决议。

(3) Check（检查）

管理端运行模式的检查环节主要涉及记录、内部审核方法的制定以及内部审核等内容。

1.记录。高校应建立并保持一套程序，用来标识、保存与处置有关运行管理的记录。这些记录中还应包括培训记录以及审核与评审结果。运行管理记录应字迹清楚，标识明确，具备对相关活动、产品或服务的可追溯性。对运行管理记录的保存和管理应使之便于查阅，避免损坏、变质或遗失。应规定其保存期限并予记录。

2.内部审核方法的制定。内部审核是对高校建筑运行管理体系能否得到有效执行的检验，通常在试运行结束的时候进行，将执行结果与最初的目标和计划进行对比。需细化确定内部审核的目的、审核对象和范围、审核内容、审核流程、运行管理绩效评价方法以及对内审人员要求等。

3.内部审核。高校应至少每半年开展一次内部审核，确保绿色校园运行管理体系：符合预定的运行管理安排；

符合建立的运行管理目标和指标；

得到了有效的实施与保持，并改进了运行管理绩效。

高校应考虑审核的过程、校园运行状态、审核对象的重要性以及以往审核的结果，制定（订）内审方案和计划。而审核员的选择和审核的实施应确保审核过程的客观性和公正性，故内部审核过程中应考虑各学院和部门之间进行交叉审核，同时审核的结果应记录，并向最高管理者汇报。

(4) Act（处理）

管理端运行模式的行动环节主要涉及管理评审相关内容。

在内审结束之后，需对校园建筑运行管理体系进行管理评审，通常为总结经验、巩固成绩，把效果好的总结提炼上升为“标准”，总结并解决遗留问题；其目的是保持运行管理体系的适宜性、充分性和有效性，保证体系的持续改进。需研究确定管理评审的内容和评审实施方法、评审机构、评审对象等内容。

高校的最高管理者应按其规定的时间间隔，对运行管理体系进行评审，以确保体系的持续适用性、充分性和有效性。管理评审过程应确保收集必要的信息，以供管理者进行评价工作。管理评审需收集的信息应包括：

以往管理评审的后续措施；

管理绩效和相关管理绩效参数的评审；

运行管理方案的评审；

合规性评价的结果以及高校应遵循的法律法规和其他要求的变化；

纠正措施和预防措施的实施情况；

目标和指标的实现程度。

管理评审的输出应包括与下列事项相关的决定和措施：

运行管理体系的审核结果；

对下一阶段管理绩效的规划；

运行管理方案的改善；

基于持续改进的承诺，组织对运行管理体系的目标、指标和其他要素的调整；资源分配的变化。

第八章　绿色校园建设模式与设计策略

第一节　绿色校园建设模式

一、规划阶段绿色校园建设问题

（一）规划阶段绿色校园

第一，新校址较远

由于城市化的快速发展，市区学校的空间不断压缩，新校区的选址逐渐趋于郊区地段，从而造成新老校区之间联系不便。专家建议新老校区之间的距离不宜超过半个小时以上的车程，以免造成资源和时间的浪费，或是远离主城区，造成师生出行不便。

第二，场地的拆迁、勘测及清表遇到困难

新校区的建设需要征用土地，然而征地工作艰难复杂。校园建设用地一般都是由政府划拨，整个过程包括前期选址、规划立项、手续申办、土地划拨四个阶段，在这四个阶段中，土地划拨是征地拆迁的最大难题。

第三，经济方面

校园规划与建设程序性强，经费并非一次性划拨，关于征地的出让金、土地款划拨都是按工程进度分批、分阶段划拨，流动资金的充裕程度严重制约了后期工程的进度。

第四，管理方面

(1) 管理模式不健全。新校区的建设一般都存在工期紧、任务急、压力大、投入多、资金管理复杂等问题，使得在建设过程中存在管理经验不足，管理效率不高，操作不规范，管理混乱等现象。

(2) 考核、奖惩机制不健全。虽然绿色校园建设方面的部分文件已出台，但没有规定具体的要求、配套的可操作性措施、考核指标要求等，所以建设绿色校园不仅缺乏外在的动力，也缺乏内在工作人员的积极性，使学校陷入了被动的局面。

(3) 缺乏激励机制。学校激励机制建立不够完善，没有一定的奖惩机制，学生缺乏动力。在一些浪费用水用电等负面行为应采取一定的惩罚，主要包括经济或行政处罚，比如寝室白天不关灯，可以予以一定数额的罚款。同样也可以通过奖励来鼓励学生节能减排，比如寝室用电量少，可以给予一定数额的金钱奖励，也可以进行综合素质加分，评奖学金等。

（二）规划阶段绿色校园建设规划原则和方法

(1) 指导标准

随着时代发展，人们生活水平不断提高，人文素质不断加强，对绿色校园的建设提出了更高的要求，走可持续发展新型校园建设规划之路，以建设节约型校园为基础，环境友好型社会为跳板，坚持以人为本的核心理念，将《绿色建筑评价标准》与《绿色校园评价标准》作为绿色校园全生命周期建设的指导思想与准则。根据国家发布的一系列通知或导则等与校园建设相关的国家、省级通知为纲要，加强落实“绿色校园”建设规划方案的相关精神，对绿色校园建设加以规范与指导。

(2) 规划准则

1.以人为本，统筹规划。国家的“十三五”规划进一步加强以人为本的核心地位，古语有云“不谋全局者，不足谋一隅”，统筹规划才能做到人尽其才，物尽其用，建设有益于师生学习、工作、生活的空间环境，才能更加的凸显人文关怀，绿色情怀，调动师生的工作效率，提高师生的生活幸福度。

2.敬畏自然地“最大承载力”原则。合理规划校园内各功能区的分布位置及人口密度和土地使用强度。自然资源有其极限承载力和自我净化能力，超出极限范围将会引起一系列的不良反应，甚至引起局部的生态不平衡，引发自然对人类的报复。

3.校园文化可持续发展原则。校园文化是历经实践的积淀，校园内部环境与校园外部环境相互作用、相互影响的必然结果，逐渐形成的一种独特的社会文化形态，体现一所学校的核心竞争力和综合实力的重要组成部分。校园文化包括学术道德、学风、教风、校风、精神品质、价值追求、奋斗理想及办学传统等综合体现，缺一不可，相辅相成，终成体系与精髓。

4.走中国特色可持续发展道路。因地制宜，极尽维持原有地形地貌的完整性，并充分加以利用原有的地形地貌，增强识别性和地域归属感，形成和谐独特的校园环境。

5.最优利用自然资源原则。因校制宜，对土地、水资源、阳光、风能等自然因子做到最优化利用，对不可再生能源因子要充分节约，对自然净化资源要充分利用，利用自然环境的自我净化能力与自我调节能力。

6.注重校园环境的美学价值。校园环境不仅要为师生提供学习、生活、娱乐等活动场所，而且要为个人提供公共、半公共的学习、休息、观赏、约会等不会受外界打扰的安静空间，体现在空间层次感、舒适的环境质量，良好的视觉既视感，是使用者陶冶情操的客观条件，也是绿色校园的必要条件。注重校园的美化，创造一个怡人的学习工作环境，是体现以人为本对人文关怀，更是校园建设的需要以及对人才培养的前提保障。

（三）规划阶段绿色校园建设模式

表8-1从校园建设各单体建筑功能定位，及学校发展的总体目标，从整体规划校园的建设，从节约土地、景观规划、建筑形体等方面展开对绿色校园规划阶段的建设。

表 8-1　规划目标指标

<table>
<tr><td></td><td colspan="2">校园用地使用市郊荒地
建筑容积率控制在0.6-0.8
节地
各功能建筑采用集约化布局
市郊生均用地达到47m²/生左右</td></tr>
<tr><td rowspan="2">绿色校园建设规划目标</td><td>节能</td><td>生均能耗降低率≥2%
编制中长期节能规划
夜景照明密度值符合《城市道路照明设计标准》
房间亮度指符合《建筑照明设计标准》
冷热源机组能效比符合《冷水机组能效限定值及能源效率等级》空调能效比符合《房间空气调节器能效限定值及能效等级》
冷热源参数符合《公共建筑节能设计标准》基本要求≥10%外窗气密性符合《建筑外窗的气密性能分级及其检测方法》</td></tr>
<tr><td></td><td>编制用水现状表
采用节水器具
景观用水不采用市政供水</td></tr>
</table>

续表

绿色校园建设规划目标	节水	合理确定雨水收集利用方案
		可再生水源符合利用标准
		避免用水设备超压出流景观用水采用低压喷灌非传统水源利用率≥20%
	节材	编制施工现场500km以内的材料用量表 定材料用度计划表 固体废弃物回收利用率≥30% 减少原材料的消耗
	减少污染	减少噪声污染白天≤70dB，夜晚≤55dB 减少震动（及时检查，维修设备，设置声音隔离带）
	保护环境	垃圾进行分类回收利用减少废气排放 减少废水排放 减少固体废弃物排放

(1) 方位与形体

校园在整体规划时首先应考虑合理的方位，校园内的建筑单体要考虑合理的朝向，各功能分区要布置合理，也要相互搭接，不能给校园的出行造成拥堵。校园的建筑单体的朝向是基于校园整体规划的基础上，参照当地的气候特点，日照辐射等因素综合考量而得出最佳朝向，力求夏季通风流畅，冬季日照时间长，以抵御寒风的侵袭。

(2) 因地制宜校园规划

校园的扩建、新建、整体搬迁，新校区的选址主要为市郊的荒地，在建设的过程中要尽量保持原有的地形地貌，如确实需要改变原场地的地形及环境，在建设之前要制定好场地环境恢复措施方案以备选择，避免破坏当地的文物、森林、基本农田、自然水系、湿地等其他自然保护区。

学校选址立项之前，应该考察当地的地质条件，防止校园选址在自然灾害频发地段及污染严重场地，校园是人均密集度比较高的地方，远离污染远的距离符合现行国家有关标准的规定。建设过程中充分利用原有地形地貌，高景效的水景体系，主要借助以下两方面的自然因素：

1.天然的水资源可以为校园水体提供纯生态的原质水，保证流经校园水体的更新；

2.以校园原有的低洼地势为基础，进行水系设计建造，避免挖土石方，同时也避免对原有地形地貌的破坏。

综上，绿色校园规划阶段的建设模式分析图如图8-1所示：

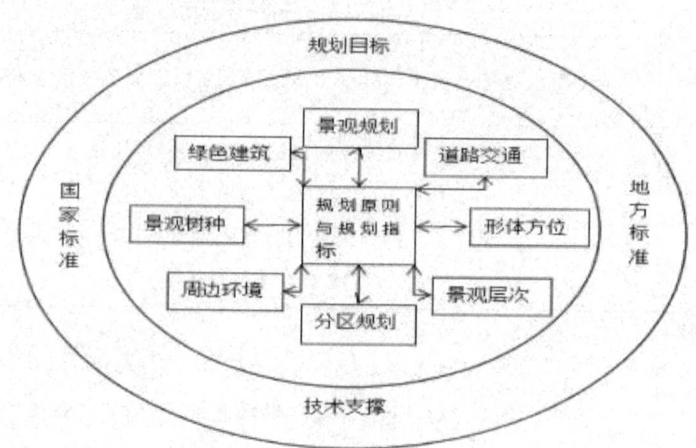

图8-1　规划阶段模式分析图

二、设计阶段绿色校园建设模式研究

（一）设计阶段绿色校园建设问题

（1）人员方面

设计人员选取安全系数偏大。在现行制度下，设计安全质量是终生制，从而导致设计人员不会刻意减少工程成本而增加自己的风险系数，导致工程预算只增不减，限制了绿色校园的发展。

（2）技术方面

设计单位重技术水平轻经济指标，在工程建设领域技术与经济脱节是普遍现象，设计人员偏重安全性能与建筑功能，并不太注重经济上是否合理，从而造成成本的增加；设计周期较短，招标任务书过于简单。由于新校区建设的迫切性，常常是几千亩的校园规划一体化设计，要求在很短的周期里完成，设计图纸经由专家评审常常出现各种问题，有时不得不对设计方案进行重新设计，造成人力、物力、时间的浪费；由于设计的模式化，缺乏创造性，校园建设大致相同，不能体现地域特色。

（3）管理方面

由于设计阶段管理的复杂性，导致后期设计变更增加，增加了项目的不确定性；另一方面由于受委托方的要求而发生变化，从而在施工中难以实现，而必须做出改变从而引起一系列的连锁反应。

（4）设计阶段相关标准

表 8-2　设计阶段参考标准

编号	标准编号	名称	发布日期
1	92年国务院100号令	城市绿色条例	1992
2	CR1752-1998	建筑物通风·室内环境设计标准	1998
3	GB18586	室内装饰装修材料聚氯乙蟒卷材地板中有害物质含量	2001
4	GB18587	室内装饰装修材料地毯、地毯衬垫及地毯胶黏剂有害物质释放限蚩	2001
5	GB18588	混凝土外加剂中释放氧的限量	2001
6	GB18580	室内装饰装修材料大造板及其制品中甲醛释放限量	2001
7	GB18584	室内装饰装修材料木家具中有害物质限量	2001
8	GB18585	室内装饰装修材料壁纸中有害物质含里	2001
9	CJ164	节水型生活用水器具	2002
10	GB50335	污水再生利用工程设计规范	2002
11	GB/T18883	室内空气质量标准	2002
12	GB50034	建筑照明设计标准	2004
13	GB7106	建筑外窗气密性能分级及其检测方法	2008
14	GB18582	室内装饰装修材料内墙中有害物质限里	2008
15	GB18583	室内装饰装修材料胶黏剂中有害物质限量	2008
16	GB18581	室内装饰装修材料溶剂型木器涂料中的有害物质限量	2009
17	GB50118	民用建筑隔声设计规范	2010
18	GB6566	建筑材料放射性核素限量	2010
19	GB/T50785	民用建筑热湿环境质量评价标准	2013
20	CJJ45	城市道路照明设计标准	2015
21	DB33/T737	普通高等院校单位电耗定额及计算方法	2015
22	GB50176	民用建筑热工设计规范	1995/3/19
23	GB19577	冷水机组能效限定值及能源效率等纲	1995/6/26
24	建设部令第143号	民用建筑节能管理规定	2005/11/10
25	GB18870	节水型产品技术条件与管理通则	2007/7/1
26	GB/T2589	综合能耗计算通则	2008/2/3
27	GB50336	建筑中水设计规范	2008/8/1
28	GB3096	城市区域环境噪声标准	2008/10/1
29	JGJ/T163	城市夜景照明设计规范	2009/2/1

续表

编号	标准编号	名称	发布日期
30	GB12021.3	房间空气调节器能效限定值及能效等级	2010/3/1
31	GB19576	单元式空气调节机能效限定值及能源效率等级	2010/11/30
32	GB50325	民用建筑工程室内环境污染控制规范	2011/6/1
33	JGJ50	城市道路和建筑物无障碍设计规范	2012/9/1
34	GB50033	建筑采光设计标准	2013/2/1
35	JGJ64	饮食建筑设计规范	2014/5/12
36	GB50189	公共建筑节能设计标准	2015/10/1
37	JGJ36	宿舍建设设计规范	2017/6/1

在设计阶段要严格按照绿色校园各规范标准进行，把握技术上可行，经济上合理的原则，综合考量影响校园室内外的声、光、热、风、温度、湿度等自然因素进行合理的设计。运用图8-2设计阶段绿色校园建设模式分析图对绿色校园建设模式进行详细的阐述。

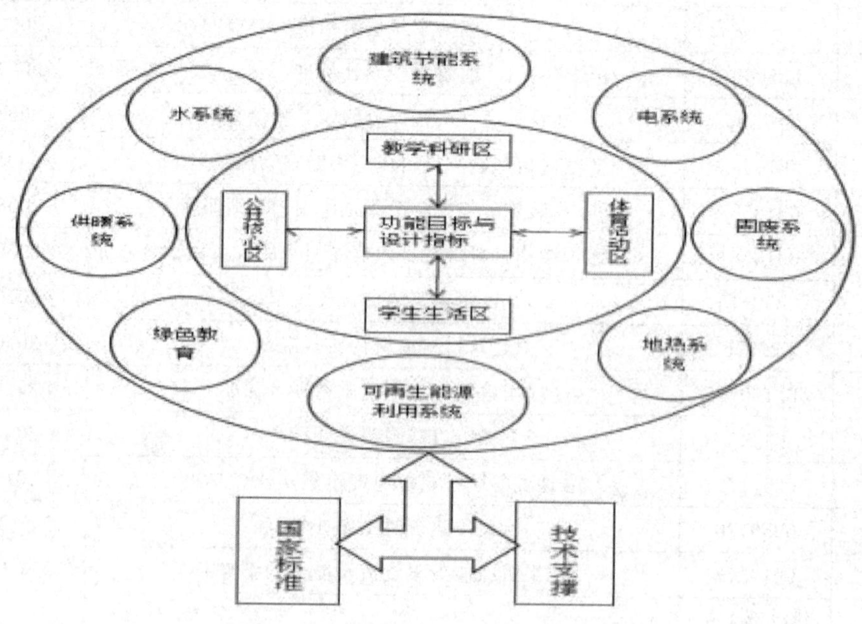

图8-2　设计阶段建设模式分析图

（三）设计阶段绿色校园建设设计原则和方法

表8-3　设计阶段的主要目标控制层

设计阶段主要目标控制	分类	指标内容
	合理规划布局	1. 功能空间连通率（＞50%） 2. 空间亲水间距（＜500米）

续表

设计阶段主要目标控制	人行空间设计	1. 人行道连续遮阴率（>10%） 2. 无障碍设施达标率（100%）
	校园绿色生活	1. 绿色科研投入比例（>4%） 2. 绿色生活行为方式 3. 绿色校园满意度（>80%） 4. 校园绿化率（≥30%） 5. 校园合理布置分类回收垃圾箱
设计阶段主要目标控制	资源集约利用	1. 可再生能源利用率（>3.5%） 2. 非传统水源利用率（>25%） 3. 施工中将固体废弃物进行分类回收 4. 保证质量的前提下，已废弃物为原料生产的建筑材料占同类材料的30%以上 5. 使用创新性节材措施
	环境友好营造	1. 建筑垃圾回收利用率（>30%） 2. 各室内照度值符合《建筑照明设计标准》 3. 噪声达标区覆盖率（>90%） 4. 教学区实行全面禁烟制度 5. 室内外热岛平均值≤1.5℃ 6. 食堂设计符合《饮食建筑设计规范》 7. 可建设用地综合容积率市郊0.6-0.8

数据资料来源：查找资料统计分析

随着全球化经济的快速发展，世界逐渐走上了均质化的道路，各个地区的传统特色和地域特色逐渐遗失了，随之充斥人类眼球的是单调的、无差别的世界。随着经济的发展，教学质量的不断提高，校园空间更加合理化，导致校园建设速度的加剧，校园建筑的地域特色消失，过于追求规模而忽视了地域特色，无法与周边环境和谐相融。校园建设的趋同化是设计导致的，使其丢失了原有地域风情风貌的个性化特征，可见校园建设亟待地域特色的重塑。

校园建设要因地制宜，以原有的地形地貌为导向，尽可能的保留原有的生态环境，形成建筑与地域有机融合的校园空间、校园布局、景观层次相协调。

（1）校园建筑与地域气候相结合

校园设计不仅体现在建筑的具体表现形式，史是结合当地的自然气候、地形地貌以及师生生活方式。校园建筑设计考虑的因素很多，首先要考虑当地的地形地貌，风士人情，气候条件，其次要考虑建筑的朝向、采光通风、体形系数及围护结构等都对建筑设计有重要影响。在设计时把握好当地的气候特点，做到目标明确，石的放矢，有利的自然气候加以利用，同时避免不利气候的影响，做到“防”与“用”有效结合。

图 8-3　德鲁克白莲花学校

国内外有许多结合当地地域气候设计的绿色校园优秀案例。如印度德鲁克白莲花学校（Druk White Lotus School）（如图 8-3）坐落于喜马拉雅山海拔地区，与西藏毗邻，该地区夏季高温达 40℃左右，冬季气温低至零下 30℃左右，为适宜当地的气候特点，设计师运用简单易于操作的被动式系统和主动式系统，最大限度的利用太阳能热效应；适应地理气候，学校建筑东南立面全部为玻璃幕墙，最大限度的利用太阳能效应，其余立面都用厚重的石墙充当蓄热介质，玻璃幕墙与天窗开启形成穿越通风，宿舍则坐北朝南，外墙利用被动式集热系统一特朗勃集热墙，蓄热保暖，特朗勃集热墙的顶部与底部设有可控制通风口，以便调节室内温度，调高采暖利用效率。

卡塔尔是一个三面临海的国家，气候终年炎热，属于热带沙漠气候，大多数月份白天气温高达 40℃以上，昼夜温差比较大，常年降水稀少，年降水量不足 1000mm。结合当地的气候特色这里的建筑设计主要考虑空气的冷却与通风。在卡塔尔校园的建筑设计中，设计师从当地古老的风塔住宅得到启发，将传统的冷却通风技术成功的应用到卡塔尔大学（University of Qatar）（如图 8-4）的校园建筑中白。建筑中运用蒸发冷却降温塔，从而不依赖不可再生能源消耗来满足师生的舒适度要求，同时又是屋顶的建筑组成部分，与当地的人文特色相呼应。

图 8-4 卡塔尔大学冷却通风塔

(2) 利用当地技术就近取材原则

校园设计不仅是一门艺术，更是向本地域传递信息的一个风向标。现在的校园建筑基本都代表了当地建筑风格，人文特色，所以更加体现了校园建设的重要性与严谨性。校园建设不以规模大小为评判准则，而是要以是否体现本学校的办学特色，办学质量，对周边区域的人文关怀，为周边地域所做的贡献大小为评判标准。所以在校园设计中要有体现地域特征的校园建筑，在建筑轮廓，建筑技术以及建筑材料的选择要最大可能的与当地条件相吻合，在满足安全标准与使用功能的前提下尽可能的降低建造成本与运营维护成本，并使其具有浓郁的地域特色。

运用地域特色的传统技艺，将校园建筑的结构轮廓、装饰风格、建筑技巧与当地的经济水平相协调，一方面体现传统的工艺水平和人文底蕴，另一方面也体现当地的生产力水平，从而让人们更加充分的了解当地的传统技术特点。历史已经验证了那些传统技艺与当地的特色材料相结合，设计了一系列物美价廉吏体现当地人文特色的绿色校园，例如南非的卢旺达小学（Umubano primary school）、孟加拉竹土学校（Modern Education and Training Institute，Bangladesh）等都是地域特色材料与传统技艺结合的典范。

Umubano primary school（图 8-5）坐落于卢旺达最大的城市基加利，目前这一项目被提名为阿卡汗建筑奖（aga khan award for architecture）。校园布局根据当地的地域特色、地形地貌由一系列倾斜的台阶，将教室与室外空间编织成一个网络，利用当地丰富的建筑材料如砖和竹子等建造学校，校园由一个图书馆和九间教室组成，构成了独特的教学环境。利用自然通风和建筑阴影达到建筑节能；教室开高侧窗，已补充室内采光以减少用电设备的照明时间，达到节能效果，同时专家和当地工人根据当地的气候特色设置了良好的通风廊道，将室内室外有效结合，娱乐空间和建筑构造完美结合，创造了一座优质的教育宝库。

图 8-5　卢旺达小学

孟加拉竹土学校（Modern Education and Training Institute，Bangladesh）被农田村庄所包围，生态环境没有遭到破坏，校园绿化率很高，是一所典型的传统绿色校园，规划范围建设过程不仅沿用当地的传统技艺，而且将建筑技术与当地丰富的建筑材料相结合，设计了代表当地特色的建筑风格，不仅成本低而且经济适用，挖掘了地方建筑设计的潜力，探索了一条与经济发展相适应与气候环境相协调的传统技术建筑道路。竹子和泥土是孟加拉国传统建筑的主要材料，由于受限于当地的技术水平，地基与防潮层的缺失，导致建筑易于损毁。孟加拉竹土学校在建设的过程中在继承传统技术精华的同时对不良问题进行了摒弃，如加固地基用砖是由当地河流冲击形成的淤泥沙烧结而成的；增设的防潮层是采用当地生产的聚乙烯薄膜作为防潮层，以填充当地传统技艺的不足，延长建筑的使用年限。竹土学校分为二层设计，底层四面都有厚厚的土墙所包围，只有向阳的一面留有不规则的孔洞，既可以当窗户也可以当门，将建筑与建筑之间接连相通，这样既保证了教室的保暖也满足了教室的采光，将自然可再生能源应用到校园可持续发展建设中。底层屋顶是由三层竹竿组成的建筑师为了教室保暖效果，在中间层的竹排上铺设了一层竹子做成的竹条，并在上面加设一层泥土混合物，增加教室的保温效果；上层屋顶是由四层竹梁框架结构组成的，既增加建筑的稳定性又满足泄水要求。二层建筑的外围护结构是由双层竹排围成的，预留有大量孔洞，给师生提供了360度无死角的风景观光平台，宽敞的内部空间也给孩子们留下了足够的运动区（如图8-6所示）。在建造过程中，充分利用当地的丰富建材和充裕的劳动力，将传统技术与现代技术有机结合，建成了最具当地特色的绿色校园。一方面提高了当地居民的建筑水平，另一方面也改善了当地落后的生活条件，也给在校师生提供了可持续校园发展实践例证。

图 8-6　竹土学校二层空间示意图

竹土学校的建设部分由当地村民参建，如土建工程和竹构架工程，不仅能调动当地居民的积极性，而且能让居民对传统工艺发扬和改进有进一步的加深与理解。该项目很好地诠释了地方技术与材料在校园设计上符合技术上与经济上的双重标准，并使之成为当地校园建设乃至城市建设的典范。

（四）设计阶段绿色校园设计模式

(1) 围护结构节能设计

建筑物与室外大气接触的外表面积与其所包围的体积的比值即为建筑物体形系数（Sharp Coefficient of Building）。建筑的体型系数越小则代表单位面积建筑内部热损失越小。寒冷地区的校园建筑一般设计为比较紧凑的建筑群组合，这种设计建筑体形系数小，散热小，有利于保持室内的温度，从而减少室内用电设备加热带来用电的经济损失；气温较高地区的校园建筑更适合体形系数较大的，这样更有利于建筑内部热能的损失，保持室内温度的适宜，同时在建筑窗前适宜的地方种植低矮灌木，以增加空气的流速，有利于炎热夏季的通风降温。

1.外墙保温隔热

校园建筑群体设计应参照德国被动式建筑节能技术，建筑节能率应参照各省地方节能标准《居住建筑节能设计标准（节能75%）》的基础上再节能60%，争取建筑节能率能达到90%，满足超低能耗建筑的节能标准，而墙体作为外围护结构中的关键部位，它的保温隔热性能将决定整栋建筑的保温隔热性能，在设计外墙结构时要严格按照节能设计标准执行，及时借鉴国内外新产品，新工艺，以提高建筑的节能水平。寒冷地区的校园建筑以提高外围护结构的保温性能为主，炎热地区的校园建筑以提高外围护结构的隔热性能。

①外墙保温，在施工的过程中，根据校园建设的地域不同，通过适当调整保温层的厚度来确保外墙传热系数的大小来达到绿色节能标准的要求。在寒冷地区

的校园建设中，把外墙保温列为施工的关键环节，利用逐层渐变，柔性释放的原则，选择合适的材料及恰当的施工方法，以达到现行绿色校园建设保温节能抗裂的标准，让部分（玻璃幕墙、保温门窗、采光顶）综合传热系数K＜1W/m2.K，太阳的热系数SHGC＜0.5，不透光部分（保温墙体、屋面）传热系数K＜0.3W/m2.K。

②外墙隔热，利用浅色的外墙饰而以减少对太阳热辐射的吸收，墙体内设绝热材料以阻断热量向室内传输；将传统的冷却通风技术应用在外墙上也同样适用，外墙设有双层，中间为空气夹层，利用热压通风原理，即可以将外墙外表而吸收的热量带走，也可以将外墙内表面的室内传递的热量带走，以维持室内温度的适宜。

2.屋面保温

屋面相对于建筑其他部位而言温度较高，所以屋面保温要采用热惰性大的材料，相对于外围护结构而言，其得热和散热都比较大，同时应关注保温、隔热等节能措施。通常采用的保温屋面有以下几种：双层通风隔热屋而、蓄水屋面、种植屋面、反射屋面等结合新型的保温材料，根据不同的地域气候特色，选择适当的屋面结构以求达到屋面保温效果，最大可能的降低建筑能耗。

3.门窗保温

门窗作为外围护结构中最薄弱部分，保温隔热性能也最差，提高门窗的保温隔热性能将是外围护结构设计的重点。影响门窗保温隔热性的主要因素有：门窗玻璃材质，门框、窗框厚度、玻璃与门窗框的气密性等。校园建筑门窗上最常选用的玻璃形式有四玻三腔、三玻两腔、两玻一腔、镀膜玻璃等，通过玻璃的厚度及中间填充的惰性气体的不同调节门窗的保温隔热性能。建筑出入口处应设置旋转门或设置自动闭门器，减少冷气的渗透。

（2）热桥处理

热桥处理是一项减少能量损失的措施，因此要在校园建设的图纸设计中尽量避免热桥出现，对进出建筑物的管线要采用无热桥技术处理，避免在建筑物内出现结露霉污现象。

在建筑外围护结构中突出的构件用保温材料完全包裹，外墙上的雨水管支架基座，在基墙上预留安装的位置，金属支架与墙体之间垫装隔热材料，避免热桥的产生从而影响建筑结构性能。出屋面的通风管道热桥处理：出屋面的风道不与主体一起浇筑，而是用砌筑的方式完成。砌体材料选用带有保温性能的绿色建材，屋面保温与其一起施工，形成一个完整的整体，增加建筑外围护结构的保温性能，主体结构与悬挑构件之间断开，做好保温隔热措施，最大可能的降低热桥的影响。

（3）室内采光和通风

1.室内采光

校园建筑中像教学楼、科研楼、图书馆、办公楼等都对亮度有一定的要求，为了保持适宜的亮度，同时节约电能，应严格执行现行国际标准《建筑采光设计标准》的要求，提高办公室、教室等室内场所自然采光效果的可行性方案，教室尽可能采用双侧窗户照明，可减少炫光的产生和亮度不均。大体型、大进深建筑可采用开天窗和开侧高窗，如体育馆。也可采用新型材料用磨砂玻璃引入漫射光，如Vitus Bering Innovation Park外围护结构采用大面积开窗和磨砂玻璃引入自然光，光线可以经过建筑顶部的圆形采光桶进入建筑内部，满足公共空间的照明需求，在建筑内部设置反光顶棚，这样有利于建筑内部开双侧窗教室的采光需求，门窗处安置具有反射功能的材质，将建筑内部光线传递到室内深处，以达到正常的照明需求，减少用电设备的工作时间。

校园内的地下室和半地下室采光方式有：完全地下空间利用采光井采光或结合做好密封性的玻璃天窗采光或利用采光桶采光；半地下空间利用高侧窗采光，满足地下室和半地下室的室内照明标准。

2.室内通风

校园建筑自然通风形式有风压通风和热压通风。校园建设尽量利用建筑朝向方位与当地夏季主导风向相一致的原则，尽量形成穿堂风带走室内大部分的热量，为了增加通风效果，将建筑迎风面的入风口开启适宜的宽度满足通风需求。在校园建筑单体上设置了光伏电板、蓄水屋面、植被屋面等，可起到对屋顶的保温隔热效果；设置地源热与空调的热交换系统，来保持室内温度的适宜，夏季利用自然通风有助于改善室内热环境，缩短室内耗电制冷设备的工作时间，降低能耗，减少运维成本。

国外有许多利用自然通风设计的优秀案例我国可以借鉴用于校园的建设，如Coventry University of UK的图书馆，其独特的通风烟囱让人印象深刻，由于其空间体型较大无法利用风压穿堂风对建筑内部降温，所以建筑内部设有四个外侧天井和中央中庭作为风井，利用热压通风的方式给建筑内部降温。借助水的良好性能，如湖面吹来的凉风可以改善了建筑内部的高温环境，夜间正常开启幕墙，晚风可以给建筑降温；冬季则关闭中庭，形成被动式温室效应，使缓冲间空气升温，与供热设备协调适用，维持冬季建筑内部适宜的温度。

（4）地缘热与空调热交换系统

目前校园各功能单体建筑都采用分散式空调系统，大体型校园建筑采用集中空调系统，如图书馆、体育馆等；宿舍采用集中空调系统，冷热源分流装置，分户配置，虽然对能源节约进行了很大的改善，但是不够彻底。没有充分利用可再生能源，如地热能。地源热泵系统与空调系统结合，利用天然地表水或浅层地下水、浅层地能，满足冬暖夏凉，可大大节约用电空调系统的运行时间达到节能的目的。此外，还可以优化空调系统的设置和提高运行能效等措施改善校园的能耗现状。加大空调设施管理可以从以下几方面考虑：

1.冷热源系统的选择与改造宜与当地的气候相适应，用能需求相适应，符合各地区公共建筑节能标准的要求。

2.从风机、风道、风阀、水泵、水管部分进行改善，优化输配系统。

3.利用末端系统结合系统运行方式，节省空气处理消耗的能量并改善区域空气品质。根据各功能建筑房间用能需求和热水需求，确定地埋管的深度及数量，设计相适应的供能节能系统，体现绿色校园的优势。

（5）太阳能利用系统

在校园建设中将光伏系统与校园建筑一体化设计如图 8-7 所示，选择平板式太阳能集热板，根据热水需求得出太阳能集热板面积。将风光联储发电系统与校园供电设备并网节约电耗，校园路灯采用光伏路灯。

图 8-7　光伏系统与建筑一体化设计

（6）热回收新风利用系统

将全热回收地源热泵机组、地埋管线、地热井、除湿新风机构成一个循环回路，利用地缘井适宜的温度，改善室内外的环境，通过除湿新风机改善室内的空气湿度，达到适宜的空气质量，减少用电设备运行时间，大大节约了校园电能的消耗。

三、施工阶段绿色校园建设模式研究

（一）施工阶段绿色校园建设问题

（1）技术方面

学校与相关部门配合，解决施工过程遇到的各种问题。如施工技术方案设计不合理，没有严格按照图纸施工。整个工程项目建设中，砌体施工技术、钢筋施工技术、混凝土施工技术没有得到严格落实，容易导致裂缝等质量问题发生，同时加大养护维修难度，最终不利于保证施工效益。

（2）经济方面

施工之前忽视成本预算，没有对每项成本支出进行科学合理安排；再加上在施工过程中，对机械费、人工费和材料费的控制不到位，未能对各项费用支出进行有效管控；不注重成本的动态管理与控制，容易出现成本超支现象，最终降低工程建设效益。施工过程中采用的各种新型材料，绿色材料超出了正常的预算范畴造成成本的增加，限制了绿色校园的发展；施工技术的落后导致设计图纸的变更增加工程项目的成本费用。

（3）管理方面

1.质量问题。部分施工人员质量管理意识淡薄，没有严格按图纸施工。整个项目施工中，质量控制制度没有落实，施工材料质量不合格，甚至忽视每道工序质量管理；再加上施工现场巡视和检查没有得到足够重视，对存在的质量缺陷也未能及时修复，最终影响工程建设效果。

2.安全问题。部分施工人员对安全管理的重视程度不足，安全管理制度没有严格落实，给项目工程建设带来很大隐患。此外，施工现场用电安全管理被忽视，没有按要求操作施工机械设备，最终可能导致安全事故发生，甚至出现延误工期的情况，给工程建设带来不利影响。

3.进度问题。项目施工之前，没有对施工现场进行详细和全面调查，对项目施工基本情况的掌握程度不够，进而导致施工进度计划不合理，难以有效约束和规范现场施工。此外，忽视施工进度的动态控制，没有严格按要求开展巡视和检查，也没有针对性地对施工进度作出适当调整，甚至还可能出现延误工期的情况；建立完善、科学的施工管理队伍，及施工队伍的可持续培训。

（二）施工阶段绿色校园建设原则和方法

建设部发布的《绿色施工导则》定义绿色施工为：在工程建设中，在保证质量、安全、技术可行性、经济合理性等基本要求的前提下，通过科学管理和技术进步，最大限度地节能降耗，减少对环境有负面影响的施工活动，实现“四节一环保”。绿色施工作为建筑全寿命周期中的一个重要阶段，是实现建筑从图纸到现实的重要阶段，有重要的历史使命的。

绿色施工是绿色校园建设的隐性因子，但也有其无可替代的作用，它是绿色施工技术的综合体现。绿色施工技术不是脱离传统施工技术的一种全新施工方法，而是在可持续的视角下审视传统施工技术，是否符合“绿色化”的节能减排技术。

绿色施工是一个系统性工程，它与工程的规划、设计紧密相关，它包括施工准备、施工组织设计、施工过程、设备运行与维护和竣工后的生态复原等要达到绿色施工的共识与全民的环保意识息息相关，并且全员参与监督绿色施工的实施，形成一种生活习惯。实施绿色施工应对策划环节、采购环节、场地管理、竣工验收等各个环节加强控制，加强对整个施工过程的监督与管理，尤其是将隐蔽工程要在专人监督下进行。

(1) 绿色施工环境保护

施工过程中的场地的平整、土方工程、主体结构工程、装饰装修工程等施工全过程采取洒水、覆盖、遮挡、绿化等降尘措施，加强对噪声与振动控制、水污染控制、光污染控制、建筑垃圾的回收利用、地下文物、设施和资源采取措施进行保护。

(2) 节能与能源利用

校园的建筑设计应符合国家现行相关建筑节能设计的强制性条文，不应采取用电直接加热的供暖、供水系统；风、光、水电、湿度、热量应根据各功能建筑的需求，分类分项计量；各房间或场所的照明密不应高于现行国家标准《建筑照明设计标准》GB50034中规定的现行值。

(3) 节水与水资源利用

在建筑平均日用水量严格要求达到国家现行标准《民用建筑节水设计标准》GB50555中的节水用水标准，来减轻水资源短缺的压力，采取有效的措施避免管网的漏损，减少水体的污染和水资源的浪费；控制管网水压，过高的压力会造成管网的损坏或降低管网的使用寿命。加强对水资源节约监督分析，主要从两个方面采取节水措施，一是收集利用再生水（Recycling Water），再生水是指废水或雨水经过简单的物理处理或化学处理，达到一定的水质标准，以达到日常非饮用用水，是可以进行有益的使用用水；二是开发利用中水（Reclaimed Water）。施工阶段应根据水平衡测试要求安装分级计量水表国，编制日常建筑施工用水及生活用水度量表，及时发现问题及时改进，节约水资源。

(4) 节材与材料资源利用

材料资源的节约迫在眉睫，实现能源的可持续发展，我们应该采取如下措施：

1.不得违背国家和地方明文规定禁止和限制使用的建筑材料及产品的使用。

2.根据地域特色择优选择建筑形体及方位，符合国家的抗震设计规范。

3.校园建筑中结构体系、结构构件进行优化设计，达到节材的效果。

（三）施工阶段绿色校园建设模式

（1）绿色施工模式的理念

绿色施工模式是指在保证工程项目质量和使用功能的前提下，通过统筹工程管理办法和优化的施工技术方案，最大限度的实现节约资源与减少环境负面影响的一种建筑施工模式。绿色施工技术不是单一的施工技术，它涉及跨学科专业之间的相互耦合，以求实现资源的节约，它涉及的学科包括新型材料技术、环境工程、运筹管理科学、管理信息系统、智能控制技术等学科组成一种系统性的施工流程，借鉴国内外有益的经验成果，全方位的考虑施工活动的科学性。绿色施工的本质是指将一种“绿色化”的思维模式运用到施工的全过程中，将每一个施工工序进行科学的优化设计，实现减少投资成本，保护环境、节约能源，减少对社会的负面效应。

（2）绿色施工模式的特性

绿色施工不仅体现在封闭的施工环境和减少污染、降低噪音，主要体现在遵循原有地形地貌，减少施工场地的互相干扰，因地制宜，“四节一环保”的施工理念，节约水、电、材料等生态资源与环境能源，减少废弃物填埋处理，建立建筑垃圾分类回收利用机制，实现资源的节约。在绿色施工的过程中不免与传统施工形成对比，在特定的条件下可以相互转换，当传统施工经过技术的创新，提升科学的管理方式，以科学发展观和可持续发展为指导，追求最大化的经济效益、社会效益、环境效益为目标，最终将会实现绿色化的施工管理；然而绿色施工随着科技的进步，施工工艺依旧停滞不前，造成资源能源的浪费，依旧会变成“传统施工”。

（3）项目各参与方在绿色施工过程中的职责

项目建设中的各参与方包括投资方、承包商、勘察设计方、监理方、供货方、消费者、政府部门等项目各相关方的参与，各参与方之间即独立又依附，职责也各不相同，都为各自的利益服务，但又保持相对的平衡以求项目和谐发展，各项目相关方的职责主要表现如下：

1.投资方的职责：①在招标文件中设置标书的绿色评选条件。绿色施工很大程度上是由投资方所倡导，由施工企业所完成，所以投资方在前期调研和可行性评价报告中要严格规范自己的职责使命，投资方以环境可持续发展为先导，尽可能降低投资成本，对施工企业的资质及业务能力和商业信誉进行考核，以达到绿色施工的环保要求。在项目进行初步设计和招标文件编制时，要优先设置关于绿色施工评选条件的技术标，将绿色理念贯穿项目的始终，从而将绿色施工思维在我国的建筑行业中发展普及。②提出绿色设计需求。投资方自己或是委托具有相应资质的勘察设计单位，在考虑本身利益的前提下，在技术上可行，经济上节约的条件下，要求设计方提供有利于绿色施工的设计方案；同时委托监理单位协调好各项目参与方的关系，保证工程按质按期完成。③投资方站在可持续发展的角度，行使社会义务，为绿色施工的全面开展，作出应有的贡献。

2.承包方的职责：①对施工过程实施可视化的施工管理，借助先进的软件系统。承包方借助BIM大数据平台，设置专项施工管理人员，监督各施工工序的绿色施工技术，及时反馈到BIM大数据平台，进行专家的在线随时指导，将绿色施工与施工技术反馈同步进行，从而确保绿色施工技术的且行可施；②加强对绿色建材的管控。把控好材料质量验收的最后一道关口，确保使用的建筑材料符合国家规定的“绿色环保标准”标准。③优化施工技术和改进施工机械。承包方应严格要求自身，对不符合环保节能的施工技术应予以优化；对施工效率低、噪声大的设备应予以维修或改进以提高工作效率，降低对环境的污染，以求达到绿色施工的要求。

3.勘察设计方的职责：①满足业主的需求，按照国家标准规范设计；②通过现场踏勘，多方案比对，选择最优方案；③严格按照合同设计，如发现业主需求设计技术无法达到时，要及时与业主协商，进行设计变更；④对设计图纸进行精细化管理，组织专人进行设计交底；⑤派驻施工现场的设计代表具有很高的专业水平及协商沟通处理能力。

4.监理方的职责：①帮助业主管理项目，监督各施工企业严格按照招投标文件要求，进行绿色化施工，对隐蔽工程的施工质量按规定定期验收；②协调各项目参与方组织有序的各施工工序的施工，协调各参与方的利益冲突；③帮助业主进行合同管理，以及工程完工的竣工预验收。

5.供货方的职责：①如期履约合同约定的内容；②做好材料供应的计划清单；③负责材料的出厂合格验收；④与施工方协调物资消耗情况，了解供货渠道和市场材料变化。

6.消费者的职责：①消费者要增强自我环保意识，在消费时不仅要选到自己称心如意的物品，更要关注它给生态带来那些负面影响；了解绿色施工技术其实与自己息息相关，对不符合绿色施工要求的建筑要及时向政府或投资方反馈，将绿色行为做到全员参与，全民监督，让绿色行为常伴我们左右，让祖国的绿水青山“青春永驻”。②消费者的反馈意见，决定未来市场的发展方向，而社会需求将影响施工单位的施工技术和管理措施的决策，从而降低施工活动对环境的影响。

7.政府的职责：①加强绿色施工的宣传教育，提高项目各参与方的环保意识；

②制定相关绿色施工技术的政府补贴政策，以鼓励施工单位的绿色施工的积极性；③严格管控项目的立项审批。政府作为项目的审批者与监督者，以为社会公共利益服务为宗旨，在项目立项、规划审批阶段严把关，做到符合区域整体规划，节能降耗，避免二次改造，延长建筑的使用寿命，增加建筑的溢价效益。

四、运维阶段绿色校园管理模式研究

（一）运维阶段绿色校园管理问题

（1）技术方面

“硬件”系统与“软件”系统发展不平衡。“硬件”环境是指校园建筑、校园用能、校园美化、各种能源计量软件；“软件”系统指文化、制度、管理体系等。随着经济技术的发展，运维管理软件推陈出新，与传统管理模式形成冲突，新旧接替不及时。“软件”环境是“硬件”环境的基础，“硬件”环境是“软件”环境的保障。

（2）管理人才的欠缺

运维管理阶段关键因素就是节能管理人才，而这方面人才也是最稀少的。最初的设计对后期的节能有着决定性作用的，前期的节能管理人才在进行设计时，拥有高水准的节能知识与节能体系是至关重要的。根据合理的设计图纸，将数据信息传递给施工方，两者根据自身的特点与任务相互交流，最终达到节能管理全生命周期的流程体系。目前，最重要的还是在于设施管理人才的培养，但目前整个物业管理不受重视，地位低下，虽然学校努力培养一大批高素质的设施管理人才，由于管理机制问题，不能有效的发挥作用。我们需要做的就是将能源管理、设施设备管理单独剥离出来，用全新的机制来规范建筑能源管理，实现部分能源专业化和市场化，吸引大批管理人才加入到这个行业中来，从根本提升建筑能源管理水平。

（3）管理信息不通畅

传统运维管理包括手动建立设施设备档案，通过人工记录维修信息，手动查询相对应的图纸、维修手册。这种管理方式使工作人员不断重复工作，效率低且出错率极高。当设施设备数量较多时，常出现信息的错误和遗漏等现象。主要归结为以下四方面：①数据来源不准确②信息流转不顺畅③信息传递不及时④图形查看不直观。

（二）运维阶段绿色校园管理原则和方法

这一阶段是设施运维管理模式的萌芽期，学校的管理者应视学校的具体情况，定义绿色校园设施运营维护管理的期望值。利用英国的丹尼斯·巴库斯（Dennis

Parkes）提出了设备综合工程学，在经济学的角度解析就是以设施的全生命周期费用作为评价设施管理的重要经济指标，并追求全生命周期费用最省。一般而言，设施的使用寿命及在设施的全生命周期内的费用消耗最能直观的体现设施运营与维护管理模式的价值所在，它作为校园全生命周期建设的一部分，涉及到促进校园本地域或全社会范围内设施管理水平的改进和为我国经济发展减负，履行其肩负的示范功能，利用自己的教育资源和知识溢价来对校园周边及社会产生影响，通过这样的管理模式及示范效应来帮助粗放的社会管理过渡到集约化的社会管理模式，在校园中全员参与制影响周边人群。这意味着所有学校资源都能实现绿色大学可持续发展的使命，无论从节能减排、管理模式乃至人文情怀都能形成生命的延续，这种愿景对于校园的可持续发展没有阻碍，管理者只需依靠自己的大脑，切合实际的想象与创造。

（三）运维阶段绿色校园管理研究

为加强校园设施管理对企业及社会的空间溢出效应，加强校园师资力量的核心竞争力，提出如下建议：

首先，以市场化导向建立校园设施运营与维护的计划管理预修制，让校园的设施管理不仅仅满足校园的发展现状，更要从知识溢价角度来看，校园知识的最终价值取向受行业及社会发展的影响，由市场导向，并反作用于市场。

其次政府补贴的“绿色化”管理模式中，要注重提高与市场接轨的应用化水平及管理创新溢价效益，以吸引企业的投资，加强校企合作。

最后在设施运营管理与维护预维修之前，我们通常对设施运行进行需求分析，设施管理组织与环境的相互关系。（如图8-8）

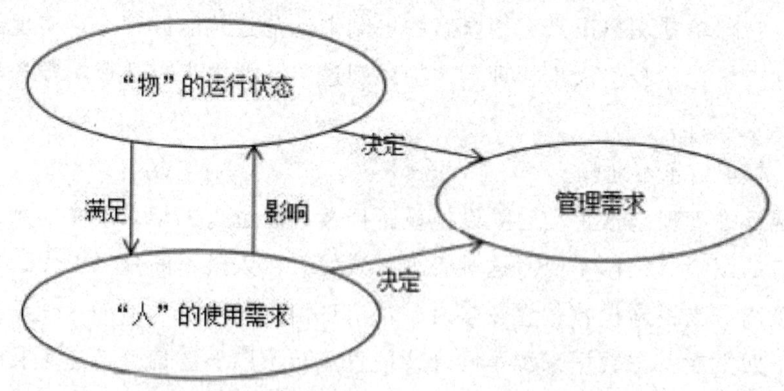

图8-8　设施管理组织与环境的相互关系

“物”的运行状态。“物”的运行状态即校园的“硬件”设施和“软件”设施以各设施的功能目标及设计目标来体现，例如宿舍楼、图书馆、食堂等，必须满足各功能分区的使用功能，建筑的安全性，适应性，经济节约性，以及能否体现当地的地域特色；独创的智能监测平台RS-485总线式数据采集系统，必须达到设计标准值，能分量计算校园各能耗分析情况，进行数据的收集与反馈。

“人”的使用要求。在预维护管理阶段，要体现以人为本的设计情怀，“人”的使用要求与“物”的运行状态息息相关，既相互促进又相互影响，同时决定着管理的需求和方式。

管理需求。“物”的工作状态和“人”的使用要求决定着管理需求，是设施运行需求的终极目标。4M1E法对管理需求提出了更加精细化的管理分析，（如下表8-4所示）。

表8-4　4M1E精细化管理分析

方面	序号	分析项目	分析演
人	1	设施使用者	使用人数、使用时间、使用水平、使用频率，使用要求
	2	运维人员	操作、技术和管理人员类型，数量及能力要求
材料	3	能源供应	能源供应的类型、数量，采购方式、供应商等
	4	备品配件	备品的构件类型、数量采购方式，供应商、库存周期
机械	5	建筑物与设备系统	设计指标、构成状况、 技术标准、分布地点及安装位置等
方法	6	操作规程	操作人员必须遵守执行各类规章制度
	7	使用说明	使用者必须严格按照说明规范操作
	8	管理制度	设施运行与维护人员必须遵守管理条例
环境	9	法律背景	国家政策、地方政策、法律法规等强制性文件
	10	工作环境	设施运行的自然环境，如采光、通风、照明、湿度、热量
	11	经济环境	设施运行与维护的财务预算及要求
	12	外包管理	外包的范围，类型、方式、数量和外包标准等

（四）设施环境管理的目标体系

建筑设施环境管理的目标是在设施的全生命周期内，通过设施管理者的全员参与，采取各种管理措施及技术措施（包括环保设计技术、节能技术、新型施工技术、污染处理技术、建筑垃圾分类处理及回收利用等），在实现建筑设施功能、安全、可靠、耐久、高效等目标的基础上，减少设施全生命周期内的能源消耗、原材料消耗、减少污染、减少对生态环境的破坏，最终实现设施管理的可持续发展。设施环境管理的目标体系如表8-5所示：

表 8-5 设施环境管理的目标体系

设施环境管理的目标	减少资源消耗	1. 减少原材料消耗 2. 减少有浮源消耗
	减少升酷	1. 减少固体废弃物非放 2. 减少废水排放 3. 减少废气排放
	减少污染	1. 减少噪声污染 2. 减少设备振动 3. 减少粉尘污染 4. 减少光污染
	提供舒适的环境	1. 与周边社区协调共融 2. 校园设施对周边社区持续开放 3. 能源资源高效清洁 4. 学生生活区保持健康整洁
	其他	1. 不破坏或少破坏自然景观 2. 校园用地不占用农田

设施环境管理在管理目标的引导下的P（策划）、D（实施）、C（检查与纠正）、A（持续改进）国际通行的管理模式，借助和使用先进的技术、方法和实践经验，借助本项目各能源监控平台，设施运维目标，搭建大数据平台，以达到不断改进的设施管理绩效目标，实现校园的可持续发展。

第二节 绿色校园设计策略

一、校园绿色文化的精神体现

对于早期建设的校园而言，受各类资源限制，校园绿色发展的规划设计并没有被提升到校园顶层设计的高度，这导致校园从建设之初就缺乏“绿色基因”，即使有着绿色校园的理念和诸多措施，校园绿色文化的形成已产生了阻碍。本节将绿色校园评价指标中的选址与土地利用、空间布局、绿色交通、绿化景观作为体现校园绿色文化精神的主要建设指标，探讨其设计策略。

（一）选址与土地利用

（1）科学的选址

在校园建设之前，进行科学合理的选址是使得绿色校园得以可持续发展的前提。选址的科学合理性牵扯到诸多因素，应遵守国家、地方相关法律法规，符合城乡规划和各类保护区的规定，并进行各类用地适应性评估等。除此之外，为体现校园绿色文化，绿色校园的选址应着重从以下两个方面来综合考虑：

1.选址应紧随国家形势政策与宏观发展方向，始终追求新的发展机遇，同时结合城市发展战略和校园未来发展方向。如在西部大开发政策的指导下，四川、重庆等地区快速规划建成了一批新校园。同时，校园选址也应该关注城市的发展方向，关注周边的文教卫生等基础设施和便捷的交通等，因为绿色文化是开放共享的文化，若能结合选址优势，让师生走出校园参与科研实践、让社区居民走进校园享受教育生活，就能实现资源更大程度的利用。若校园选址在远离城市的区域，为了实现校园的发展、体现绿色文化的发展动力，校园应考虑对周边土地及相关产业的促进作用。比如上海的松江大学城，虽选址在偏远的郊区，作为一座没有“围墙”的大学园区，松江大学城为松江新城的建设和发展带来了许多机遇。

2.作为绿色校园，选址应与自然环境保持协调，尽量为校园创造较好的外部自然环境。如要考虑到周围的光照条件、空气质量、湿热程度等等。同时，校园的规划设计应充分尊重原生场地，保留原生态文化。比如在场地内保留较为有利的植物、水体等环境，并在场地周围设置校园原生态文化展示牌，形成原生场地记忆。原生场地具有一定的区域性特征，适当的进行保留利用，是开展校园文化传承与教育的重要基础，也是校园绿色文化的深层体现。如中国井冈山干部学院，选址在革命摇篮井冈山，规划设计之初对场地内的水杉树一棵一棵的保留记录，使建筑落位与树木的间隙之中，溪涧之侧，仿佛建筑就生长于此，这对校园师生的绿色教育意义非常大（图8-9）。

（a）总平面图

（b）教学楼外景

图8-9　中国井冈山干部学院总平面图及教学楼外景

（2）高效的土地利用

校园土地资源的利用情况反映了其对于绿色文化观念中可持续理念的理解程度。对于我国早期建设的城市型老校区而言，存在着普遍的用地紧张及资源浪费的现象。而随着大学城热潮新建的一些高校校园也存在着土地资源浪费的现象。

土地资源的限制是阻碍绿色校园发展的基础性问题，应该在建设前期就未雨绸缪做好用地紧张的准备，为校园预留出合理的弹性空间。除了常规的适当提高建筑密度的节地措施之外，还可以考虑从以下两个方面来提高校园土地的利用效率：

1.结合原有地形设计绿色教育空间

实际上，在科学的选址中应保护原生场地的生态，并适当采用修复措施减少对环境的破坏。但同时，原有的场地和生态也可以被充分利用，形成校园内的天然绿色教育空间。

2.开发利用地下空间

为保留更多的校园发展用地，也可结合建设情况适当的开发利用地下空间，这一点在校国标中也设置了明确的评分项。但是，地下空间经常容易被忽略或者没有得到合理的使用和妥善的管理，主要还是与地下空间的开发难度和环境缺点等相关。其实，校园地下空间的利用形式非常丰富，可以设置地下停车场、地下活动广场、设备用房、地下商场等等。随着负向建设技术的成熟，也可以利用地下空间建设图书馆、实验室、教学活动场所等，这种利用方式可以积极调动校园师生参与其中，史能体现校园绿色文化的生机与活力。

在利用地下空间方面，国外校园已有很多成功的实践案例，如美国耶鲁大学、哈佛大学的地下图书馆。两所图书馆均整体置于地下，并且设置了庭院式的阅览空间，供全体师生学习交流。我国已有部分校园对浅层地下空间进行开发利用，如上海科技大学采用整体地下空间开发模式，设置地下机动车停车系统、物流系统、设备系统等。北京师范大学昌平新校区利用校园布局形成的中心场地，设置公共性的中心地下空间。借此，在打造“书院园林”的校园中心景观的同时，又能形成下沉式广场，通过丰富活泼的入口吸引同学们愉快地走进地下空间。

（二）空间布局

校园的空间布局决定了校园的空间格局、功能分区、交通及景观规划等基本建设要素，是校园环境塑造的源头，也是校园文化氛围的直观体现，对校园的发展和学生的成长至关重要。

（1）绿色规划设计理念

校园绿色文化的形成从规划设计阶段就已经展开了，而规划设计的理念就是决定校园文化走向的指示牌。具有绿色文化思想的校园规划设计应将生态和谐发展、人类自由全面发展、经济可持续发展等发展理念融入校园的整体规划设计之中，形成绿色的空间布局结构，助力绿色校园建设工作的全面展开。

规划设计的理念并不仅仅是指导校园建成的依据，也是决定校园文化走向的重要组成部分，是校园日常管理的指导思想。所以，绿色校园除了要设计绿色规划的理念，还要宣传这种理念，使得校园师生能够明白校园的规划目标，这样他们才能充分利用校内的绿色资源与措施，并且积极践行绿色文化的各项行为活动。中国人民大学通州校区从设计之初就将“绿色生态、人本人文、兼容开放、智慧科技、持续生长”纳入校园的总体规划设计目标中，并且综合考虑校园的发展，设置了分期建设目标。中央戏剧学院昌平新校区的校园规划设计以“开放、生态、智能、集约”为原则，生态与人文并重，以建设艺术文化氛围浓厚、自然与人文环境和谐的生态化校园为目标。这些目标的设定都能从一定程度上为校园的绿色发展打好基础，但是绿色规划设计的理念只有被校园师生们理解并践行，才能发挥可持续性的作用。

(2) 校园与城市的交融

校园的边界形式在一定程度上体现了校园与周边环境的过渡关系。绿色文化包括了开放共享的思想，在校国标中，对校园是否向社会开放也设置了相应的评分项。传统的大学校园规划，一般会注重在校园的形象入口处设置能够体现校园特色的大门、广场等形象建筑设施，但对于其他与外界对接的区域，存在着利用率不高、人流混杂或者是简单围合阻隔等现象，不利于校园与外界的互动交流。

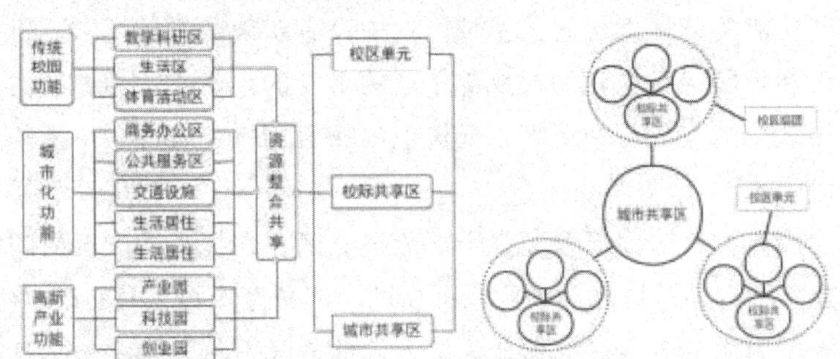

(a) 大学校园与城市的功能组成　　(b) 大学校园与城市的功能关系

图 8-10　大学校园与城市的功能组成及关系

边界是校园重要的资源，利用校园边界实现资源共享、后勤社会化和产学研相结合等对大学校园的规划和建设十分重要，通过相互的开放和合作，既能减少高校与城市的建设投入，又能促进校区与城市间功能的融合（图 8-10），实现校内外的互利共赢。为重点突出校园绿色文化，关于校园与外界的接壤区域，可以相应设计以下两种类型：

1. 文体共享型。教育资源取之于社会回报于社会，对于城市型校园而言，在保障校园师生的安全、秩序及各项活动正常开展的前提下，为降低城市建设成本，可以将靠近校园边缘的校园文化活动中心、公园、体育场等公共设施有计划的向外界开放。这样，既能丰富周边居民的休闲生活，又能提高文体设施的使用效率，实现校园资源的对外共享。文体共享型属于一种校园对外开放的形式，能够展示绿色校园开放共享的精神，凸显校园的形象魅力。

2.产学研合作型。在校园的边缘建设科研创作、生产实践等基地，整合城市资源加以合作。产学研合作型高校对于人才的培养从校内延伸至校外，从书本延伸至实践，这种方式不仅提升了教育水平，还促进了技术创新和生产要素的有效组合，推动整个社会的发展。产学研合作型属于一种内外开放合作的模式，这种模式既能丰富校园文化，又能实现校园与企业的合作共赢，还能培养专业人才。

国内外关于校园边界的设置也有一些很灵活的案例，如上海立信会计金融学院浦东新校区在规划设计理念上就明确：建立一个热闹的城市社区，而不是一个相对孤立的学术环境。学校基于“三重城”的规划结构，对校园的功能分区进行了合理的安排，有面向公共社区的配套设施、有面向产业园区的教学基地，使得校园文化与城市文化交融共进。

校园与城市的边界是校园文化输出的窗口，也是能够呼吁校园师生走出课堂的空间，具有绿色文化特色的绿色校园除了单纯的设置开放出入口以外，还要善于运用多种形式来打破这道屏障、使得校园与城市开展多领域的交流合作。

(3) 校园功能的分区组合

对于校园功能的分区组合，虽然校国标中没有明确的指标要求，但其对于绿色校园的建设和校园绿色文化的形成都是至关重要的。本文认为校园的分区组合应该是能够体现功能上的简约清晰、交流上的畅通连贯、资源利用上的集约共享等绿色文化特质的。

本文认为应该在校园内部形成多个功能核心区，在提高功能区内的活动多样性的同时再建立不同功能区之间的联系，新的功能分区应该是：1.产学研创并重。将校园内以教学为主的教研区改造成为综合性的教学平台，其中包括各类科研中心、实验室、创新及实践基地等。2.文体共享。在前文中有提到文体共享，对社会开放等校城融合措施。在校园的功能分区组合上，文体共享还表现在文体设施融入校园公共空间的布局，和园林景观等穿插布置，为校园教学区的开放场所增加活力。3.生活多元。随着社会经济的发展，校园内诸如长廊、石凳等传统的休息、交流空间已经失去了活力，不能满足学生们丰富多元的生活追求。校园应充分利用该类区域，创造出更加丰富的空间序列，如大型的餐饮类开放区域、小范围的创作交流空间、休憩室等，为学生们提供有品质的交往空间。

如河北工程大学新校区就来用了放射状的层圈型规划布局（图8-11)，学校将图书馆、工程基础组团和校园生态公园作为核心区，将学院组团和生活区、体育区环绕布置。并且在校园周边预留出了三块发展土地，主校区西南角预留与城市共建体育中心、北侧预留用于远期教学和科研发展，为学校的可持续发展形成了较好的布局模式和建设弹性空间。

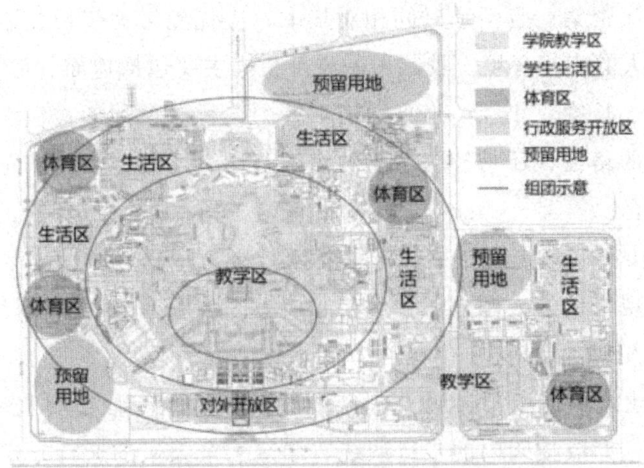

图 8-11　河北工程大学新校区功能布局

(4) 校园布局的优化模拟

校园的空间布局是能够体现校园文化氛围的，但是这种精神体现并不能被很好的感知，如果能让潜移默化的校园文化氛围形成模型，让校园师生去理解、探讨它的建设思想，对于校园未来的发展而言是非常有利的。所以，在进行校园空间的整体布局之前，可以考虑通过计算机软件等进行优化模拟，如对建筑物声、光、热、风等的数字模拟，通过数字化分析，可以为设计方案提供更加优化的建议。同时，建成后的绿色校园本身就是实践案例，可以应用到校园的绿色教育研究上，供校园师生探讨。

（三）绿色交通

随着全国汽车保有量的快速增加和高校校园开放式融入城市的深入发展，高校校园内的交通系统正面临着来自校园内部和外部的双重压力，也出现了很多普遍性的问题亟待解决：第一，在上下课高峰阶段，校园内人车混行安全隐患大；第二，伴随着校园规模的扩张，学生通勤距离过长，步行舒适度下降；第三，规划的停车区域不能满足校内日益增加的停车需求，导致乱停乱放等现象明显。第四，校园与城市的交通系统因停车等问题产生冲突，城市的公共交通没有与校园之间建立较好的联系。

校园绿色交通是指在保障校园交通秩序的前提下，形成校园各单体、功能区之间，校城之间高效、舒适、低碳的连接方式。校国标中关于绿色交通的评价设置主要考虑校内停车场、校园与外部公共交通网络之间的联系。在绿色文化指导下设计的校园交通体系，不仅能实现校园的低碳环保，还要展现校园与城市之间、校园内部高效畅通的联系，展现校园绿色环境的氛围。

(1) 以人为本的人车分离设计理念

校园内人流密集，且活动时间相对集中，应优先考虑步行交通的设计，给行人创造舒适宜人的步行环境。校园内的步行交通主要包括地面、地下和空中交通，涉及步行广场、长廊、小径、地下通道、空中连桥等多种形式，步行交通不仅是全校师生行走的路径，还是校园主要的休闲及交流场所。步行优先的交通规划方式多样，主要有：

1.独立的步行交通。如中央民族大学新校区，依据校园核心区的地形创造立体交通系统实现严格的人车分流，而在非核心区采用道路断面设计和分时分段管理的办法实现人车分流；

2.由校园建筑构成步行交通。如烟台大学的千米长廊，利用多个学院的首层建筑连廊连接，形成校园内的步行系统，创造了全天候的通行方式，较好的应对了冬季寒冷等不利气候因素，缩短了学院间的步行距离，同时千米长廊营造了可以用于展览、休闲、交流的舒适场所；

3.阶段性分区分时限流的步行交通。如中央戏剧学院昌平新校区按照“人车分离”和“步行者优先空间”的规划设计手法，规划出兼顾车行便捷和人行安全的交通系统。校区道路分为开敞和封闭两种管理方式，开敞式是东西、南北两条市政路与外部连接为主要车行道，其余校园内部道路均为步行道，封闭式是规划路为校园内部道路，设置四个出入口，沿景观河西侧的道路成为校园内的步行道。

如果无法避免校园内的人车混行，可以采用设置人行道、机动车道、减速带等方式，保障校园交通安全和秩序。通过明确的划分与规定，规范校园内的交通秩序，表达校园交通系统的绿色特性。

(2) 校园停车的规划与管理

根据估算表明，一个拥有1500名教职工和20000名学生的中大型大学，其所需要的停车位约为1800个车位，需要占地约4.5公顷。这说明校园停车场需要占用的土地资源还是非常多的，如果没有经过合理的规划和构想，用不了多久校园内就会出现乱停乱放的问题，在产生安全隐患的同时也严重破坏校园的整体形象。

想要合理的规划校园停车，首先要清楚校园内各种停车的需求。比如，在教学区内主要的停车需求是由上下课的老师和学生产生的，这种需求相对集中且属于阵发式；而行政楼、体育场、宿舍区域附近除了教职工和学生还会有一些校外人员，他们的停车需求时间段也有差异。当然，校园停车场的规划还是要以整体规划为基础，再考虑停车需求，预留出发展的空间，分期建设规划并管理。

（四）绿化景观

高校校园的绿化景观既是城市景观的延伸，又是校园文化的积淀之处，是校园中环境育人的重要场所。传统的校园景观规划通常在建筑布局之后，或者是针对某一区域，分区布景，与校园整体风貌不够融合。因此，在进行绿色校园的景观规划时，应利用校园的地形地势、利用海绵校园等设计理念，整合校园的空间布置，对校园的绿化景观进行一个总体上的规划设计，这有助于校园绿色文化的形成与发展。同时，为体现校园绿色文化特性，绿化景观更应该关注对人的陶冶和潜移默化的影响。针对校园内不同的场景，景观设计应秉承以人为本的设计理念，注重人的感受、注重设计理念与技术的创新，注重对于校园历史文化的传承与创新发展，从而吸引、引导同学们积极探索，实现环境育人的理念。

（1）绿化用地指标

人均公共绿地面积是反映城市居民生活环境和生活质量的一项重要指标，也是能够反应绿色校园建设情况的一项硬性指标。在校国标中的规划与生态一级评价指标中，关于绿化用地的评分设置主要从三个子指标来展开。首先是绿地率，对于新建的高校校园要求绿地率不低于35%才能得分，改建的高校项目则放宽要求为绿地率不低于30%。同时，校园内的公共绿地在节假期间是否向社会公众开放也是一项评分项，特别是对城市型校园而言，与城市的共享交融是体现校园绿色文化思想的一项重要设计理念，占绿化用地类评分项分数值最高的一项就是人均公共绿地面积，高校人均公共绿地面积的评分规则详见表8-6。

表8-6 普通高校场地人均公共绿地面积评分规则

学校人均公共绿地面积Ag		得分
新建普通高校	改建普通高校	
$1.2m^2 \leqslant Ag < 1.5m^2$	$0.8m^2 \leqslant Ag < 1.0m^2$	3
$1.5m^2 \leqslant Ag < 2.0m^2$	$1.0m^2 \leqslant Ag < 1.2m^2$	5
$Ag \geqslant 2.0m^2$	$Ag \geqslant 1.2m^2$	7

（2）传承场地记忆

校园景观的布置应尊重场地内的原有生态及地域特点，充分响应绿色校园的设计理念，传承校园的文化记忆。从原有微观环境的角度出发，每一个校园的内部及周边都有诸如山体、水体、石材、树木、雕塑、古建筑等构成的独特的文化景观，这种文化景观为校园的建设增添了色彩与记忆，使得校园的形成不是孤立而是建立在一定的基础之上的。所以针对这种独特的文化景观，应该予以保留、修缮修复，并使其与校园的整体规划充分融合，达到建筑与环境相互映衬、人与自然和谐共处的境地。景观环境的传承体现了校园的生态化与人文化气息，展示着不同校园的特色与魅力，是校园内较重要的文化建设区域。20世纪30年代，初创的国立武汉大学在珞珈山辟山建校。校园建设保留了珞珈山、狮子山、鉴湖等景观，并且校园建筑的设计大都结合地形的高差，山林之中、花丛掩映，武汉大学也因此形成了古朴、幽静的文化氛围，成为了华中地区著名的“植物园”。

从地域文化的角度出发，在校园基地所在的区域内会有一些历史悠久且独具特色的民俗、习惯、生态等文化传统。这些文化传统承载着区域特有的历史记忆或者仍然发挥着特有的作用，是值得校园传承发展的文化。如在气候条件和土壤条件等的影响下，不同地区种植的树木花草、农作物等会有所不同，如南方地区的棕榈科热带植被、北方地区的寒温带针叶林等，当这些植物被赋予了历史记忆和人文爱好，往往会形成标识性的文化符号，如北京的市花——菊花、月季，广州的市花——木棉花等。作为社会中的重要组成部分，大学校园应当传承这种地域标识性的自然文化景观，这也是凸显不同地域校园的特色之处。

(3) 体现绿色发展

传承场地记忆是对于校园文化自信的表达，体现着校园景观空间对全体师生员工潜移默化的影响。而绿色校园环境育人的品质也可以通过直观的、具有实践性的创新型景观空间展示出来，运用现代化的景观技术、造型语言，创新材料利用以及景观布置等方式，能够创造出既满足校园师生美好生态追求的景观，又能体现实用性和便利性的绿色发展景观。新时代的高校校园在建设校园的景观环境时，应该积极顺应时代的变化，认识到传统景观设计中的不足之处，将现代技术与景观的设计相结合，不断提高校园内的环境质量，体现校园追求绿色创新与发展的文化理念。现代技术在景观设计中的应用主要表现为以下几个方面：

首先是空间布局技术在校园景观设计中的应用，现代空间布局技术能够综合考量景观设计的美观性、舒适性、人性化等多层次的因素，然后制定出多样化的空间布局方案，提升了设计的性能，保障所有空间都能得到更加合理的应用。其次是信息技术在校园景观设计中的应用，随着信息技术的渗透发展，人们对于景观的审美追求已经由传统的表层观赏发展为互动追求和更加深层的知识型追求，而现代信息技术能够通过各种传感器等的布设，实现景观环境随着周围环境因素的变化而调节，为人们创造出更加“应景”的景观环境。同时，现代化的虚拟技术、灯光技术、铺装技术等应用，都能不断的提高景观环境的质量，满足人们丰富多样的需求。对于校园景观而言，现代技术的运用不仅是为了满足新时代的多种需求，更重要的是能够体现校园对于绿色创新及发展的追求，进而转化为校园绿色文化的一部分实现校园环境育人的品质。

二、校园绿色文化的物质保障

文化的形成是建立在一定的物质基础之上的，校园建筑本身作为整个校园的物质基础，也是校园内主要的能源与资源等物质的使用场所。所以对于校园绿色文化的形成而言，需要考虑建筑及能源、资源等物质环境的建设及使用情况。从中英美绿色校园评价标准的指标划分来看，能源与资源毫无疑问是绿色校园评价工作所关注的重点。对于中英美的绿色校园评价标准来说，能源与资源指标主要包括节能、节水、节材这三项，建设节约型校园，既可以减少校内的资源消耗，又可以降低校园的运营成本，培养节约意识和绿色技术创新能力，是形成校园绿色文化的主要物质保障。

（一）节能与能源利用

（1）高校校园能耗特点

1.高校能耗种类繁多，建筑类型复杂，不同地区受到气候和习惯影响能耗各不相同，例如北方的取暖设备等，另外不同功能的建筑能耗也存在巨大差异，例如带有大型设备的实验室等。总的来说，校园环境中能源应用多、范围广，包括教学、实验、美化、照明、生活等多种用途。

2.目前多数高校能源供应较为统一，主要是由社会公共供能网络提供，但是其能耗的种类繁多，以电能、燃气为普遍代表性能源为主，还包括寒冷地区的市政热力、部分可再生能源等，详细比例可见图8-24。

3.高校的人均能耗高于正常水平，以2016年的统计数据为例，高校能源消耗占全社会8%，但人数还不到全国人口的3%，虽然繁多的能耗种类和复杂的建筑类型有重大影响，但是超过平均水平4倍的能耗数值依然存在很大的优化空间。

4.校园能耗波动大，具有明显的季节性。一年之中，冬夏季节能耗高于秋冬季节，其中空调设备带来的电力消耗巨大，而到了寒暑假会降低到最低值，因为在校人数会处在一个很低的水平。

5.高校的能源利用率较低，高校尤其是历史悠远的校区，为了保护历史元素，很多建筑为早期建造，设备陈旧，资源利用率低下，改进空间大。

（2）高校校园节能措施

高校校园的能源消耗包括教学、实验、生活等多种人类活动，以电力、暖气、燃气三部分为主，主要用于照明、空调、暖气、热水、教学设施供电、实验设备仪器供电等，因此，高校校园节能的措施可以从建筑、设备、能源提供方案、能源综合管理等多个方面入手来进行改进，具体的措施归纳为图8-12。

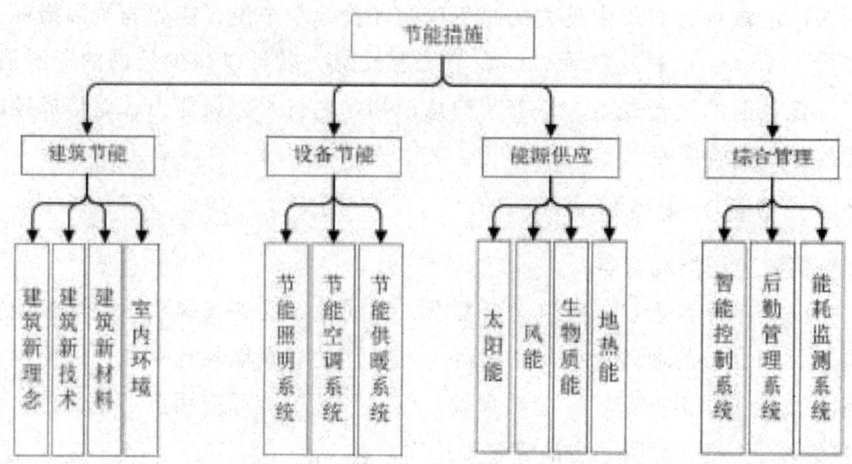

图 8-12　高校校园主要的节能措施

1.建筑节能是指在建筑规划、设计、施工等阶段，利用新方法、新理念、新材料、新技术，保证建筑质量的同时尽可能的降低能耗。在规划与设计阶段，不少的新设计理念可以应用其中，包括低能耗建筑、微排建筑等，充分考虑当地的气候、地形、植被以及生活习性，选择适宜的方案。技术方面，外墙节能技术、门窗节能技术、屋顶节能技术等，能够充分降低建筑在运行过程中的能耗。材料方面，新型外墙保温材料、建筑高性能绝热版、隔热水泥外墙等，不仅能降低能耗，还兼具美观、耐磨、防火等特点。实际应用过程中，合理设置屋顶绿化、使用外墙保温材料、充分利用主被动遮阳或反光板等，能够降低夏季空调能耗和冬季的供暖需求，尤其是现代化的节能措施，更能够增加建筑的全寿命周期养护成本。

2.设备节能是节能措施中重要的一环，相比较于建筑节能，设别节能的实现成本要低很多，尤其对于需要保护的历史建筑，在高校中尤为常见。现代化的校园环境中，教室配置多媒体教学设备、空调、照明用具等，学生公寓配置空调、热水器等，实验室更是拥有除实验设别外的齐全的设施来提供最好的研究条件。很多时候，外表老旧的校区，其内部的设施一应俱全。因此，在设备节能方面，使用节能照明用具、太阳能热水设备、节能空调设施等措施，将极大的降低能耗。

3.新能源的利用在绿色校园建设中应当被提升到重要地位。在实际的能源供应中，煤电的高占比是保障复杂社会用电需求的一个基础，因此与绿色主题相悖，但是在校园环境中，教学和生活等活动的规律性更高，其供电来源可以向着多元化发展。其中太阳能是最清洁且可再生的能源，可以依据地理优势，在科研、教学、生活中多利用太阳能。另外，生物能、风能、地热能等其它绿色能源也应该在校园环境中多多利用，同时也在教育育人的环境中起到了示范引导作用。

4.近些年，随着信息化的进步和渗透，智能系统发展到方方面面，能耗监测系统对实现绿色校园的目标有关键作用，其可以为耗能的控制与测量提供解决方案。能耗监测系统通过数据采集系统将能耗数据进行采集，然后通过数据传输系统传输到数据库中，经过分析、计算等一系列数据处理，将运算结果在Web端和APP端对企业的用能情况进行展示。通过查看能耗数据、关注能耗异常报警及能耗结构等信息，可以对设备的节能空间进行分析。而且，能耗监测系统还具有：自动抄表、设备停启记录、目标考核、节能实施等功能。

表8-7　校园主要用能设备的分类

用途	分类
照明、插座用	公共照明及应急照明、室内设备插座、室外环境照明、建筑立面照明、公共信息显示、室内照明等；
空调用	冷热站、空调末端等；
动力用	电梯、电热水器、非空调通风、生活水泵、排污泵等；
特殊用	食堂、电子信息房、其他特殊用电等；

（3）高校校园节能案例

1.建筑设计节能案例

中央戏剧学院昌平新校区在建筑设计阶段就采用了主动式与被动式并行的节能设计方法。被动式节能技术主要包括通过对办公楼、理论教学楼、食堂等设置遮阳格栅、双玻low-e中空玻璃、立体绿化等措施实现建筑遮阳、隔热；对图书馆、影视教学楼、舞美教学楼等设置采光天井、内庭院等措施实现自然通风和自然采光（见图8-13）。

（a）立体绿植

（b）双玻low-e中空玻璃

（c）采光天窗

图8-13　中央戏剧学院昌平新校区被动式节能技术示意图

主动式节能技术主要是应对建筑的室内环境，设置空气源热泵系统、太阳能热水系统、照明节能控制系统、余热热回收机组等实现降低能耗，提高能源利用率的效果。如体育游泳馆加热系统采用空气源热泵，学生宿舍生活热水采用太阳能集热器，篮球馆空调采用空气热回收机组等（见图8-14）。

（a）太阳能集热器　（b）空气源热泵加热系统　（c）智能照明控制

图 8-14　中央戏剧学院昌平新校区主动式节能技术示意图

2.能耗监测系统案例

苏州某高校能耗监测系统的设计依据 GBT23331-2009《能源管理体系要求》，遵循能耗计量装置国家及行业标准，根据办公楼宇能耗运行效果分析，建立典型能耗分析模型，统一分析。在电力监测上，针对校园用电结构设置了不同的层级，能够根据进出线的误差监测每一层级的用电情况。同时，采集系统可以形成可视化的能耗监测报表，分析校园用能情况。另外，系统可以诊断出高能耗点，给予管理人员分析结论，进一步落实节能方案。

3.可再生能源利用案例

在充分调研了校园内的地热资源并进行前期的经济、技术分析后，北京大学确定了以开凿地热井的方式利用地热能。该设计结合北方校园内的用水需求，采用地热水梯级供应的方式（图 8-15），解决了校园内的供暖、洗漱、浇灌等多种用水需求，较大程度上发挥了地热能技术的经济价值。

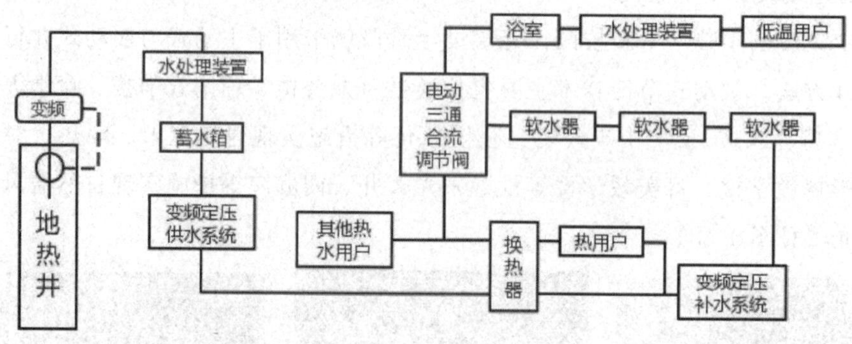

图 8-15　地热水梯级利用简图

（二）节水与水资源利用

水资源是人类日常生产、生活离不开的基础资源，我国人口众多，人均水资源占有量低于世界平均水平，并且伴随着过量开采、水体污染等多种问题，水资源匮乏的现象已经十分严重。校园建设应该积极响应节约用水的呼吁，实践并探索校园内水资源的充分利用方案，鼓励师生创新技术，为社会节水作出表率。校园内人口集中，用水量大，且涵盖了生活用水、绿化用水、科研用水等多个方面。对于校园内水资源的划分应至少分为以下几个部分，首先是生产生活所需要的新鲜用水，其次是可直接再利用的二次用水，然后是可处理并再应用的雨水、污水资源。校园内主要的节水与再利用措施包括：使用节水器具，对水资源进行管网监测，对中水系统、雨水、污水的处理及再利用等。为凸显校园绿色文化的氛围，文中主要考虑从节水器具和海绵校园两方面来简述校园节水与再利用的措施。

（1）节水器具

节水器具的使用可以使校园内人人都参与到节水行动，校内的主要节水器具包括水龙头、马桶、小便器、花洒、洗衣机等等。对于节水型器具的技术要求及检验，我国也有相应的国家标准要求《节水型卫生洁具》（GB/T31436-2015）。节水型器具在校园这种人员相对集中的场所应用效果还是比较明显的，在节水器具旁，相较于一句简单的“节约用水”标语，还可以添加一些科普图文说明，讲讲器具节约用水的原理，调动同学们的好奇心，主动的去了解节约用水的方式方法。

（2）海绵校园

海绵校园是指校园像海绵块一样，具有一定的弹性和张力，能对于校园内水资源的变化进行平衡，在下雨时能够较快的吸水、渗水、排水，在需要时能够释放储水供校园利用。海绵校园的建设不仅能充分利用校园的水资源，对校园环境的改善也是非常明显的。通过海绵校园的设计，能够形成室外的课堂，老师可以带领相关专业的同学去观察、实践，探讨海绵校园的形成与优化，这对于校园绿色文化的培养是非常有利的。海绵校园的主要措施包括：屋顶集水、透水地面、雨水再利用等等。

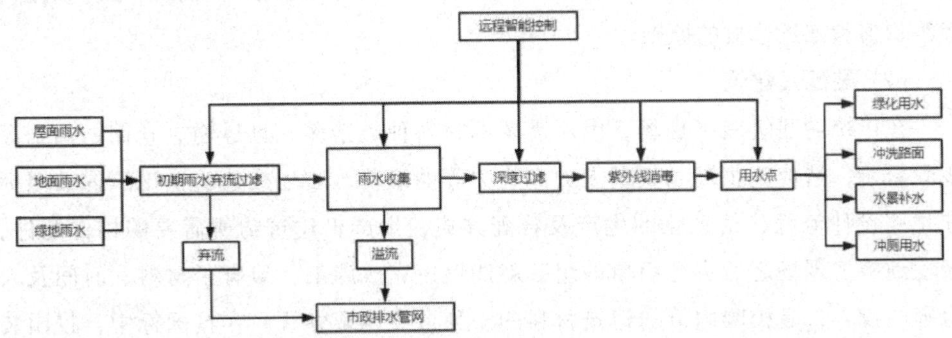

图 8-16　海绵校园雨水收集处理及回用流程图

校园占地面积大，透水地面是海绵校园主要的“弹性空间”，通过绿地、镂空地面、透水砖等不同的地面材质，能实现对于雨水资源的较好回收再利用。当然，海绵校园的设计应充分尊重原有场地的水文条件，利用地形地势等形成生态化的水资源回收利用系统，减少硬性铺装对于校园生态的破坏。

中国海洋大学海洋科教创新园区于2018年启动规划设计，项目充分发挥建筑、道路、绿地、水系等生态系统对雨水的吸纳、蓄渗、滞留和缓释作用，有效减少市政雨水管网排放压力，实现自然积蓄、自然渗透、自然净化的径流控制方式，打造海绵校园，使校园年径流总量控制率达到75%。这种融入校园环境的绿色校园建设措施是很好的绿色教育素材，学校应将其设计理念普及师生，共同探讨校园未来的绿色发展。

（三）节材与材料资源利用

校园建筑体量庞大，对于材料资源的使用及管理也是绿色校园评价中非常重要的一项。校园节材与提高材料资源利用效率的措施主要从以下四个部分进行：绿色建材、就地选材、装配式建筑、材料回收。

(1) 绿色建材与就地选材

绿色建材不仅指有利于环境保护和人体健康的建筑材料，也对材料防火、防潮、隔声、抗静电等性能提出了更高的要求，同时要求材料在生产、运输、安装及报废的过程中减少污染排放、充分利用材料。对于校园绿色建材的分类，主要考虑三个类型：天然可再生型、回收利用型和环境功能型。

我国绿色建材发展迅速，并且与运输、施工等环节联系，形成绿色建设的过程。在校园建设的过程中，应考虑校园的实际情况合理的选择绿色建材。比如，选用无污染且可循环利用的各类墙体材料、管材等，提倡使用可再生、可降解的保温材料等。不仅仅针对校园建筑上，对于校园内的各项设施和器具，也可以考虑选用绿色材料。校园内的各种材料消耗，应考虑就地选材，减少材料运输过程中的消耗，促进当地经济的发展。对于校园建设地点内匮乏的材料，也应该遵循经济价值和就近选材的原则。

(2) 装配式建筑

在传统的建筑施工现场，因所需要的材料种类繁多，且运输、仓储、加工等步骤繁杂，造成施工现场大量人力和物力等的浪费。装配式建筑在工厂内按照标准化的设计流程、信息化的生产及管理方式，生产出建筑物所需要的构件配件，运输到施工现场之后进行简单的组装就能快速完成施工，节省了材料、时间及人力等的投入，是校园内节约建筑材料的一种重要体现方式。在校国标中，校园装配式建筑装配率达到某一比例就能获得相应的分数。校园建设应尽可能多的采用装配式建筑，减少校园建设对于周边的影响，缩短施工周期，展现绿色校园建设的示范性作用。将校园内的建筑装配率、装配详情及建筑的节能设计措施等汇总整理，编撰成绿色校园建筑资料供师生们查阅学习，充分发挥其绿色教育的意义。

位于荷兰艾恩德霍芬科技大学绿色溪谷旁的宿舍为经典的装配置建筑。该建筑承重立而由混凝土夹层构件制成，除此之外，地板、浴室和建筑设施也采用预制的方式，大大缩短了建设时间。楔形建筑的端部立面上形成三层结构，有利于房间和组合单位的布局，同时也显得建筑外观既整洁又带有不对称的生动感（图8-17）。

图8-17　荷兰艾恩德霍芬科技大学装配式建筑

（3）资源回收

当资源的总量在不断地减少，人类已无法再利用开采新的资源的方式满足日益增长的需求，对于资源的回收再利用就显得格外重要了。在校园的建设、教学、生产及生活过程中会产生大量的垃圾废物，有些材料经过分类回收或者加工改造，可以二次发挥作用，延长资源的使用周期。例如在校园建设的过程中，会产生大量的建筑垃圾，这其中包括了建筑钢材、建筑砖石等废弃物料，他们经过筛选、粉碎等操作可回收重塑或者制成施工道路所需的基层骨料。这不仅减少了施工垃圾污染和运输，还节约了施工的成本，可谓一举多得。

校园内能源与资源的消耗主体是人类，所以校园内能源与资源的节约主要还是取决于全校师生员工的消耗行为。校园内所采取的各项节约能源与资源的措施，最终也要取决于校园内全体师生员工的理解程度。在教学及生产生活中，应注重培养校园师生的节约资源与再利用思想，鼓励师生回收资源并创新利用的行为。比如，校园内会产生书本纸壳、衣物塑料等各种可回收利用的材料，应制定相应的流程，使得这些材料能够被集中的收集和处理。同时，为鼓励创新，校园内可以设置相应的旧物利用展区，如利用塑料制品做成的置物架、花盆等等。资源的回收展现着校园内的绿色行为文化，应不断完善校园内资源回收的宣传与教育工作。

三、校园绿色文化的制度规范

互联网的出现逐渐改变了文化传播的主要方式，也为高校校园文化的建设带来了挑战。本节中所讨论的校园绿色文化的制度规范，并不仅仅是绿色校园组织管理过程中借以约束全体组织成员行为，确定办事方法、程序的各种规章制度，还是一种能够不断传承、完善、创新绿色校园文化的保障机制。拥有了绿色校园文化建设的保障机制，才能不断丰富高校校园文化建设的途径、增强校园文化育人的渗透性和持久性，为高校绿色校园的建设和发展不断注入新的生机和活力。

（一）管理及教育

校国标和BREEAM中均设置了“管理”类的评分项，而只有校国标设置了“教育与推广”类评分项。这也能从一定程度上说明，目前关于绿色校园的评价更多的还是关注在校园本身、关注在硬环境指标的达成情况上，缺乏对于绿色校园整体性的、长期性的管理机制，没有重视校园中的全体人员对绿色校园的理解和参与程度。随着时间的流逝和社会的发展，校园想要延续其绿色发展的理念，就需要重视校园绿色文化中制度规范的建设，通过制度规范来运营、管理校园，来教育校内外人员贯彻绿色发展的理念、创造绿色发展的生产生活方式，来保障校园长期有效的绿色发展。

（1）绿色校园的运行与管理

1.运行管理团队的建设

教育行政部门是绿色校园建设评价和校园绿色文化建设评价的权威部门，因此，在确定校园的运营管理团队及制度之前，应由教育行政部门组织开展校园运行团队建设的意见征集，并且广纳多方意见，引导高校校园绿色文化建设的共性化，同时结合校园自身办学特点展现不同校园文化的特色之处。这其中，校园师生应该是绿色校园运行与管理的直接参与者，为体现校园绿色文化的共性包容，不应直接选派师生代表团队，而是应该让校园内人人都有机会了解、参与管理校园事务，共同维护校园绿色发展。绿色校园及绿色文化相关专家团队应是校园运行与管理的核心技术团队，想要实现校园可持续的发展，需要专家团队用专业而敏锐的眼光带领着校园师生共同管理校园，也需要专家团队能够定期培训管理人员，提高校园的管理水平。伴随着校园与城市的融合，校园的运行与管理变得复杂多样，也需要听取经常出入校园的校外人员的意见、需要听取不同学校之间交流的经验，最后共同组建起运行管理校园的团队。

2.运行管理制度的实施

校园内具体的运行管理制度有很多，涵盖了多个方面。以建设具有绿色文化的绿色校园为目标，校园的运行与管理应首先体现在节约、环保和绿化上，如为培养绿色创新型人才，校园应引进设备技术对校园内主要的能源与资源消耗设备进行监测，并重点普及师生共同探讨改进措施。应运用智能化、信息化的手段来进行管理，鼓励师生创新创造出能够覆盖校园整体的信息网络系统及管理办法，集思广益共同管理校园。另外，要健全绿色校园管理的激励制度，将校园管理落实，奖励能看得见的优化管理措施。在绿色校园管理方面，可以从以下几点出发建立激励机制。第一，对高校各部门的能耗、水耗、材料使用情况等进行记录和公示；第二，定期对绿色校园运营管理内部进行监督审查，或者联系校外机构和专家进行绿色校园运行管理外审；第三，对绿色校园改造和优化工作进行评分，包括不限于节能设备、信息化管理能力等；第四，对校园绿化、绿色景观进行评分；第五，对废物利用、垃圾回收、卫生情况进行评分公式。通过合理的激励手段，将有助于完善绿色校园的管理制度，更好的将绿色文化融入到校园中。

(2) 绿色校园的教育与推广

高校是教书育人的地方，对于校园绿色文化的教育也应当作为一门必修课。关于绿色校园的教育与推广，应注重从以下几点来展开实施：第一，对于高校的运行管理人员，应当定期就绿色文化、如何建设绿色校园进行培训。第二，环境教育和绿色学校应该列入教学任务，合理安排教学工作，将绿色文化教育落到实处；第三，学校图书馆、阅览室、资料室设置绿色校园和绿色文化专区，积极做好宣传和普及工作；第四，校团委、学生会、社团应当开展各种形式的绿色校园宣传活动，设立绿色校园宣传板报，组织学生参与到绿色校园的活动中来；第五，学校应当组织以绿色校园为主题的征文、科技制作、书画比赛、多媒体影视片等活动，采取多种教育形式，丰富绿色校园教育。

校园文化的建设最终体现在校园环境育人的特质上，所以对于绿色校园的建设而言应加强校园环境空间的教育功能，将室外环境空间变成学生们的室外课堂。校园内的空间环境与绿化景观的联系是较为紧密的，而景观小品作为景观中的点睛之笔，虽然一般体量较小，但是能对空间起到较强的点缀作用。景观小品既可以反映校园内丰富的人文意蕴，又可以体现校园内的场所精神，是校园文化建设的重要评价指标，高校绿色校园的建设应充分利用景观小品的科普教育及实践教学功能，传达生态文明、绿色发展的理念。除了常见的对校园内的树木植被等进行科普介绍以外，高校校园的景观小品布置还应该表达更深层次的知识、文化、历史、艺术气息，引发校园师生的思考与创作。

如在进行校园景观的布置时可以选择适用的生态材料和技术，并配备解说推广等设施。常见的景观材料一般分为硬质材料和软质材料两种，在硬质材料的选择上可以用钛、花木雕塑、薄膜结构等替代传统的石材、木材、钢材等的消耗。特别是钛、薄膜结构等新型材料具有易于塑造、物美价廉、防火防水等优质特性，高校校园应不断更新生态材料及技术的应用。另外，校园内文化景观应考虑到实际应用和实践价值，比如增加一些包括生效互动、视觉互动、行为互动等在内的互动性装置，利用休憩空间布置具有科普价值的景观长廊等等，让校园文化在校园内每一处景观上都有所体现，丰富校园绿色教育的形式。位于意大利西西里岛的感官景观互动体验式园艺花园就实现了多种景观教育形式的精心融合，设计涵盖了景观的欣赏、休憩、教学、实践等多项功能，并将该地区的标志性自然元素进行汇总，涉及气味、纹理、味道、声音、场景等多种体验方式，建立起人类与景观空间之间的对话（图8-18）。

(a) 感官体验式花园

(b) 参与式花园

(c) 实践型花园

图8-18　意大利的感官景观互动体验式园艺花园

校园文化是不断传承并创新发展的文化，所以校园内景观小品的布置也要兼顾校园文化的积淀与弘扬。通过景观空间表达校园的历史文化，延续校园文化的精神。

（二）特色与创新

文化的多样性是人类社会的基本特征，是人类文明进步的重要动力，是人类文化发展和繁荣的基础。综观20年来我国高校校园的规划设计，存在着校园风貌统一、建设个性不足等问题。绿色校园评价标准的设置并不是为了指导校园进行千篇一律的建设，而是助力校园形成丰富多样的绿色文化，建成特色并富有创新能力的绿色校园。在中英美的绿色校园评价指标中，均设置了“创新”相关评分项。对于其创新评分项，主要分为两个部分：一部分是结合已知的方法，创造性的提高校内各种绿色物质、精神、制度措施的性能、效果，属性硬性指标层面的突破；另一部分则不作指标要求，是结合当地文化、资源、气候条件和校园自身特点，而采取的节约能源与资源、保护生态环境、保障健康安全等的一系列创新表现。校园的绿色文化是基于中华民族传统文化而发展的创新型、开放式文化，它追求特色与创新、体现着校园的生机与活力。因此，在校园绿色文化的指导下，应积极鼓励校园的特色发展与创新行为。

(1) 大型基础设施的特色与创新

校园内的基础设施包括建筑物、能源供应设备、给排水等，针对每一类基础设施，均可采取相关的绿色优化措施，来展现绿色校园的特色与创新之处。如对建筑物体内外采用绿色环保的创新型材料；将校园室内空气污染物浓度降低至现行国家标准规定值的70%；能源供应设备采用先进的节能装置，并且尽量采用创新节能或可持续能源；给排水设施采用低影响开发技术，推行绿色用水，建设海绵型校园等。此外，对于反应历史的老旧建筑，可采用先进的现代化技术予以保留和修缮，在保证安全的同时尽可能将其使用起来，避免空间和资源的浪费。在基础设施的设计和施工过程中，应就地取材，因地制宜，融入当地特色。

如南京大学的鼓楼校区，作为历经百年的高校，鼓楼校区内有众多历史建筑得以保留，如图8-19所示，在现代新技术的修缮下，医学院的一处实验楼得以继续使用；当然学校也鼓励使用新材料新技术建设，如运用新型材料建设而成的会议用房；另外，学校位于市中心，土地资源稀缺，为保障校园安全学校利用操场建设人防工程。

图8-19　南京大学鼓楼校区建筑物创新及利用

(2) 校园资源消耗的特色与创新

校园中的资源消耗可以从师生及校内管理人员日常活动的角度开展研究。教学方面，教材、教辅等书籍用量大，使用周期较短，因此，完善书籍的回收和循环利用链路，提高书籍使用率，建立专门的书籍回收场所，是教学场景下绿色校园的特色。生活方面，绿色校园渗透到师生衣食住行各个方面，校团委、学生会定期组织捐献旧衣物的活动，食堂内有计划的推荐光盘计划，宿舍区域不仅将节能节水落到实处，更要将绿色文化融入到宿舍中，鼓励师生在校内外使用公共交通工具，建设绿色校园从生活做起，从点滴做起。校内管理方面，使用环保清洁能源车辆，严格校内交通管理，车辆使用和停放有序，在节约资源、保护环境的同时，采取保障安全健康的创新措施。

在新能源方面，南京大学不仅重视投入科学研究，更是将新能源应用和资源回收落到实处。如南京大学昆山创新研究院研制的氢能源车。

第九章 高校绿色校园建设案例实践

第一节 我国高校绿色校园建设案例实践

一、中国高校——浙江大学

浙江大学是我国首批节约型高校示范试点建设高校。截至2019年年末，学校有全日制在校本科生28535人，硕士研究生25313人，博士研究生12074人，教学科研人员5756人。学校拥有紫金港、玉泉、西溪、华家池、之江、舟山、海宁7个校区，占地面积6223440平方米，校舍总建筑面积3547223平方米。学校占地面积广、建筑体量大、能源资源使用类型复杂，使用人数多，消耗总量大。在多年的绿色校园建设实践中，学校充分发挥人才优势和学科优势，践行科学发展观，将可持续发展和环境保护理念融入学校办学全过程，从体制机制建设、运行管理的因素识别、绿色校园建设规划、运行管理方案制定、各项节能减排及环境管理项目的实施、节能减排绩效评价等方面，把控好绿色校园建设的过程管理，以构建绿色校园建设实践体系，是中国绿色校园建设的典范。

浙江大学海宁国际校区是浙江大学近年来建成的新校区，于2016年9月正式招生开学。校区采取国际合作办学模式，旨在构建与国际接轨的开放支撑服务体系。本文提出的绿色校园运行管理体系在该校区进行了应用实践，对可持续校园运行管理起到了很好的推动作用。

（一）绿色校园运行管理体系的管理端建设

（1）管理层组织机制的建立

管理层的最高级为最高管理评审委员会，第二级为资产和设施委员会、资源和绿化委员会、研究与学术委员会，第三级为校园运行管理办公室。该校区的管理层职能和管理内容如表9-1所示。

表9-1　管理层职能和管理内容

最高管理评审委员会	负责绿色校园运行管理体系的正常运行，主要包括但不限于：确定运行管理体系的范围及有效性；确保运行管理体系被纳入机构运作；制定运行管理目标、绩效指标和运行管理方案；确定运行管理体系各部门的职责和权限
资产和设施委员会	主要管理校园内固定资产类设施设备的采购、维护、报废等工作
资源和绿化委员会	主要管理环境资源的节约高效使用及可再生循环利用
研究与学术委员会	为绿色校园运行管理提供技术支持
校园运行管理办公室	为运行管理评审委员会的常设机构，配备专职人员，聘任具有运行管理专业知识的员工对资源利用情况进行管理检查，根据校内不同资源使用特点，制定合理的资源使用管理措施，并负责高校运行管理中各项工作的落实

（2）实施层组织机制的建立

该校区结合实际情况建立了实施层组织机制，如表9-2所示。本表旨在说明该校区的校园管理办公室、采购管理办公室、基本建设处、安全保卫处、能源管理办公室、餐饮服务中心、后勤服务集团、维修现场管理办公室等各机构在参与绿色校园运行管理时所必须履行的职能和合规义务。

表9-2　实施层机构和职能

校园管理办公室	①负责校园管理制度的制定和实施、监测、沟通和更新； ②负责环境卫生、校园水域、楼宇道路标识等校园环境管理工作； ③负责校园绿化养护、改造和景观提升管理工作； ④组织和协同有关部门开展食品饮水安全监督管理工作； ⑤负责化学废弃物清运处置和中转站管理工作
采购管理办公室	①负责可持续采购的各项工作； ②提供可持续的服务，宣传可持续发展的概念
基本建设处	①组织实施校园教学科研用房、公共设施以及道路工程建设，确保校园基础设施，建设具有绿色、可持续理念； ②确保绿色施工的顺利实施

续表

安全保卫处	①负责绿色校园的运行安全； ②负责校车、电动车等校园绿色交通相关工作
能源管理办公室	①承担学校能源管理相关制度、办法和标准的制定和实施； ②编制并组织实施学校能源工作计划，制定节能改造方案，推广节能技术措施； ③负责学校能源供应保障工作，相关设备维保和运行监管； ④负责对委托管理单位的能源供应保障、计量收费和节能管理工作进行考核； ⑤负责对二级单位用能指标考核，指导二级单位合理用能和节能管理； ⑥负责能源数据的统计分析工作，进行能耗公示和定额，报送统计报表； ⑦参与工程项目节能方案的审查和监督实施； ⑧负责学校能源管理平台的建设和管理工作； ⑨组织开展节能宣传、教育、培训和交流，普及节能科学知识
餐饮服务中心	负责管理绿色餐饮相关业务
后勤服务集团	①制订可持续的校园后勤服务计划； ②提供绿色校园后勤服务，确保实现可持续发展的目标和指标； ③为物流服务团队提供可持续相关的培训； ④管理场地/水域维护团队
维修现场管理办公室	①负责日常维修工程的立项和方案的制定； ②负责日常维修工程的现场管理工作； ③负责计划外修缮工程的审批、监督工作； ④负责维修工作的信息化管理

（3）校园运行管理方案的制定

该校区从能源与碳排放、水资源、废弃物、校园绿化、绿色建筑等5大领域来进行绿色校园运行管理方案的制定，并确定了各领域的对应负责单位。具体方案内容如表9-3所示。

表 9-3 校园运行管理方案

环境范围	操作内容	执行单位
能源与碳排放	在ECOPRO计划中实施行动	校园运行管理办公室
	在所有建筑物的公共区域安装智能照明系统	能源管理办公室
	根据天气情况灵活控制供暖空调系统	能源管理办公室和浙江大学求是物业管理有限公司
	开发和利用可再生能源，如太阳能和空气/地热能等	能源管理办公室
	定期举办环境讲座	能源管理办公室
	各学院和宿舍举办“生态月”活动	各学院与后勤服务集团
	校园餐饮中心锅炉维保	维修现场管理办公室
	增加校园班车在各校区往返服务，以及校园电动车的校园内交通服务	安全保卫处
	和政府沟通增设四个校园大门附近的公交车站，并开设多条公交线路通往城市火车站以及商业中心等	基本建设处
水资源	增设节水器具	能源管理办公室和基础建设处
	铺设透水地面、增设雨水收集和净化设施	
	增设中水回用系统	
废弃物	减少一次性产品，包括塑料袋和纸张	采购管理办公室
	制定废弃物分类和回收政策	校园管理办公室
	制定和实施建筑垃圾处理政策	校园管理办公室
	为校园内所有办公室延长回收服务时间	校园管理办公室
	进行垃圾分类回收	校园管理办公室
	对保洁员工进行废弃物回收处理等相关培训	校园管理办公室
	优化废弃物物流	校园管理办公室

续表

环境范围	操作内容	执行单位
	定期进行废弃物审核，以监测废弃物的可回收程度	校园管理办公室
	制定有害物质库存记录	采购管理办公室
	制定实验室安全管理政策，定期进行安全检查	校园管理办公室
校园绿化	生物多样性行动计划的实施措施	校园管理办公室
	制定每个季节的植被规划	校园管理办公室
	实施公共建筑屋顶绿化和垂直绿化	基础建设处
绿色建筑	制定相关政策大力推动校园绿色建筑的建设	基础建设处
	安装径流控制系统，将雨水引导至陆地生态区，避免雨水径流污染；提高地表径流控制率为70%	基础建设处
	可渗透路面百分比提高到50%	基础建设处
	在建筑物周围建造自行车停放棚	基础建设处

（4）人员培训

根据该校区设定的绿色校园运行管理目标，结合校内各类人员的已有专业素质和技能现状分析，校区决定由总务处牵头组织专业培训。分别针对不同部门制定了不同的培训方案，并确定授课人数及授课时间。要求每个职能部门、学院以及校区学生会和校区社联等大型学生组织至少安排一名成员参加。

对后勤管理人员培训的主要内容包括：介绍与校园能源资源使用和环境保护相关的法律法规和标准；普及建筑节能的基本知识；掌握校园建筑能耗特征及用能规律、校园建筑能耗影响因素及重要影响环节；了解校园建筑能耗审计流程、校园节能工程项目管理的基本知识；掌握校园建筑节能监管平台的功能和使用方法；讲解碳排放源识别方法、碳排放量核算方法、校园碳排放源识别清单以及校园主要的节能减碳技术；掌握垃圾处理及回收方法、废水/中水/雨水处理、厨余垃圾处理、实验室化学物品处理管理方法、绿色采购方法、校园绿化管理以及土壤保护知识和技术等。确定与运行管理体系相关的培训需求，确保其在整体框架控制下执行任务，使得有潜力影响环境绩效及合规义务履行的人员提高节能减排环保等意识，并具备一定的经验基础及业务素质。

对物业人员重点普及校园运行管理的基本知识、掌握校园建筑能耗特征及用能规律、校园建筑基础用能设施（如空调、动力等）性能特征、用能设施节能运行方法、用能设施维护方法、垃圾处理及回收方法、化学物品处理管理方法、绿色采购方法及绿化管理等。

对广大师生及其他行政人员培训内容除了普及节能减排和环境保护的基本知识之外，主要针对师生在日常工作和生活中的行为进行节能宣传和培训，介绍办公室工作、教学、试验和日常生活中的节能减排知识和环保技能及其效果，以促进绿色校园文化的形成；应当进行提高其环保意识、绿色采购、双面打印、垃圾分类、实验室化学废弃物管理及回收方法等方面的培训。

二、绿色校园运行管理体系的技术端建设

（一）校园运行管理要素的识别

（1）校园运行管理的影响因素识别

借用宏观环境的PESTLE分析方法，从政策、经济、社会影响、技术、法律、环境等方面，从校园内部和校园外部两个角度，分析校园运行管理的风险和机遇，如表9-4所示。

表9-4 校园运行管理影响因素的识别及分析

政策（Political）		
外部问题	风险	机遇
政府政策的变化	–	强调节能减排和生态规划；鼓励清洁能源的使用
政治趋势的变化	–	全面推行“双碳”行动
税费变更	可能带来不可避免的额外成本	“绿色税收”等与能源及资源使用有关的财政或税收政策将有效促进校园节能减排、鼓励清洁能源使用、废弃物回收利用
高校绿色校园运行管理政策	政策的改变可能导致校园财政支持的减少，这将导致分配给校园运行管理的资金减少	主校区可以为运行管理项目提供更多的支持；主校区的绿色校园运行管理相关政策将引领其他各校区的管理
内部问题	风险	机遇

管理体制改革	加剧行政管理人员的流动和跳槽	有机会引入新人
政策重构	将校园运行管理作为焦点	确保在机构战略中考虑运行管理
寒暑假管理重心的变化	在假期放松监管可能会导致环境问题	在新学期开始前实施环境规划；通过举办夏令营等相关活动，提升学生的环保意识
经济（Economic）		
外部问题	风险	机遇
经济趋势	经济增长可能会增加成本，包括员工成本、设备成本、建设成本等	经济繁荣将带来更多的产品和服务选择
税率变化	增加税收会减少校园运行管理体系的可用资金	增加税收会激励更多节能措施的实施，以及增加在节能环保技术上的投资
能源成本	能源成本的增加会减少校园运行管理的资金	更高的能源成本将激励可再生能源以及节能减排技术的使用
资金可得性	-	促进节能环保技术的研究和应用
内部问题	风险	机遇
预算变动	从运行管理角度重新分配资金和调整相关政策措施	考虑绿色校园运行管理体系对校园能源资源使用和环境的影响，重新分配体系资金
运行管理成本	运行管理投资回报率较低甚至难以预估，可能会导致管理层的不支持	进一步支持绿色校园运行管理的可能性增大
机构财务绩效	财务绩效不佳可能导致校园运行管理资金的撤出	积极的财务表现可能会为运行管理提供更多资金
改变学生人数	学生人数的增加将给校园运行管理带来更大的压力	未来几年学生人数将继续增加，必将增加就业机会

社会影响（Social）		
外部问题	风险	机遇
社会压力	若不满足公众对环境绩效的期望，可能损害学校的声誉	增加压力和动力，以提升良好的环境绩效水平；有机会公开宣布环境绩效提升成果，这将带来更多的社会支持，鼓励更多的组织参与
媒体		
来自当地居民和地方政府的期望	与校园运行管理相关的矛盾和问题可能导致运行管理效率低下	有助于改善校园的环境表现；帮助校园发挥其积极的社会影响
气候变化对社会的影响	没有及时并正确响应气候变化将带来一系列的潜在问题	可以使师生和后勤工作人员提高气候变化和节能减排意识
内部问题	风险	机遇
师生的参与度和期望值	缺乏参与度可能会降低校园运行管理的执行力和有效性	期望值越高，就越容易吸引员工和学生
文化趋势	因文化的差异性，某些节能减排和环境保护项目可能会遭遇阻力	不同背景的学生和工作人员可能会带来各种各样的经历和文化影响
员工的去留	行政管理人员流动会对校园运行管理效率产生负面影响	获得更多招聘专业人员的机会
环境意识	缺乏环境意识，会阻碍绿色校园运行管理进程	提升环保意识，会为行为改变提供机会
技术（Technological）		
外部问题	风险	机遇
技术发展	新技术的出现将加速淘汰现有技术，增加应用成本	不断涌现的新技术提供了更多机会以促进校园能源资源节约和环境保护
成本	较高的技术成本和较长的回收期将会减少新技术的应用机会	技术的成本可能随着时间的推移而变得更加经济可行

技术标准和导则	没有与绿色校园建设密切相关的技术标准和导则，将无法给校园运行管理提供准确的指导	促进绿色校园运行管理相关标准和导则的颁布和执行
基础设施建设	-	中国绿色产业基础设施的发展有利于加快国际先进技术的融合，实现节能减排和环境保护目标
内部问题	风险	机遇
实施新技术	缺乏对新技术的了解和应用经验或能力建设不够，可能达不到预期的效果	该校已引进的节能环保技术包括中水回用技术、可再生能源利用技术、校园建筑能耗监测技术等。这些技术为绿色校园发展提供支持，有助于实现校园节能减排和环保目标
设备维修	存在大量资金投入的风险	可以引入更合适的新技术，以更有效地实现运行管理目标

技术（Technological）		
内部问题	风险	机遇
管理团队的支持	没有配备支持管理团队，或由于能力不够，存在新技术和新设备不能充分使用的风险	优秀的管理团队能够充分发挥专业能力，使技术和设备更好地运行
节能环保课程与讲座	节能环保课程与讲座的缺失，不利于形成绿色校园的文化氛围	提高校园高效运行管理的意识；鼓励更多师生参加环保活动
法律（Legal）		
外部问题	风险	机遇

新立法	新的法律将影响原有运行机制，可能需要重新调整管理体制，如《中华人民共和国环境保护税法》中，环境保护税取代了排污费，可能对税收征管产生影响	吸引更多的人关注环境，提高社会责任感，实现环境目标
进入国际组织	中国加入国际组织可能导致环境立法的变化，对校园运行管理产生直接影响	
内部问题	风险	机遇
法律信息更新	不及时更新法律信息，员工法律意识淡薄，实施效果差，法律制度不一致，将导致违法风险	及时了解法律变化，提前准备应对措施，以确保校园各项运营活动的合法性，有利于实现运行管理目标
员工的法律意识		有利于员工了解和识别校园的相关制度、文化和运行管理目标，促进目标的实现
法律的实施		将得到政府、社会和学校领导的充分支持，有利于校园运行管理目标的实现
规章制度		已有的规章制度应符合相应的法律法规，为绿色校园运行，以及目标的实现提供有力保障
资源投入	资源投入不足会影响法律的实施，不利于环境目标的实现	遵守法律要求的资源投入，有助于运行管理目标的加速实现
环境（Environmental）		
外部问题	风险	机遇
对环境的影响	对空气、土地和水的污染以及生态系统造成损害；产生废弃物；消耗自然资源；气候变暖；危险化学品污染等	增强生物多样性；通过校园运行管理体系提高环境绩效

气候变化	能耗增加；极端天气可能破坏基础设施；机构运作中断	促进环保项目的开发

环境（Environmental）		
外部问题	风险	机遇
资源可用性	有限的资源将会越来越难以获得：随着供应的减少，资源成本可能增加	促进垃圾回收/再生资源的利用
内部问题	风险	机遇
学生人数	学生数量的增加，将增加能源资源的消耗和对环境的不利影响	促进校园可持续发展
位置	紧邻湿地公园可能增加当地环境破坏风险	有利于培养员工/学生的环保责任感
资本开发	破坏原始生态系统；资源利用增加	为绿色生态低碳校园的建设提供充分的资源

（2）运行管理相关标准的识别

该校区就空气和气候变化、水资源、能源、废弃物和有害物质、生物多样性、建筑物和设施、应急计划、健康和安全这8大部分进行了相关标准的识别。

（3）确定与校园运行管理相关的活动、产品和服务

该校区识别了与校园运行管理相关的活动、产品和服务。活动要素的内容、重要性、正负面的影响归纳于表9-5；产品包括办公设备、家具电器、实验室仪器等；服务指与校园环境相关的宣传与培训、组织机制及能力建设。

表9-5　活动要素的识别、影响及重要性分析

活动领域	活动内容	活动环境要素	影响	正面/负面影响	影响的严重性（1~5）	影响的可能性（1~7）	影响的重要性程度
废气排放控制	通风柜使用	实验室通风柜排放物	空气污染	负面	3	1	3
化学品的使用和存储	化学品的使用和存储	化学品的泄漏/溢出、回收和处理	土地/水污染；教职工的健康风险	负面	5	1	5

续表

活动领域	活动内容	活动环境要素	影响	正面/负面影响	影响的严重性（1~5）	影响的可能性（1~7）	影响的重要性程度
能源使用	电气设备的使用	用电	温室气体的间接排放；资源利用	负面	2	7	14
	供热	用气	资源利用；温室气体的直接排放	负面	2	7	14
	太阳能系统/地源热泵	节能	减少化石能源的使用	正面	3	5	15
	空调使用	制冷剂的使用	制冷剂泄漏造成的空气污染	负面	3	1	3
水资源使用	水循环利用	再生水系统（中水回用系统）	减少市政耗水量；绿地灌溉等	正面	4	4	16
	节水器具的使用	节水龙头、节水马桶等的使用	减少市政耗水量	正面	4	4	16
废弃物管理废弃物的存储和处置		生活垃圾	土地/水污染；废弃物处置	负面	3	3	9
		办公垃圾	土地/水污染；废弃物处置	负面	3	3	9

续表

活动领域	活动内容	活动环境要素	影响	正面/负面影响	影响的严重性（1~5）	影响的可能性（1~7）	影响的重要性程度
		厨余垃圾及废水	土地/水污染；废弃物处置	负面	4	3	12
		废弃试验仪器	废弃物处置	负面	3	1	3
		废弃物回收	垃圾的回收利用	正面	4	3	12
园林绿化	绿化活动	杀虫剂/除草剂的使用	土地/水污染	负面	4	2	8
		园林绿化维护	绿色废弃物的产生	负面	2	3	6
		提供自然栖息地	增加生物多样性	正面	3	3	9
		种植新的植物	增加生物多样性	正面	3	3	9
绿色采购	商品和服务的采购	购买设备	资源利用；废弃物产生	负面	1	7	7
		购买化学品	资源利用；危险废弃物的产生	负面	2	5	10
		购买食物	资源利用；厨余垃圾的产生	负面	3	7	21
		购买普通消耗品	资源利用；废弃物产生	负面	3	7	21
		校区间通勤服务	温室气体排放	负面	2	7	14

续表

活动领域	活动内容	活动环境要素	影响	正面/负面影响	影响的严重性（1~5）	影响的可能性（1~7）	影响的重要性程度
		服务采购（如餐饮、信息技术、维护、清洁等）	废弃物产生；温室气体排放	负面	2	3	6

注：影响的重要性程度＝影响的严重性影响的可能性。其中，影响的严重性表示在各种可能的条件下每个活动要素对环境的影响程度。1~2分表示较小的环境影响；3分表示中等环境影响；4~5分表示严重的环境影响；造成环境影响的可能性由七分法来确定。最大值7代表使用或运行的任何情况下都会造成环境影响；最小值1代表只在极少数情况下对环境造成影响。

（4）设定环境指标和环境目标

该校区从能源与碳排放、水资源、废弃物、校园交通、生物多样性、绿色建筑这6大方面确定了近期发展目标，确保与绿色校园建设方向相适应，同时确定了目标的完成时间。具体如表9-6所示。

表9-6　环境指标和环境目标

范围	环境目标（以2018年为基准）
碳排放	到2023年生均碳排放量减少25%
水资源	到2023年生均耗水量减少20%
废弃物	到2023年生均垃圾填埋量减少15%；控制危险废弃物的产生
校园交通	到2023年生均碳排放量减少25%
生物多样性	制定生物多样性行动计划；到2023年12月校园生物种类增加25%
绿色建筑	减少建筑全生命周期的环境影响；实现绿色建筑二星级或更高

（二）项目实施

该校区针对“废气排放控制”“化学品的使用和存储”“能源使用”“水资源使用”“废弃物管理”“园林绿化”和“绿色采购”这7大领域进行了风险和机遇评估，在此基础上制定了如表9-7所示的节能减排和环境保护实施项目。

表 9-7　该校区节能减排和环境保护实施项目

<table>
<tr><th>活动领域</th><th>风险</th><th>机遇</th><th>实施项目</th></tr>
<tr><td>废气排放控制</td><td>增加碳排放量；污染校园空气；超过设定的排放水平目标</td><td>鼓励使用可再生能源，如太阳能和地热能等</td><td>制订减排计划，设定废气排放年度目标，制定操作控制流程和规范，对锅炉、油烟柜和车辆进行定期维保</td></tr>
<tr><td>化学品的使用和存储</td><td>污染当地水源和校园地面；造成严重事故和伤害；危害学生的身体健康</td><td>开发化学品使用和储存记录，并定期检查化学品存放场所；开发一个在线化学品库存系统来采购化学品</td><td>制定化学品使用操作流程；为员工提供操作和应急过程的培训</td></tr>
<tr><td>能源使用</td><td rowspan="2">能源资源价格波动；能源资源消耗；空气污染和水污染风险；温室气体的排放</td><td rowspan="2">考虑建筑设计、建造和使用过程中的能源资源利用效率；考虑使用节能减排技术和设备，如可再生能源技术等；使用新能源汽车</td><td rowspan="2">开发建筑节能监管平台；定期进行能耗公示；进行新建建筑节能设计和既有建筑节能改造；采用可再生能源系统降低能源消耗；采用节能装置和技术；采用再生水系统、渗透路面和节水技术来减少市政用水</td></tr>
<tr><td>水资源使用</td></tr>
</table>

续表

活动领域	风险	机遇	实施项目
废弃物管理	对周边产生环境污染；潜在的安全风险	提高废弃物回收率，减少对环境的负面影响，降低处理成本；采取垃圾分类回收利用，提高材料利用率	制定废弃物分类和回收政策；制定和实施建筑垃圾处理方法；在所有地点安装垃圾箱以进行分类回收；进行废弃物回收培训
园林绿化	污染校园地面生物多样性损失；对学生和学生的潜在危害	提高绿化废弃物回收率，减少对环境的负面影响，降低处理成本；利用垃圾分类回收利用，提高材料利用率	公共建筑屋顶绿化和垂直绿化的实施；提高透水地面面积百分率；记录农药和除草剂的使用情况
绿色采购	不可再生资源的利用：增加垃圾填埋场的垃圾量；在输送过程中污染环境	为改善环境性能提供更多的产品选择；考虑购买商品和服务时的环境影响	尽可能选择当地和环保产品；选择使用寿命长的产品；按需购买固定资产，避免超额消费；设置耗材储存和使用记录；制作采购记录；回收包装材料

在上述7大领域中，“能源使用”和“水资源使用”是该校区绿色校园运行的重点工作。该校在照明节能、供暖空调节能、数据中心节能、新能源汽车以及校园节水等方面采取了一系列的措施以降低校园能源资源使用，减少碳排放。一些典型的校园节能项目如下。

(1) 该校区在教学区和学生生活区逐步将T8日光灯（36W）改为LED灯（18W），其中教学楼原双管2x40W日光灯，改为了单管LED灯，改造了约3000套；部分学生宿舍改为LED灯，改造了约3000套；部分地下室原是常开的T8日光灯，已全部改为感应的LED灯，改造了约1000套。年节能量725040kW·h，可减少二氧化碳排放510t。

(2) 该校区将两台型号分别为S7-315和S7-400型变压器更新为SCB10型，响应国家政策，淘汰落后设备，减少了电能损耗率，减少了碳排放量。

(3) 该校区供暖系统设备运行维护情况较好，现场设备未有明显漏水痕迹，设备和管道无腐蚀现象，现场系统标识清晰，管道保温完好，供暖效率为90%，符合《公共建筑节能设计标准》(GB50189-2015) 规定的限额要求。

(4) 校区冷水给水系统：校区共设置了6个水泵房，所有水泵均配置变频器，且为二次供水；教学区各幢建筑，除中层、多层建筑2层或3层以上采用加压供水外，其余楼层和绿化浇灌均采用市政管网压力直接供水，部分绿化灌溉采用中水回收系统，减少水泵电机耗电导致的碳排放。

(5) 校区数据中心采用了节能效果好、安全性高的模块化UPS装置和能效比高的精密空调机，有利于节能减碳。

(6) 全校安装了140余台电梯，单台安装的电梯采用集选控制方式，部分区域二台或者多台一起安装的电梯采用并联控制方式，新购电梯采用了永磁变频无齿轮曳引机。这些管理和技术措施有利于提高电梯利用效率和节能运行，最终实现节能降碳。

(7) 校区配置了新能源汽车充电桩，校内巡逻车采取纯电动汽车，同时鼓励教职工采用公共交通出行或开电动汽车，减少燃油汽车的温室气体排放，尤其是甲烷和氧化亚氮的排放。

(8) 该校区学生宿舍楼热水系统均采用空气源热泵热水系统，此为合同能源，由供方统一监督、维护，对学生按照40元/t的热水费用价格收费，这样每年锅炉运行时间将减少，进而减少化石燃料燃烧导致的温室气体排放。

(9) 该校区屋面建设了光伏发电系统，发电功率11kW，自投入运行以来已发电31785kW·h，下一步计划加大光伏发电系统的应用。

第二节　国外高校绿色校园建设案例实践

国外的绿色大学建设起步早，建设快，且取得了显著的成绩。具有代表性的绿色大学建设高校有澳大利亚的麦考瑞大学、美国的伯克利大学等。国外高校的绿色校园运行管理，通常从校园规划、节能减排、水资源利用、学生和员工参与、绿色采购、绿色食品、废弃物利用、绿色教学、绿色科研等领域进行，由学校的可持续发展办公室统一负责绿色大学建设。

一、澳大利亚高校：麦考瑞大学

（一）用能及排放现状

麦考瑞大学校园的总体规划中确定了减少能耗、水耗、碳排放和废弃物排放等方面的可持续发展目标：与2009年基准相比，2030年的能耗强度和碳排放强度降低40%，用水强度降低34%，垃圾填埋场转移率提升到90%。自2009年至2020年，尽管该大学的总建筑面积增加了39%，人口增加了40%，但能耗降低了33%，用水量减少了34%，碳排放降低了32%，并将垃圾填埋场转移率提升到了。能源资源的逐年使用情况如下。

（二）绿色校园建设措施

麦考瑞大学在澳大利亚乃至全世界范围内均为校园可持续发展领域的示范。2010年，它因校园可持续发展方案获得澳大利亚新南威尔士州（以下简称“新州”）绿色全球公共部门奖；同时它因在节约用水方面的贡献获得新州保持澳大利亚美丽奖的亚军。麦考瑞大学也是澳大利亚的大学中最早进行可持续发展建设的大学。2001年，校园建筑因采用冷热电联产能源站减少了44%的温室气体排放，而获得新州绿色全球公共部门奖。本小节介绍麦考瑞大学在绿色校园运行管理方面所取得的成果。

（1）组织构架

图9-1展示了麦考瑞大学绿色校园建设的组织管理机构。整个学校的绿色大学建设由主管副校长牵头，由资产处、财务处、教务处、人力资源处、市场处、学生办公室等部门分工协作。绿色校园建设涉及了教学、规划和发展、生物多样性、废弃物、水资源、交通、能源、采购、管理、交流、公平交易、可持续报告等多个领域。

（2）发展规划

在新的十年开始之际，麦考瑞大学的运行环境正在发生巨大变化，进入了机遇与挑战并存的新时代。机会主要是革新大学社区运行管理体系，致力于采用新的合作方式来促进可持续发展。挑战是在日益不确定的世界中如何利用有限的资源实现更多和更好的成就，如何对必须开放的领域做出运行管理上的优化。

2020年在新冠肺炎疫情的大背景下，该校运行管理新规划是数字化转型。首先确定数字路线图的范围并开始用于沟通、研究、运营、服务的数字化运行管理工具和平台，改进了系统流程、服务、数据和分析功能的集成，将可扩展的数字化涵盖运营计划各个方面，并通过有效的数据分析做出基于实际绩效的实践工作和决策。同时，进行员工培训，让员工有机会学习新技术及新的工作方式，共同完善数字化运行管理体系构建。

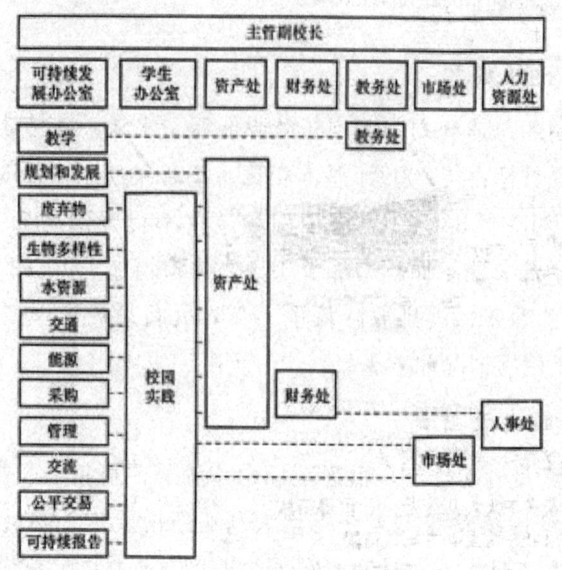

图 9-1　麦考瑞大学绿色校园建设涉及领域及组织构架

(3) 运行管理

第一，节能措施。

麦考瑞大学在校园节能减排领域的工作主要体现在建筑节能技术的应用方面。

校园建筑中采用了冷热电联产技术，利用气体燃料发电供校园建筑用电，电厂的废热回收驱动吸收式制冷机组，为建筑供冷水和供热。该系统相对于传统能源温室气体排放减少44%。游泳池加热也利用热电联产系统，每年减少了温室气体排放，节约了近200000美元/年的运行经费。此外，建筑中还采用混合通风技术来降低供热空调负荷。

可再生能源的利用主要体现在太阳能光伏发电技术在建筑中的应用。建筑E6B安装了装机容量为21.12kW的光伏发电系统。每天平均发电53kW·h，预期CO2减排量为20.3t/年。

第二，节水措施。

节水领域的工作主要从使用节水设备和非传统水源两个方面进行。当前完成的项目主要有运动场雨水回收项目、新建图书馆的雨水回收项目、Biz Fix项目、无水锅的使用，以及水资源利用管理项目等。

麦考瑞大学运动场雨水回收项目于2009年启动，该项目利用地下管网回收系统收集雨水，每年能够节约2.1×10L水。2010年7月，将城镇灌溉系统改造为雨水收集系统。

学校新建图书馆也设置了雨水收集、储存、处理和回收利用系统，以及高校水环境控制系统。该套雨水回收系统可以节约一半的市政用水量。此外，在体育及水上活动中心和新图书馆还采用无水小便器。传统的冲水便池需水量较大，充一次一般要5~20L水。采用了无水小便器之后，一年可以节省约5×10的水。Biz Fix是一个利用通风装置、气塞和储水池等节水设备来提高浴室和厨房水利用效率的商业项目，通过这些设备能够节约30%的用水量。另外，在Thai Kiosk和Lee’s食堂，无水锅已经取代了传统的炊事锅，无水锅的利用可以节约96%以上的用水量。

麦考瑞大学可持续发展中心还参加了悉尼“珍惜每一滴水”的商业计划，初步完成了校园水资源效率审计和项目年度评审，被评为水资源效率管理的四星级水平，成为第一个获得此奖的教育机构，也是获得该级别奖项的少数几个机构之一。

第三，废弃物管理。

麦考瑞大学在废弃物利用上做得非常有特色。废弃物处置主要包括普通废弃物处置、纸类处置及绿色废弃物处置3类。对于普通废弃物，当师生将废弃物放入废弃物收集设施之后，运输到废弃物分类设备进行自动分离，再转发到相应的回收/再利用装置。在办公室、图书馆、教室等地方设置有固定和无固定的纸张回收箱。对于落叶等绿色废弃物，通常通过堆肥等方式进行回收利用。

此外，通过相关宣传活动，培养师生尽可能减少废弃物产生的意识，鼓励倡导师生进行重复利用和回收利用各类物品。如学校建立了校园废物回收利用系统、二手物品交易市场等，对电子垃圾、废纸、废瓶、废旧金属、手机和电池进行专项回收。同时，对校园餐厅垃圾也进行回收处理。

第四，生态管理。

麦考瑞大学致力于生物多样性的保护。2008年10月，麦考瑞大学成立了灌木保护团队，经过努力将Mars Creek从荒芜变得郁郁葱葱；同时，麦考瑞大学建有自己的植物园，包含多类本地植物。

第五，绿色采购。

在绿色采购领域，学校同样以可持续发展为原则，注重商品的全生命周期成本以及其环境和社会影响。同时还开设了相关培训课程让师生了解节能环保产品知识，掌握绿色采购流程。

第六，教育推广。

麦考瑞大学在绿色校园建设的过程中，通过各种途径积极鼓励校园广大师生参与到校园建设中去，促进形成可持续发展的校园文化。其成果主要体现在以下3个方面：首先建成了可持续发展代表网络（Sustainability Representative Network，SRN）。该组织由一群热衷于校园可持续发展服务的学生和老师组成，可通过在线分享、现场讨论和实际参与绿色项目等方式让更多的师生参与各项绿色校园建设活动。其次是办公室可持续发展项目（Department Sustainability Challenge）。通过该项目鼓励教职工参与交流讨论、实践办公室内节能、节水等一系列可持续发展措施，以提高办公室的能源资源利用效率。最后是可持续发展引导（Sustainability Induction Modules）。对所有教职工进行可持续发展的在线培训，以提高其对可持续发展的兴趣和参与度。

二、美国高校——加利福尼亚大学伯克利分校

加利福尼亚大学伯克利分校（University of California-Berkeley，简称UC Berkeley、Berkeley或Cal，本文以下简称加州大学伯克利分校）是一所美国公立研究型大学，作为较早开展可持续校园建设的大学，其绿色校园建设具有较好的体系性与代表性。

（一）用能及碳排放现状

加州大学伯克利分校的可持续校园建设主要由4个文件和计划引导：《伯克利气候行动契约》，其中包含温室气体减排目标和行动框架；《伯克利大学2020年远期发展规划》和其附属的环境影响报告，其中包括为了达到2020年学校的学术目标和宗旨而设立的土地利用和主要投资框架；《加州大学可持续实践》，展现加州大学的整体校园系统如何将环境影响控制到最小；《草莓溪管理规划》，旨在提升草莓溪的水质。除了以上4个文件，还有一些附属文件，共同描绘学校的远期目标，它们分别是《2020年伯克利学术计划战略》《新世纪规划》《景观总体规划》《景观遗产规划》和《校园自行车系统规划》。在以上计划的指引下，学校的绿色校园运行管理实施效果如下。

（1）能源

自1990年以来，校园建筑面积增长了27%，但单位面积用能强度却降低了15%。通过改善建筑围护结构性能、更换高性能照明设备等方式，2013年减少了250万kW·h的能耗量。2018年，《加州大学可持续发展实践政策》增加了使用清洁能源的目标，重点是通过减少需求和增加可再生能源使用量来支持碳中和目标。2008-2018年，伯克利分校实施了提高能源效率的措施，将碳排放量减少了1.5万t，节省了数百万美元。

加州大学伯克利分校在137座校园建筑物中安装了校园建筑的实时能耗监测平台。该平台由校园能源办公室管理，所有人员可以在网站平台上查看实时能源消耗量，可直观获取24小时、7天、30天及1年的电、天然气、蒸汽及水的使用情况。由该平台可以看到员工的节能行为对建筑物用能的累积影响，例如通过晚

上关灯实现了照明能耗的减少。

另外，加州大学伯克利分校目前正在Martin Luther King Jr.（MLK）学生会、Eshleman Hall、休闲体育设施Field House、大学村车库太阳能系统和Jacobs Hall等地方安装太阳能光伏发电系统。MLK学生会楼屋顶安装的太阳能电池板替换了生产力较低的原有光伏系统，Eshleman Hall的太阳能电池板为Lower Sproul建筑群增加了更多的绿色能源，这两个系统每年共同为建筑物产生150000kW·h的电能。Field House屋顶光伏系统每年可产生340000kW·h的电能，可满足该建筑物电力需求的近三分之一。大学村车库太阳能系统建成后，每年可产生700000kW·h的电力，可满足大学村20%的电力需求。Jacobs Hall屋顶太阳能电池阵列每年将为建筑物产生约120000kW·h的电能。

（2）温室气体排放

加州大学伯克利分校计算了10种排放源产生的3种不同类别的温室气体排放：直接排放，包括天然气燃烧排放、应急发电机发电过程中产生的碳排放、校园车队运行排放、制冷剂排放等；间接排放，包括购置电力产生的排放；可选排放，包括学生通勤、教职工通勤、固体垃圾、水消耗、航空旅行等产生的碳排放。加州大学伯克利分校校园温室气体排放清单如表9-8所示，其中2019年热电联产过程中燃烧天然气产生的温室气体排放量占总排放量的69%，航空旅行碳排放量占13%，教职工通勤碳排放量占7%。

表9-8　加州大学伯克利分校校园温室气体排放清单

排放源	1990年CO_2排放当量（t）	2008年 CO_2排放当量（t）	2018年 CO_2排放当量（t）	2019年 CO_2排放当量（t）
热电联产消耗的天然气	60457	66125	123888	130955
购置电力	40296	62384	4720	2320
航空旅行	19980	21865	22926	24566
教职工通勤	23142	18027	11818	12329
购置的天然气	8148	12453	11363	11505
学生通勤	4100	3824	6245	3245
水的使用	783	864	353	304
校车运行	1968	1701	1769	1755
固体垃圾	996	981	740	693
制冷剂排放	237	66	779	469
其他低排放源	281	281	281	281

续表

排放源	1990年 CO_2 排放当量（t）	2008年 CO_2 排放当量（t）	2018年 CO_2 排放当量（t）	2019年 CO_2 排放当量（t）
排放总量	160389	188572	184882	188422

（3）用水量及雨水回收利用

2019年，该校区用水量为5.84亿gal，比2008年减少24%，实现了加州大学2025年减排目标。同时，2019年人均年用水量为13185gal/人，2007-2019年，人均用水量下降了37%。校园的用水总量中约有一半是校园建筑的生活用水（包括冲厕用水、淋浴用水和水龙头用水）。实验室的用水量约占总用水量的四分之一，灌溉用水和蒸汽装置用水分别占10%。

另外，超过90%的灌溉系统和气象站联动，根据气象参数进行自动灌溉。每年约有24000gal的雨水在Boalt法学院得到回收再利用，用于附近绿化带的灌溉。此外，Eshleman Hall和Chou Hall也都装有雨水收集再利用系统。

（4）绿色建筑

截至2019年，加州大学伯克利分校共拥有22个获得美国绿色建筑委员会能源和环境设计（LEEDD™）认证的建筑项目，占总建筑面积的12%以上，其中2个白金级认证建筑、12个金级认证建筑、7个银级认证建筑和1个标准级建筑。

校园内的李嘉诚中心获得了黄金级LEEDD™认证。该建筑采用了绿色屋顶、再生木镶板、低辐射办公室地板和橡胶实验室地板等技术，安装了可由用户控制的百叶窗，可对照明、能源和水的使用情况进行实时监控。另外，Pat Brown’s Grill是第一家获得LEEDD™认证的校园餐厅。帕特·布朗（Pat Brown）大楼的改造工程采用了日光感应照明系统、能源之星认证的炊事设备。此外，雅各布斯设计创新学院被授予LEEDD™铂金的最高荣誉，被美国建筑师协会评为全美可持续建筑和生态设计十大典范之一。其屋顶太阳能电池板每年可为建筑物产生约120000kW·h的清洁能源。

（5）废弃物处理

2018年，加州大学伯克利分校有54%的废弃物通过回收、堆肥、捐赠或转售等方式从垃圾掩埋场转移，从而减少了废弃物的处理量。

（6）绿色采购

加州大学伯克利分校在2012年购买了至少1440万美元的绿色环保产品，这个数据在此后3年内总计提高了60%，其增长与校园内越来越多的绿色环保产品售卖店铺以及学生与教职工的大力配合有关。学校也跟踪采购部门购买的绿色环保产品数量，其中80%的电子产品中是已注册EPEAT Gold的产品，62%的办公用纸可回收再利用，10%的清洁产品经过了第三方认证，满足公认的可持续发展标准。

(7) 绿色交通

到2014年，师生通勤和校园车队的燃油消耗量已减少到1990年消耗量的25%。自2012年以来，自行车上下班/学的人数增加了约1.4%。2018年，日均有5500多人骑自行车上下班/学。校园交通调查发现，超过12%的校园师生通勤骑自行车，其中将近21%的教师、9%的职工、27%的研究生和7%的大学生骑自行车上下班/学。校园为自行车通勤的师生设置了两处提供免费服务的自行车修理点。

(8) 生物多样性保护

校园现正进行的生物多样性保护重要规划中包括里士满湾校园规划和草莓溪修复计划，计划的重点为保护自然开放空间，保护当地栖息生物，抵制外来物种侵袭等。其具体表现为在广阔的山丘和沼泽地上积极保护濒危和脆弱的物种，例如生活在伯克利全球校区草莓溪流域中的阿拉米达（Alameda）响尾蛇和沼泽鸟。保护措施包括在校园内优先种植本地植物，以恢复生物多样性。

二、绿色校园建设措施

（一）组织架构

自21世纪初以来，加州大学伯克利分校就开始向可持续实践和环境管理迈进。2003年，时任校长的贝尔达（Berdahl）成立了可持续发展咨询委员会（the Chancellor’s Advisory Committee on Sustainability，CAS），该委员会成员来自教职员工、学生和校友。在委员会成立的第一年，CACS主持了首届年度加州大学伯克利分校可持续性峰会，并获得了进行校园可持续性评估的资金，建立了绿色校园校长基金。CACS旨在促进校园环境管理和可持续发展，通过与校园进行持续的对话达成环境可持续性，将环境可持续性与现有的校园课程相结合，用于教育、研究、校园运营和公共服务，并建立可持续的长期规划和形成前瞻性的校园文化。该委员会每年会颁布校园可持续计划和环境发展报告，以监督和引导学校的可持续发展。

2008年，CACS建立了可持续发展办公室，并发布了2008年校园可持续发展评估报告。可持续发展办公室的主要职责如下：对校园的气候、建设环境、能源、餐饮、土地利用、采购、废弃物等进行统一管理；与来自各个校园学科的教职员工合作，开展年度研讨会，以激励教职员工将可持续性概念纳入教学课程。该研讨会的重点是将可持续性的范围和定义扩展到传统学科之外，并探讨与环境相关的当前热门话题。

可持续发展办公室下设能源办公室，在整个校园范围内跟踪监督和管理校园能源使用，以降低能源使用成本，改善建筑物的设计、性能和运营，并向建筑使用者提供有关能源使用的反馈。该办公室也会持续监督校园设施的运营和维护，跟进其设施的运营和公用事业消耗，并与楼宇管理人员保持沟通。能源办公室还管理各类能源效率提升项目，包括基于建筑运行调适、节能照明和暖通空调系统改造。已完成的项目每年可为校园节省数百万美元的能源运行成本。

学生团队对可持续发展办公室的工作起到重要支持作用。学生协助参与了多项可持续发展计划的执行工作，如组织零废弃物联盟（Zero Waste Coalition）的学生参与废弃物减量和回收处理；组织学生参与能源、绿色建筑和气候倡议，以支持2025年实现碳中和；加强学生参与周边社区的活动和行为改变计划；参与可持续的相关培训和全球新问题的探讨；参与水资源的回收利用、绿色交通等。2017年，加州大学伯克利分校成立了零废弃物学生咨询委员会。在2019年春季，妮可·海恩斯（Nicole Haynes）重新组建了该委员会，并将其更名为零废弃物联盟。随着当地居民对校园废弃物回收处置兴趣的不断增强，校园与社区的协作与交流得到了极大的改善，从而导致了一些活动的成功举办。如2020年3月，5000多名学生和教职员工进行了为期一周的推进堆肥教育宣传。此外，2020年4月，加州大学伯克利分校承诺实施塑料禁令，计划到2030年消除所有不必要的一次性塑料，并采用可行的替代品。

此外，加州大学伯克利分校于2006年成立了加州气候行动伙伴关系（The Cal Climate Action Partnership，CalCAP），该组织是由教职员工、行政管理人员和学生组成的合作组织，致力于减少温室气体（GHG）排放并达到校园碳中和。该组织负责撰写了年度温室气体排放量清单，并编制了三份气候规划文件，分别是《2007年CalCAP可行性研究》《2009年气候行动计划》和《2025年碳中和规划框架》。2007年，组织的主席比尔格瑙（Birgeneau）提出目标，要求到2014年将校园内温室气体排放量降低到1990年的水平。加州大学伯克利分校于2012年实现了这一目标，比原计划提前了两年，比加州大学的政策要求和加州的州目标提前了8年。

（二）运行管理

加州大学伯克利分校对建筑环境的运行管理提出了以下三个目标：一是最大程度地减少能源和水的消耗以及废水的产生；二是任何新建建筑或大型改造工程均不得再使用化石燃料供暖和供热水；三是基于可持续设计原则和生命周期成本进行资本投资决策。校园节能运行管理主要措施有以下几个方面。

（1）节能措施

向清洁能源结构转型。随着校园内热电联产系统的老化，加州大学伯克利分校在寻找新的方法，以改善能源输送系统能效，并考虑替代燃料来源，如利用太阳能发电和生物质能以获得更多的清洁能源。计划到2025年，现场太阳能光伏发电能力增加2.5MW。到2050年，校园将100%使用清洁、可再生的能源。

所有新建建筑项目和大型建筑改造项目将至少达到黄金级LEEDD™证，并在可行的情况下建设太阳能光伏及蓄电系统或其他可再生能源系统。通过有效利用现有建筑空间，减少未来十年内的新建建筑需求。对于现有建筑改造，计划通过多种改造措施使其能耗强度同比降低2%。如通过自动控制和设备的改进，减少采暖、制冷、通风、实验室设备和照明的能源使用。同时，加州大学伯克利分校的能源办公室正在探究更多的建筑节能方案，例如如何在具有许多历史建筑的高密度校园建筑中安装更多的可再生能源发电系统。并且，在实验室、办公室、宿舍等诸多地方设置了节能运行的提示，如关闭暂不使用的电器、购买节能产品、选择LED灯泡、启用计算机的睡眠模式、降低亮度并提高显示器的对比度等。

另外，学校要求至少每五年更新一次加州大学伯克利分校的能源使用政策，以实现节能目标。

(2) 节水措施

加州大学伯克利分校制定了可持续水行动总体规划，包括雨水和绿色基础设施总体规划、一系列的节水和回用建议以及超越加州大学总体目标的减排目标。具体节水目标为与2006-2008年的三年平均基准相比，2025年的饮用水消耗将降低36%，以推进学校的用水可持续性。另外，伯克利校园内的20多个建筑物中设立了续水站，以鼓励师生尽可能减少购买一次性瓶装水，而是采用可重复使用的水杯来装盛饮用水。

此外，将格林内尔GLADE灌溉系统升级，通过灌溉来节约用水，并减少雨水径流。同时，Dwinelle停车场重新设计透水铺装的人行道和植被集水区，以减少流入草莓溪的径流，改善草莓溪的生态功能和稳定性。

(3) 废弃物处理

加州大学伯克利分校正在努力改造废弃物回收和处理系统，全面实施校园零废物计划，重点是减少一次性商品的使用和增加部分材料的回收再利用。所有新建和改建的建筑内部和外部都安装有填埋、堆肥、回收标识的垃圾箱等设施，鼓励师生将垃圾正确投放到对应垃圾箱，以进行垃圾的填埋回收和堆肥再利用。计划到2025年，人均废弃物排放数量比2015年降低25%，到2030年，人均废弃物排放数量比2015年降低50%。

同时，针对在使用后会成为废弃物的商品包装材料有具体的规定。禁止销售、采购或分销包装泡沫，如食品容器和包装材料，但用于实验室供应或医疗包装和产品的包装泡沫除外。此外，在零售和餐饮服务上不使用塑料袋。到2023年，在餐饮服务中不使用一次性塑料包装盒，用可堆肥或可再利用的包装盒取代。对于在校外大量生产并在大学地点转售的预包装和密封的商品，优先选购有可回收或可堆肥包装的商品。

（4）绿色交通

为更好地促进校园碳中和目标的实现，学校制订了校园车辆可持续发展实施计划。所有更换、租赁和购买车辆的申请都需要评估是否合理，在有条件时采购或租赁零排放、可持续燃料、非柴油和高能效的车辆。计划到2030年，停止使用所有柴油车。到2022年，所有学校班车采用零排放、可持续燃料、非柴油或混合动力车辆取代原有车辆。到2030年，所有的校内观光车都将是全电动或零排放的车辆。

同时，鼓励步行和骑行成为校园通勤的首选方式。自行车停车场至少可供5%的常规高峰期校园师生使用。在可行的情况下，在涉及停车场的建设和改造中，安装电动汽车充电设备。

校园也正在建造更多的学生宿舍和教师公寓，以减少通勤能耗。计划到2025年，员工个人驾驶汽车通勤的比例将降低到36%。

（5）绿色采购

绿色采购因直接影响废弃物排放、水的利用和校园碳排放，在绿色校园建设中起着关键作用。加州大学伯克利分校制订了一项绿色采购计划，该计划要求所有采购的产品均符合加州大学可持续采购准则（UC Sustainability Practices），确保绿色、健康用品的采购量，提高物品的可持续性，并降低总成本。大学的采购部门把可持续目标纳入绿色采购流程和实践。在采购过程中，将产品的可回收性、耐用性和其他生命周期问题列为优先考虑的问题。如竞争性招标时尽可能使产品和服务采购符合可持续采购目标。尽可能采购具有ENERGYSTAR、Water Sense、Green Seal认证的产品。另外，伯克利分校每学期举办一次“零碳排放和供应链管理”宣传活动，以展示和推广常见办公用品的环保替代品，以及产生的废弃物比同类产品少或由可回收材料制成的产品。

（6）教育推广

加州大学伯克利分校可持续性办公室负责绿色校园建设人员培训。培训由10个模块组成，被培训的人员可自由安排完成时间及顺序。这些模块涵盖环境、社会和经济可持续性发展等方面的内容，包括碳中和、零浪费、生态系统和生物多样性、建筑环境、绿色交通、绿色采购、废弃物管理等。成功完成这10个模块后，学校员工可获得“员工可持续发展培训结业证书”。同时，学校对学生提供了600多门可持续发展方面的课程。这些环境、社会和经济可持续发展领域的课程占到了校园总课程数的50%。每个伯克利分校的本科生都必须修读一门以社会、经济或环境可持续性发展为主题的课程。加州大学伯克利分校还提供广泛的选修课程，包括近30个研究生课程和超过25个本科课程。除校内开设的课程外，为推广教育，学校还提供了一系列与可持续性相关的校外扩展培训课程，包括可持续性设计、可持续性能源和环境监测等内容。所有学生均可以参加，以补充常规课程、进行自我拓展、并获得证书。

另外，2020年5月，校园制订了一个“绿色实验室行动”计划，包括短期计划和长期计划，以改善校园实验室的绿色实践，具体包括实验室节水和节能技术、废弃物管理及绿色采购等方面的内容。该计划涵盖所有化学或工程实验室、设计工作室、建筑工作室、电子产品工作室、机器人技术工作室、3D打印工作室和制造工作室。

此外，学校设置了与绿色校园建设相关的近50个学生组织和俱乐部，并设置了奖学金，如学生环境资源中心（Student Environmental Resource Center，SERC）、加州大学联合学生会（Associated Students of the University of California，ASUC）的可持续发展团队（The ASUC Sustainability Team，STeam）、加州大学可持续发展奖学金（The UC Presiden’s Bonnie Reiss Carbon Neutrality Student Fellowship）等。

参考文献

[1] 傅利平，涂俊，何兰萍.绿色校园管理模式与运行机制研究［M］.北京：人民出版社，2015.

[2] 房志敏，纸一鸣.绿色文化形成的历史源泉与构建［J］.西南林业大学学报（社会科学），2020，4（2）：36-41.

[3] 黄晶.从21世纪议程到2030议程——中国可持续发展战略实施历程回顾［J］.可持续发展经济导刊，2019，(22)：14-16.

[4] 俞孔坚，张慧勇，文航舰.生态校园的综合设计理念与实践——辽宁公安司法管理干部学院新校区设计［J］.建筑学报，2012，(3)：13-19.

[5] 周越，朱笔峰，葛坚.中美绿色校园评价标准适宜性比较与改善研究［J］.建筑学，2016，(81)：150-154.

[6] 张宏伟，张雪花.绿色大学建设理论与实践［M］.天津：天津大学出版社，2011.

[7] 王崇杰，薛一冰，何文晶.绿色大学校园［M］.北京：中国建筑工业出版社，2012.

[8] 贺禧.生态视角下校园绿色景观规划探讨——评《绿色校园规划设计》［J］.环境工程，2021，39（05）：247.

[9] 祝成业，龚腾飞，张礼财.高校新校区绿色校园文化建设探究——以北京中医药大学为例［J］住区，2017，(51)：147-149.

[10] 刘建荣.大学生的生态文化认知与践履［J］.湖南社会科学，2021，(2)：9-14.

[11] 李涛，黄献明.绿色校园规划设计所面临的挑战［J］.住区，2020，(3)：5-7.

[12] 中国绿色建筑与节能专业委员会绿色校园学组.绿色校园与未来［M］.

北京：中国建筑工业出版社，2016.

［13］龙静云，吴涛.绿色发展的人本特质与绿色伦理之创生［J］.湖北大学学报（哲学社会科学版），2019，46（2）：29-35.

［14］赫玲河.计算机网络技术在数字化校园建设中的应用——评《数字化校园规划与实施（第2版）》［J］.科技管理研究，2021，41（10）：1-6.

［15］李尚勇，袁继敏，闫实，等.教育数字化转型下高校智慧校园规划与设计［J］.现代信息科技，2023，7（9）：56-59.

［16］苏君阳.高质量背景下教育管理学科建设面临的机遇，挑战与举措［J］.现代教育管理，2023，（8）：1-8.

［17］刘磊，吴庆国，刘斌.地方应用型高校教育现代化的研究与实践［J］.淮阴工学院学报，2023，32（2）：85-90.

［18］王谢勇，吕紫坤，蓝健.高校创新创业教育管理系统建设的研究与探索——以大连大学为例［J］.创新创业理论研究与实践，2023，（2）：3-9.

［19］石聪.高校教育教学管理改革与发展探讨——评《现代教育理念下的高校教育教学管理研究》［J］.中国教育学刊，2023，（2）：1-5.

［20］叶同梅，邓晓雨.践行生态文明教育，助力学校绿色发展——青岛市城阳区正阳路小学生态文明教育纪实［J］.环境教育，2023，（3）：97-99.

［21］彭向清黄星河.绿色校园新时尚，垃圾分类我先行——长沙市长郡梅溪湖中学垃圾分类教育纪实［J］.环境教育，2021，（9）：89-90.

［22］钱静雅，秦丽英，刘桂英.我国现代图书馆管理理论与实践研究［M］.北京：中国水利水电出版社，2017.

［23］周云峰.新时代应用型高校后勤文化建设路径探究［J］.盐城工学院学报：社会科学版，2022，35（1）：107-110.

［24］田玲.生态文明建设背景下绿色校园的创建研究［J］.文学少年，2021，（27）：1-2.

［25］王建英.高等学校绿色校园建设的措施研究［J］.绿色环保建材，2021，（4）：191-192.

［26］欧阳永进.绿色校园建设背景下的中学教学综合楼设计研究——以湖北省荆州市沙北新区某中学设计为例［J］.广西城镇建设，2021，（10）：34-36.

［27］杨智.讲好生态故事，建设绿色校园——四川天府新区第十小学资源节约型绿色校园建设纪实［J］.环境教育，2022，（8）：111-119.

［28］刘美红，曹琴.让绿色的旋律悠扬深远——杭州市余杭区绿城育华亲亲幼儿园资源节约型校园建设纪实［J］.环境教育，2022，（2）：123-123.

［29］赵瑛群赵爱芳.开展节能减排，共创生态校园——上海市闵行区田园外

语实验小学资源节约型校园创建纪实［J］.环境教育，2021，(4)：91-98.

［30］张振峰.构建生态教育体系，创建优质特色学校——东营市第二中学生态文明教育纪实［J］.环境教育，2021，(10)：92-92.

［31］王藜.加强生态教育，共建绿色校园——山东省济南市昆仑小学生态文明教育纪实［J］.环境教育，2021，(1)：88-89.

［32］赵瑛群，赵爱芳.开展节能减排，共创生态校园——上海市闵行区田园外语实验小学资源节约型校园创建纪实［J］.环境教育，2021，(4)：1-7.

［33］肖安庆.践行生态文明理念，创建绿色示范高中——深圳市盐田高级中学生态文明教育纪实［J］.环境教育，2023，(5)：108-109.

［34］孙景深."以文化人"视域下校园文化建设的创新路径研究［J］.教学管理与教育研究，2021，6 (23)：3-7.

［35］张剑辉.建设书香校园提升育人质量［J］.教学管理与教育研究，2021，6 (8)：2-8.

［36］岳宏杰.高校专业课教师课程思政能力建设研究［J］.现代教育管理，2021，(11)：6-11.

［37］李枭鹰.高等教育学理论的本质，判定和建设路向［J］.现代教育管理，2022，(11)：26-32.

［38］翁彬瑜.现代企业财务共享应用与发展管理理论［M］.北京：化学工业出版社，2023.

［39］薄静.教育管理现代化与信息系统建设［J］.中国科技期刊数据库科研，2022，(12)：4-7.

［40］闫建璋，郑文龙."双一流"建设背景下的学科联盟建设困境与优化路径［J］.现代教育管理，2021，(9)：20-26.

［41］陈放.我国现代职业教育标准体系建设：逻辑，困境与进路［J］.现代教育管理，2021，(6)：8-12.

［42］龚胜泉.知识管理与数字图书馆建设研究［M］.四川：四川大学出版社，2014.

［43］常鸿雁.图书馆建设管理与发展创新研究［M］.北京：北京工业大学出版社，2021.

［44］傅利平，涂俊，何兰萍.绿色校园管理模式与运行机制研究［M］.北京：人民出版社，2015.

［45］张应华.现代项目及教育管理研究［M］.云南：云南民族出版社，2012.

［46］杨超.公共图书馆管理与服务创新研究［M］.上海：上海科学技术文献出版社，2015.

[47] 赵树果.高校本科教育教学管理研究与进展［M］.湖北：武汉大学出版社，2015.

[48] 张理华.高校图书馆与校园文化建设研究［M］.北京：台海出版社，2018.

[49] 穆桂苹，王鸿博，崔佳音.图书馆管理与阅读服务研究［M］.辽宁：辽海出版社，2020.

[50] 遇晓，邢宏宇，李谊.现代图书馆的信息化建设与科学化管理探究［M］.上海：上海交通大学出版社，2017.

[51] 朱毅曼，陈莹.高校图书馆信息资源管理与建设研究［M］.吉林人民出版社，2021.

[52] 朱丹阳.图书馆现代化管理与服务创新研究［M］.吉林：吉林大学出版社，2022.

[53] 李颖.图书馆现代化服务与管理［M］.北京：中国华侨出版社，2019.

[54] 吴晓蓉.新农村建设背景下乡村文化体系构建与管理研究［M］.北京：中国商务出版社，2019.

[55] 代根兴.图书馆信息资源建设与管理研究［M］.北京：北京邮电大学出版社，2014.

[56] 陈超.现代信息技术应用与实践：基于建设工程项目管理中现代信息技术应用与实践研究［M］.北京：新华出版社，2021.

[57] 曹静.高校智慧图书馆建设与应用研究［M］.北京：中国商务出版社，2019.